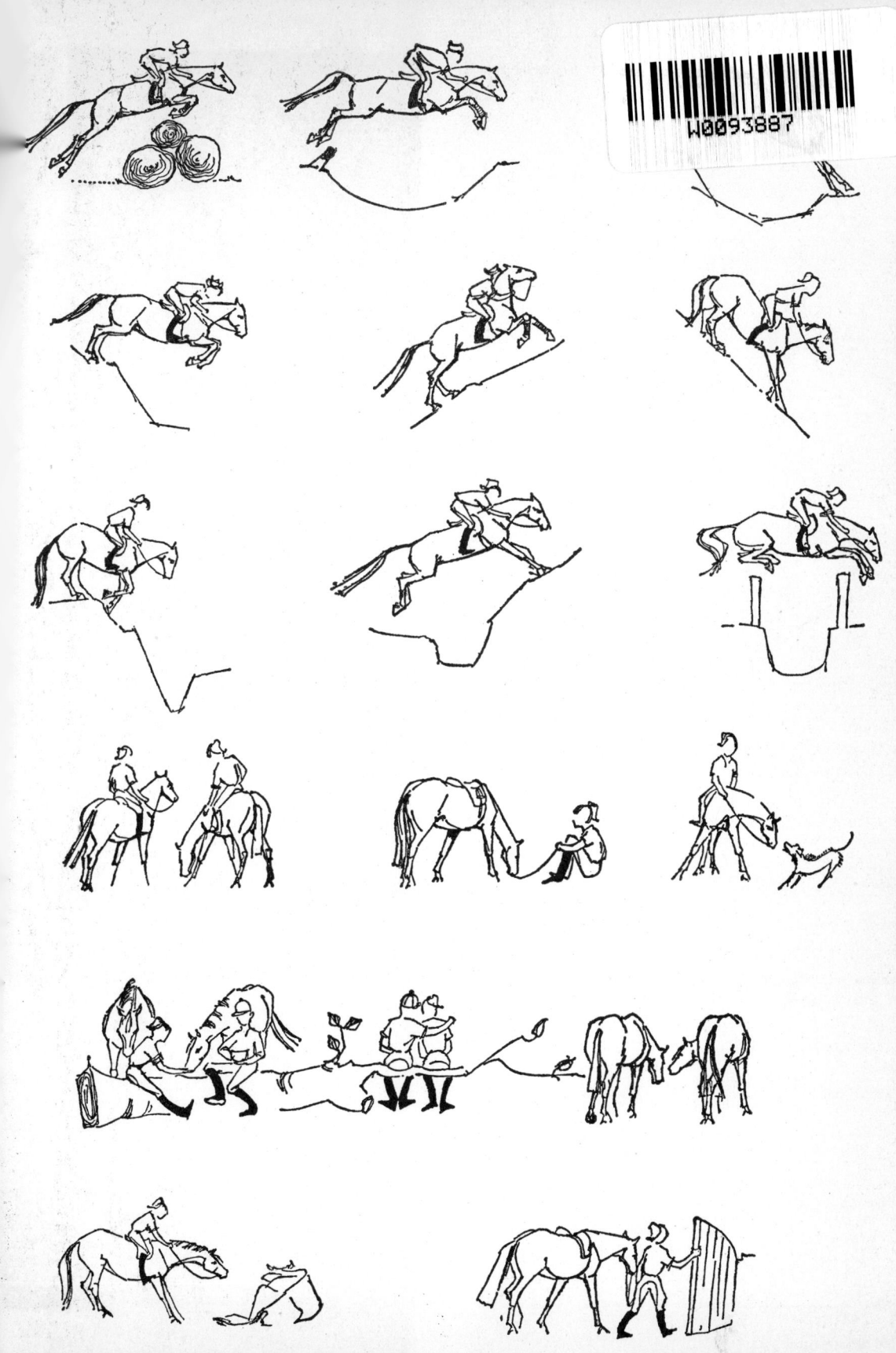

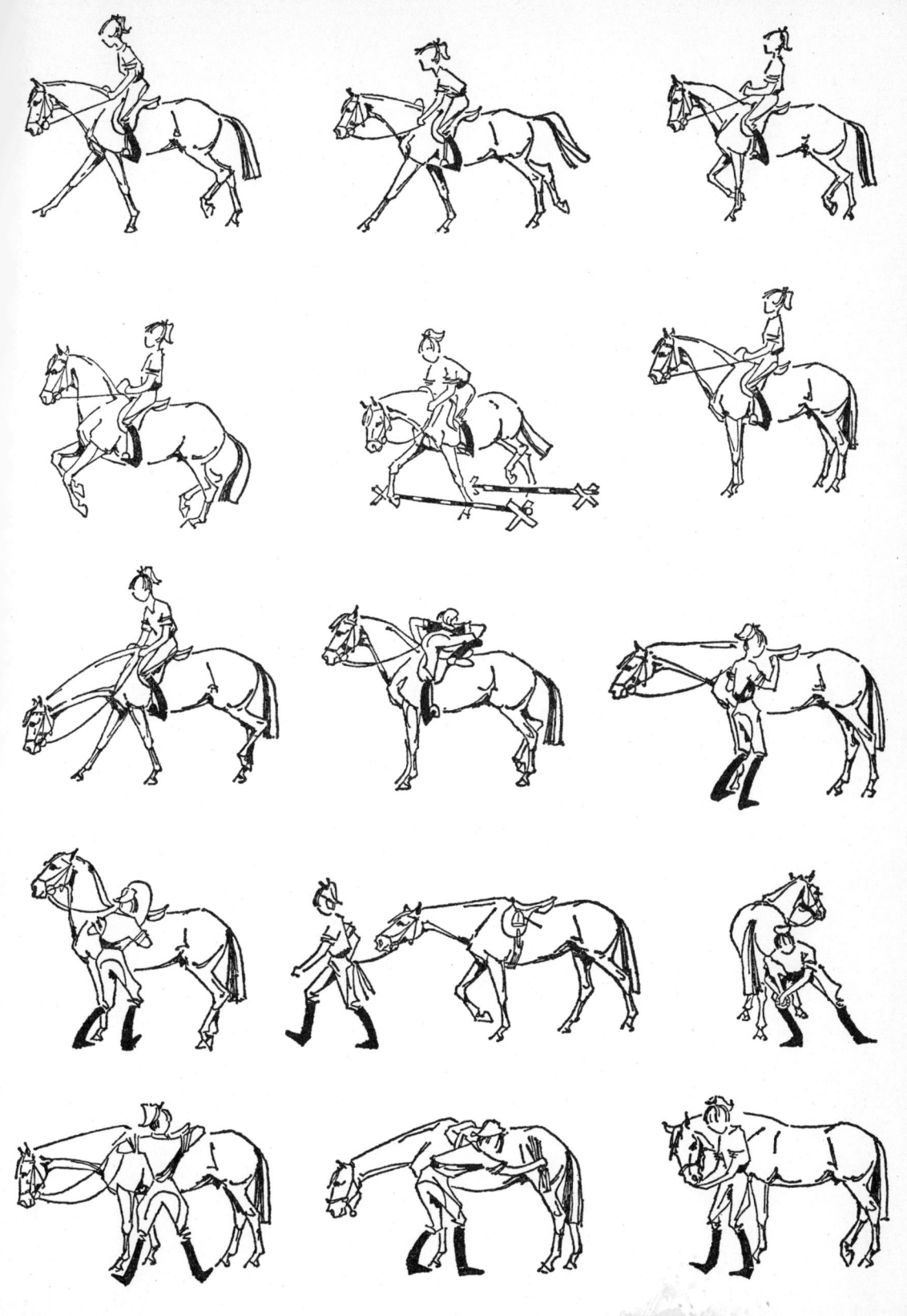

So verdient man sich die Sporen

Horst Stern

So verdient man sich die Sporen

Reiten lernen, wie es selten im Buche steht

Mit 36 Zeichnungen im Text und 53 Fotos auf 24 Tafeln

Franckh'sche Verlagshandlung Stuttgart

Umschlag von Robert Rettenmayr
Vorsatz und 36 Textzeichnungen von Gisela Holstein, Manfred Dankleff, Robert Rettenmayr und Heinrich Tewes.
Die Tafelfotos wurden nach Angaben des Verfassers von Annerose Schatter im Stuttgarter Reit- und Fahrverein e. V. aufgenommen. Die Fotos zum ersten und dritten Zwischenspiel stammen vom Verfasser und von Peter Klein.

10. Auflage, 101.—130. Tausend
Franckh'sche Verlagshandlung, W. Keller & Co., Stuttgart/1974
Alle Rechte, auch die des auszugsweisen Nachdrucks, der fotomechanischen Wiedergabe, der Übertragung in Bildstreifen und der Übersetzung, vorbehalten
© 1961, Franckh'sche Verlagshandlung, W. Keller & Co., Stuttgart
Printed in Hungary / Imprimé en Hongrie / LH 7 dö / ISBN 3-440-03093-8
Gesamtherstellung: Kossuth Druckerei, Budapest

So verdient man sich
die Sporen

6

Zur Aufmerksamkeit
eine halbe Parade

Ein Vorwort, das dem Autor am Herzen liegt und die nicht gemeinten Leser davor bewahren soll, sich über dieses Buch für ihr Geld zu ärgern.

Dieses Buch geht von der ungebräuchlichen Vorstellung aus, daß die schon auf dem Markt befindlichen Reitlehren – wenigstens soweit ich sie kenne – einen Fehler haben (der diesem Werk nicht anhaftet): ihre Verfasser sind Meister im Sattel. In ihren silbrigen Haaren spielt der Gipfelwind der Vollendung, und die Zeit hat aus ihren Hosenböden längst schon jegliche Erinnerung an wunde Stellen – falls sie sie je hatten – getilgt. Sie sind dem Kentaur-Ideal nahe; ein durchhängender Zügel, eine eingeknickte Hüfte, ein hochgezogener Absatz sind für sie so schwer begreiflich wie für unsereins das Abspringen von der Straßenbahn mit dem falschen Fuß oder im Auto das Verwechseln von Gas und Bremse.

Mit einem Wort: sie sind zu gut. Nichts als Theorie ihre Ausflüge in die Niederungen des Gefühls, denen der Anfänger sich in Herz, Hirn und Hose ausgesetzt sieht!
Um dem abzuhelfen, hatte der Verlag die glückliche Idee, einen im Umgang mit brennenden Problemen erfahrenen Journalisten in die Reitlehre zu schicken, mit dem Ziel, es in dieser Kunst – möglichst ohne Gehirnerschütterung – bis zur mittleren Reife zu bringen und dann dem interessierten Leser in einer Sammlung von frischen Reportagen das mühevoll erworbene Rüstzeug weiterzugeben.

Auch geht dies Buch davon aus, daß die Leser nicht übermäßig oft ein Rittergut oder einen Papa mit einem solchen besitzen werden; daß sie sich vielmehr das Geld, welches das höchste Glück dieser Erde nun einmal kostet, zu Fuß verdienen müssen, bevor sie es auf dem Rücken der Pferde ausgeben können; daß sie also nicht mehr als zwei, drei Stunden die Woche im Sattel verbringen können – auf Pferden, die meist nicht nur jenseits von Böse, sondern auch jenseits von Gut sind.

Kurzum: das Gefühl ist auf nüchtern gestimmt. Die weiße Binde bleibt vorerst im Schrank.

An drei Sorten Menschen richtet sich dies Buch:
> an solche, die Anfänger sind und sich wundern, warum sie es so lange bleiben – ihnen wird gesagt, was sie falsch machen;
> an solche, die Anfänger erst werden wollen und das Reiten bislang nur aus dem Fernsehen kennen – ihnen wird gesagt, wie man es gleich von Anfang an richtig macht;
> an solche, die gar nicht daran denken, je auf etwas so Gefährliches wie ein Pferd zu steigen; die – am Fernseher oder auf dem Turnierplatz – bloß wissen wollen, „wie der Winkler oder der Neckermann das eigentlich machen – man sieht doch gar nichts!"

Das Buch richtet sich mit Sicherheit nicht an Reiter, die im Pferd so etwas wie einen Mercedes 600 sehen.

Vom süßen Leben ist nicht die Rede.

H. S.

Vorwort zur zweiten Auflage

Der ungewöhnlichen Form und nicht selten despektierlichen Sprache seines Buches wegen hatte sich der Verfasser darauf eingerichtet, von der Fachkritik mit Roßbollen, sozusagen, beworfen und vom Verlag höflichst aufgefordert zu werden, sich die gesamte erste Auflage, weil unverkäuflich, selber in den Schrank zu stellen.
Statt dessen gab es Zucker von der Kritik, und vom Verlag kam ein Brief: „ . . . bitten wir Sie erfreut, uns mit einer kritischen Durchsicht des Buches bei der Herausgabe der zweiten Auflage behilflich zu sein."
Und da ist sie nun, die zweite Auflage, kritisch durchgesehen und zur Zufriedenheit, so hoffe ich, auch derer geraten, für die ein Pferd keinen Schwanz, sondern einen Schweif hat. Auch habe ich jene Wackeren der alten Schule versöhnt, die es mir sehr verargten, daß ich zum Reiten in kurzen Unterhosen geraten hatte. Und sie haben ja recht: daß Pferde heute schon 10 000 Mark und mehr kosten, das ist weiß Gott neumodisch genug. Es müssen nicht auch noch kurze Unterhosen sein.

H. S.

Vorwort zur dritten Auflage

Ich habe das Buch erneut kritisch durchgesehen. Daß es immer noch ein gutes Lehrbuch für Anfänger ist, das merkte ich vor allem daran, daß ich es am liebsten neu geschrieben hätte. Davor bewahrte mich – und den Leser – lediglich die Einsicht, daß ich bei mir noch eine ganze Menge lernen kann. Also ließ ich das Buch fast unverändert. Die Besitzer des vorhergehenden Modells können also unbesorgt sein: nicht einmal eine Chromleiste kam hinzu. Ich bin's zufrieden, wenn dies Buch sich, wie es den Anschein hat, zum VW unter den Reitbüchern entwickelt.

H. S.

Vorwort zur neunten Auflage

Ich möchte die 9. Auflage dieses Buches dazu benutzen, den 80 000 Pferdefreunden zu danken, die es bislang kauften. Und da ich aus Hunderten von mündlichen und schriftlichen Leseräußerungen weiß, daß dieses Buch sehr viele Menschen zum erstenmal aufs Pferd setzte, trage ich mit einiger Gelassenheit den neuerdings vielfach publizierten Vorwurf einiger Fachleute, ich sei gegen das Reiten schlechthin und wollte das Pferd „zu Grzimek in den Zoo" verbannen.

Dieser absurde Vorwurf resultiert aus meinen jüngsten Buch-„Bemerkungen über Pferde" (1971, Kindler Verlag München), die sich allein gegen die inhumane Ausbeutung vieler Sportpferde durch die extreme Hochleistungsreiterei, insbesondere im Parcours, wenden. Es scheint so zu sein, daß es noch etwas Schwierigeres gibt als richtiges Reiten: richtiges Lesen.

Daß sich die Neuauflagen meines „Sporen"-Buches in immer kürzer werdenden Zeiträumen folgen, daß immer mehr Menschen also auch seinen Rat anzunehmen scheinen, die Freizeitbeschäftigung Reiten schon deshalb als eine ernste Sache zu betreiben, weil sie auf dem Rücken von Lebewesen stattfindet, das trägt zu meiner Hoffnung bei, es werde reiterlicher Anstand schließlich die Oberhand behalten in einer Zeit der rücksichtslosen, das Pferd nur zu oft ausbeutenden Leistungsvergötzung.

Schon diskutiert man – undenkbar noch vor auch nur einem Jahr – in der Tagespresse das Pferdeelend in der Militaryreiterei. Schon fallen bei Fernsehübertragungen von Mächtigkeitsspringen aus Kommentatorenmund nie zuvor gehörte Vokabeln wie „Akrobatik" und „Zirkus". Schon nimmt der seriöse, vom Gesetzgeber ausgehende Tierschutz die vielfach zu früh einsetzende, oft zu forcierte Ausbildung junger Turnierpferde unter die wissenschaftliche Lupe. Es hätte bei couragierter Selbstkritik des hippologischen Establishments dahin nicht kommen müssen, daß nicht nur die offenen, sondern nun auch die verdeckten, genetisch bedingten Pferdemißbräuche im Turniersport zu einer Sache des offenen Marktes werden. Schuld der Kritiker?

Dieses Buch hat noch immer nur ein einziges Ziel: es dem Pferde leicht zu machen, den Reiter zu ertragen, indem es den Reiter lehrt, allein die Natur, die das Pferd als einen furchtsamen, mäßig intelligenten Weidegänger der hindernislosen Grassteppe konzipierte, als oberste Grenze reiterlichen Leistungswillens gelten zu lassen. Ich habe heute, zehn Jahre nach dem ersten Erscheinen, außer ein paar Preisangaben wenig oder nichts zu ändern.

H. S.

I Studieren geht über Probieren

Ein Kapitel, welches sich bemüht, den geneigten Leser in die richtige Schule zu schicken, und welches ihm zu erklären versucht, warum es zweierlei Pferde gibt: gute und solche, auf die er zu sitzen kommt.

Man beginnt sein Reiterleben nicht mit dem Kauf von Sporen, sondern mit einer Schnüffeltour durch die erreichbaren Etablissements, in denen das Reiten gelehrt wird.

Da sind – in allen besseren Städten – ein Reit- und Fahrverein und ein bis drei private Reitställe. Wofür Sie sich entscheiden, ist keine Frage des Geldes; der Unterricht kostet überall etwa gleich viel. Es ist schon eher eine Frage der Pferde; doch das können Sie noch nicht beurteilen, erstens weil Sie nichts davon verstehen und zweitens weil Sie sich das Pferd, das unter Ihnen zu leiden haben wird, ja doch nicht aussuchen können.

Es ist eine Frage der Menschen.

Man lernt nicht reiten, wie man Autofahren lernt: nach einer absehbaren Zahl von Stunden hat der Prüfer auch mit dem Dümmsten Mitleid und gibt es ihm schrift-lich, daß er von nun an offiziell sich und andere in Gefahr bringen darf. Reiten gefährdet ernstlich niemanden, von der ersten Stunde an nicht, doch lernt man unendlich viel länger daran. Bis man die Gänge, das Gas und die Bremse nur gefunden hat! Von ihrer properen Bedienung gar nicht zu reden.

Die Wahl der Reitschule ist also für Sie zunächst eine Frage der Menschen, die dort reiten, denn Sie müssen, wenn es Ihnen wirklich ernst ist, jahrelang mit ihnen umgehen.

Setzen Sie sich in die Kasinos und in die Reiterstübchen, die zu jedem Reitunter-nehmen so zwingend dazugehören wie zum Pferd der Schweif. Erfahren Sie auch beim zweiten oder dritten Besuch immer wieder aufs neue, von wem sich die Damen dauerwellen und bei wem sie schneidern lassen, wie vorteilhaft in den Winterferien die Exklusivität der Zürser „Alpenrose" gegenüber dem doch schon leicht verpöbelten „Taoro" auf Teneriffa abschneidet, dann ist zu befürchten, daß Sie im falschen Zug sitzen. Spricht man hingegen von Pferden und von eigenen Fehlern, belegt der Stall auf namhaften Turnieren nicht nur die besten Tribünen-plätze, sondern auch gute Plätze in Springen und Dressur, dann ist anzunehmen, daß man Ihnen hier das Reiten wohl beibringen wird.

Weder so noch so muß dies stimmen. Abgesehen davon, daß Zürs und Teneriffa ja auch wirklich hörenswerte Ferienorte sind, gibt es in leicht versnobten Instituten nicht selten Reitlehrer, die solche Luft nur widerwillig atmen und sich mit wahrer Leidenschaft eines Schülers bemächtigen, der zu erkennen gibt, daß er der Pferde wegen, nicht seiner 500-Mark-Maßstiefel zuliebe in den Unterricht kommt. Und was die pferdebesessenen Betriebe wiederum angeht, so betreiben sie das Geschäft der Anfängerausbildung nicht selten mit der seelischen Grimasse eines Gourmets,

der sich aus Liebe zu einer Frau gezwungen sieht, ihre ordinären Bratkartoffeln zu preisen.
Wie man's anfängt, ist es falsch. Aber man muß ja mal anfangen. Fangen wir also endlich an.

Sie haben sich für einen Betrieb entschieden, und da sitzen Sie nun – nein, noch lange nicht auf einem Pferd – auf den staubbedeckten Zuschauerplätzen der Reithalle, einem mehr oder weniger großen Rechteck von der Gemütlichkeit einer Bahnhofshalle. Glücklich darin sind nur die Spatzen, die sich um die Roßbollen raufen. Für den Reiter ist die Halle ein höchst notwendiges Übel; in ihr sitzt er sein Lernpensum ab, bewegt sich und sein Pferd, wenn Wetter oder Ausbildungsstand ihn daran hindern, Gottes freie Natur aufzusuchen. Schwitzkasten im Sommer, Eiskeller im Winter. Doch wer sich zu gut für sie dünkt, hat den Sinn des Reitens nicht begriffen.
„Tür frei, bitte!" schallt es zu Ihnen herüber. In der einsfünfzig hohen Holzbande, die das Bahnrechteck umzieht, wird eine Tür aufgestoßen. Jemand führt sein Pferd herein. Sein Tür-frei-Ruf warnte Reiter, die schon in der Bahn sind, vor einer Kollision.
Der feine Mann läßt sich sein Pferd vorführen, wie morgens das Auto vom Chauffeur. Ein Pferdepfleger stellt es ihm hin, schnallt den Sattelgurt nach, zieht die Bügel herunter und hält das Pferd fest, damit es seinem Herrn nicht durch Davonlaufen zeigen kann, wie wenig es von ihm hält. Endlich ist er droben.
Der Reiter bringt sein Pferd selbst in die Bahn, prüft, wenn er nicht auch gesattelt und gezäumt hat, Sattel und Kopfzeug, schwingt sich behend und ohne daß sein Pferd sich von der Stelle rührte über den Sattel, sitz weich ein, nimmt den rechten Bügel auf, ordnet die Zügel und reitet an. Lachen Sie nicht über den Dicken da, der sich prustend, mit einem Bein im Bügel, auf dem anderen seinem antretenden Pferd hinterherhoppelnd, in den Sattel quält. Warten Sie ab, bis Sie zum erstenmal aufsitzen. Sie werden sich wundern.
Immer mehr Pferde werden in die Bahn geführt. Die Spatzen schilpen ärgerlich: *Wieder überhaupt keine Ruhe heute beim Essen!* Es herrscht Einbahnverkehr, stellen Sie fest; alle reiten in der gleichen Richtung außen an der Bande um die Bahn herum, die Langsamen weiter innen. Schritt, Trab, Galopp. Regellos. Jeder etwas anderes. Es gibt Stauungen, Knäuel von Pferdeleibern in einer Ecke, und Sie denken: So kann das doch nicht weitergehen!
So geht das auch nicht weiter. Der Herr Lehrer erscheint. *Guten Morgen, die Herrschaften!* oder auch: *Guten Abend, die Herrschaften!* Je nachdem. Geritten wird von morgens um sieben bis abends um acht oder neun. Außer montags. Montags ist Stehtag. Der Montag ist der Sonntag der Pferde.
Guten Morgen, guten Morgen, guten Morgen, guten Morgen! murmelt es von den

Pferden herunter, und damit ist der Austausch von Höflichkeiten zwischen Reitern und Lehrer für eine Stunde beendet.

„Abteilung bilden!" schnarrt es. „Anfang Waldfee. Dann Stelldichein, Sausewind, Aida, Deutschmeister, Stahlgewitter, Prinz, Larifari, Degenknauf . . ." und noch ein halbes Dutzend Pferdenamen. Reitlehrer rufen ihre Schüler meist beim Namen ihrer Pferde: „Vorwärts, Fahnenjunker!" oder „Kopf hoch, Tosca!" Ein bißchen Verachtung für die Stümper schwingt darin mit, doch überwiegt das Praktische: die Pferde bleiben meist jahrelang im Stall, die Schüler weniger. So schwer hatten sie es sich nicht gedacht. Also gehen sie wieder – zum Auto, zum Tennis, zum Golf zurück. Neue kommen. Wer soll die Namen alle behalten!

„Anfang hier!" ruft es von der Waldfee herunter; ihr Reiter hebt die Hand. Stelldichein geht dahinter. Sausewind, äpfelnd, folgt. Und so weiter. Eine lange Schlange aus Pferdeleibern, alle im Schritt, die Zügel lang.

„Zügel aufnehmen!" schnarrt es jetzt. „Im Arbeitstempo . . . Terrrrrrab! Leichttraben!"

So fährt ein Zug an: unsichtbare Spannung von vorn nach hinten, mit kaum merkbarer Verzögerung rollt Wagen um Wagen an, der gleiche Räderrhythmus, das gleiche Tempo. Fünfzehn Pferde vollführen genau das. Vom ersten Tritt an reiner Takt in allen Beinen, eine Pferdelänge Abstand von Tier zu Tier, nicht mehr, nicht weniger. Fünfzehn mit Leder besetzte Hosenböden heben und senken sich taktrein über den Sätteln. Immer schwungvoller werden die Gänge, immer weiter treten die Hinterbeine unter den Leib, die schönen Hälse runden sich, die geschlossen kauenden Mäuler kommen herunter, an den Zügel, die ersten Schaumflocken fliegen . . . Na, bitte, denken Sie, hier bin ich richtig! Das ist ein Bild! Und Pferde sind das, die gehen ja von allein!

Langsam.

Möglicherweise sind Sie hier richtig. Aber was Sie soeben sahen, sagt nichts aus darüber, ob Sie hier auch Chancen haben, richtig reiten zu lernen. Von diesen Pferden wird keines für Sie gesattelt; sie gehen nicht im Schulbetrieb. Es sind Privatpferde, kostbare Geschöpfe nicht selten, die Sie sich – vielleicht – leisten, die Sie aber noch nicht reiten können.

Lösen Sie sich noch keine Karte für den Unterricht. Folgen Sie mir bitte erst zum Schwarzen Brett des Unternehmens, an dem der Reitplan angezwickt ist. „Schulpferde-Abteilung (Anfänger)", steht da, unter, sagen wir: „Donnerstag 19–20 Uhr". Treffen wir uns also am Donnerstagabend in der Halle. Zügeln Sie Ihre Ungeduld. Sie fallen noch früh genug herunter.

Nicht wahr, das ist weniger erhebend, das haben Sie in der „Reitvorschrift für eine Geliebte" nicht gelesen: Pferde, deren Fell schon ein bißchen stumpf ist, kein Schachbrettmuster auf dem Hintern, keine zierlich geflochtene Mähne; unter den

Sätteln, die schwarz von jahrelangem Gebrauch, abgewetzt und heruntergesessen sind, keine weißen oder roten Schabracken, sondern eine alte Kommißdecke; stumpf auch das Zaumzeug, die Zügel hart und verdreht; geflickt die Bügelriemen, rostfleckig die Bügel ...

Mein Gott! denken Sie, bin ich hier richtig? Wie der Herr, so's Gescherr ...

Langsam.

Ein Sattel kostet zwischen 400 und 800 Mark. Das Kopfzeug noch einmal 200. Die Bügel und Bügelriemen noch einmal 100. Bis Sie der Schule das Geld für einen neuen Sattel und neues Zaumzeug eingebracht haben, müssen Sie schon ein paar Jahre reiten, zu zehn oder zwölf Mark die Stunde. Auch sind Pferdepfleger rar. Wer mistet denn gern einen Stall aus, wenn ihm woanders, sagen wir als Gärtner, ein Fernsehapparat ins Zimmer gestellt wird? Und zuerst kommen die Privatpferde und ihr Sattelzeug an die Reihe, denn die bringen das Geld ins Haus – bis zu 500 Mark im Monat. Und schließlich: Man kann auch knochenharte Zügel wie eine Gummistrippe halten. Man kann auch auf einem abgewetzten Sattel sitzen, ohne mit dem Gesäß zu klappen. Man kann auch in rostfleckigen Bügeln die Absätze tief stellen.

Wer freilich reitet, um nach der dritten Runde schon die Freundin ins Parkett der Reithalle zu setzen, der wird sich an der Schäbigkeit des Handwerkszeugs stoßen.

„Im Arbeitstempo ... Terrrrrrrab! Leichttraben!" schnarrt der Herr Lehrer.

So sieht ein Zugunglück aus: Die Wagen reißen, wie von einem eigenen Willen getrieben, auseinander, stellen sich quer, schießen aus dem Gleis, gehen eigene Wege. Fünfzehn Pferde tun genau das. Drei gehen Schritt, als ginge sie der Betrieb hier nichts an. Vier fallen in Galopp und tummeln sich mitten in der Bahn. Sechs traben müde daher, das Maul bewegungslos voraus wie eine Stoßstange, die Hufe lustlos schlürfend, wie in Filzpantoffeln, im Dreck. Und zwei stehen still, ein Denkmal der Machtlosigkeit ihrer Reiter.

Der Herr Lehrer trägt seinen Abscheu so sichtbar im Gesicht wie einen drei Tage alten Bart. Wen sollte er hier auch wohl korrigieren – den da, der seinem galoppierenden Gaul im Maul hängt, um sich einen festen Halt zu verschaffen? Oder den da, der seinem dumpf stillstehenden Roß die Absätze in die Flanken haut und sich dabei, Schwung holend, vornüberbeugt? Oder den da, der im Schritt von einer Gesäßhälfte auf die andere rutscht, wie ein Stück Butter auf einer heißen Pellkartoffel? Oder den da, der bei jedem Auffußen seines trabenden Pferdes dem armen Tier so hörbar ins Kreuz fällt, daß man meinen könnte, er boxe mit ihm?

Nur vier oder fünf Reiter geben ein Bild ab, das Sie entfernt an jenes erinnert, welches Sie neulich sahen, als die Privatpferdeabteilung ritt; sie haben Sporen angeschnallt, sind Herr ihrer Pferde und könnten auch wohl reiten, stünde ihnen nicht nach jedem zehnten Trabtritt ein Hindernis quer im Weg in Gestalt eines Reiters,

der seinem Pferd mit Händen und Füßen Vorschläge in dieser oder jener Richtung macht, Vorschläge, die das Pferd annimmt oder auch nicht annimmt . . .
Mein Gott! denken Sie, bin ich hier wirklich richtig? Kann man *so* reiten lernen?
Sie haben recht: So kann man wirklich nicht reiten lernen. Aber das ist schon wieder ein anderes Kapitel.

2 Sie wollen also reiten lernen

Hier wird dem ungläubigen Leser, der in Einzelstunden nur ein Vergnügen für höhere Töchter sieht, zu beweisen versucht, daß es mit dem Reitenlernen nicht anders ist als mit dem Kauf einer neuen Hose: je teurer sie ist, desto billiger kommt sie.

Das Schwerste am Reiten ist: nicht genug Geld. Das Zweitschwerste: zu wenig Zeit. Über beides spricht man in Reiterkreisen nicht, und schreibt man in Reiterbüchern nicht. Man hat es. Punkt. Höchstens, daß man den Zeitmangel diskutiert. Denn keine Zeit haben, das heißt beinahe schon: Geld haben.

Sie glauben mir nicht. Ich bitte Sie, halten Sie mir entgegen, das ist doch die Welt nicht: die 100 Mark Einstand in der Privatschule oder die 250 oder so Mark Mitgliedsbeitrag pro Jahr im Reit- und Fahrverein! Na, und dann noch jede Woche eine Stunde Abteilungsreiten für zehn oder zwölf Mark und hin und wieder zwei Mark Sattelgeld für den Pferdepfleger – das wird man doch wohl schaffen!

Natürlich, das schafft man. Nur Reiten lernen, das schafft man so nicht. Aber wir müssen uns wohl erst einigen, was wir unter Reitenkönnen verstehen.

Es gibt Reiter, die schon viele Jahre reiten und dennoch ihrem Pferd auf die Füße schauen müssen, um sagen zu können, ob es links oder rechts galoppiert; sie fühlen es nicht. Sie fühlen auch im Zügel nicht, ob ihr Pferd zufrieden und losgelassen auf dem Gebiß kaut; sie brauchen das Ohr dazu, und dann ist es schon falsch. Nimmt man sie von ihrem eigenen Pferd, an das sie sich gewöhnt haben, herunter und setzt sie auf ein anderes, dessen Gänge härter sind, das sich schwerer sitzen läßt, so klappt ihr Gesäß im Sattel, sobald der Trab stärker wird. Sie haben sich und ihr Pferd auch daran gewöhnt: am Zügel ziehen heißt: langsamer, am Zügel reißen heißt: Halt. Das fällt nicht einmal auf, sie machen das sehr geschickt, denn sie können ja – nicht nur nach der eigenen Meinung – reiten. Sie fühlen sich wohl auf dem Pferd, und sie fühlen sich sicher. Sie reiten in der Bahn, und sie reiten im Gelände. Sie springen sogar ein bißchen und reiten jedes Jahr eine Jagd.

Das ist eine ganze Menge. Und es wäre auch ganz in der Ordnung, paarte sich solches Können mit der Ansicht: Ich will ein bißchen Spaß haben, weder mir noch meinem Pferd allzu wehe tun, einen Bauch verhüten oder ihn, ist er schon da, in Grenzen halten, vor allem aber will ich mir nicht den Kopf, neben allen meinen Sorgen im Geschäft, auch noch über die Feinheiten der Reitkunst zerbrechen!

Das wäre ein sympathischer Mensch.

Ich suche ihn immer noch.

Doch nehmen wir an, ich hätte ihn in Ihnen, lieber Leser, gefunden. Dann machen Sie es so – reiten Sie jede Woche eine Stunde, vielleicht auch zwei, in einer Abteilung. Machen Sie aus Ihren bescheidenen reiterlichen Ambitionen auch keinen Hehl vor Ihrem Lehrer, denn um bescheidene Schüler kümmert sich jeder Lehrer am liebsten; er wird Sie in jeder Stunde ein paarmal öfters korrigieren, als er das sonst vielleicht täte. Und wenn die Stunde herum ist, findet er für Sie, bevor die nächste Abteilung einreitet, möglicherweise sogar ein paar Minuten Zeit, Ihnen dies oder das zu beantworten, vorausgesetzt Sie gehören zu den seltenen Reitschülern, denen ein ungutes Gefühl im – pardon! – Hintern Anlaß ist, sich den Kopf zu zerbrechen. Es könnte sogar sein, daß Ihr Lehrer, wenn Sie vor der sympathischen Art sind, wie ich Sie mir vorstelle, darüber nachdenkt, ob sich für Sie unter den Schulpferden nicht eines finden läßt, das einen körperlichen oder geistigen Vorzug hat, der geeignet ist, einen körperlichen oder geistigen Nachteil, den Sie vielleicht haben, auszugleichen.

Auf diese Weise können Sie in zwei Jahren von sich sagen: Ich bin aus dem Gröbsten heraus. Diese Feststellung hat Sie dann – bei angenommenen 100 Reitstunden – etwa 1000 Mark gekostet.

Eine Summe, für die Sie sich, in *einem* Jahr, aber auch 55 *Einzel*stunden hätten kaufen können, um dann festzustellen: Ich kann reiten! – Reiten, versteht sich, nicht als Kunst, sondern als Gebrauchssport aufgefaßt, und körperliche Eignung vorausgesetzt.

Aber ich sehe schon, Sie glauben mir nicht, daß man innerhalb eines Jahres in 50 Stunden mehr lernt als binnen zwei Jahren in hundert.

Darf ich Sie also zu einem kleinen Versuch einladen? Er ist ganz harmlos, doch sehr überzeugend.

Wenn Sie zehn oder auch fünfzehn Abteilungsreitstunden hinter sich haben, also (bei einer Stunde die Woche) ein Vierteljahr lang geritten sind, im Schritt, im Trab und auch schon im Galopp, wenn Sie durchaus das Gefühl haben dürfen: es geht doch schon ganz ordentlich, dann machen Sie mal an einem ruhigen Nachmittag einen außerplanmäßigen Besuch in der Schule. Bitten Sie um das Pferd, das Ihnen das liebste ist, und sagen Sie dem Lehrer, Sie möchten einmal, frei vom Zwang, Kommandos befolgen zu müssen, mit dem Kopf ergründen, was sich da so eigentlich unter Ihrem Hosenleder tut.

Führen Sie Ihr Pferd dann in die Bahn, sitzen Sie auf, und geben Sie die Hilfen zum Anreiten, wie Sie das zehn Stunden lang oder länger geübt haben. Drei Dinge können jetzt passieren:

> Ihr Pferd nimmt von Ihren guten Absichten, Ihre Reitgefühle zu überprüfen, keine Notiz und bleibt da stehen, wo es steht, von den Ohren bis zum Maul ein großes Gähnen im Gesicht.

> Ihr Pferd tritt zwar an, wählt aber einen Weg, der weder Ihren Absichten noch Ihren Lenkversuchen entspricht: zur Tür, die in den Stall führt. Und bleibt dann davor stehen.

> Ihr Pferd setz sich in Trab – eine Gangart, die Sie eigentlich nicht vorhatten – und hängt sich an den Schweif eines anderen Rosses, das gerade in der Bahn

geritten wird. Und da bleibt es. Auch wenn Sie *Sie* zu ihm sagen, oder ihm, mit Zucker, einen anderen Kurs empfehlen.

In jedem Fall aber werden Sie diese Stunde lange vor ihrem Ende durch Absitzen beenden, an der Kasse 18 Mark bezahlen – und dennoch für mindestens zwölf Mark profitiert haben.

Dies sind die drei Lehren:

(1) Nicht Sie waren es, der in den fünfzehn voraufgegangenen Stunden das Pferd in Schritt, Trab oder Galopp brachte. Es war die Stimme des Lehrers. Schulpferde, die seit Jahren in der Abteilung gehen, kennen die Kommandos. Diese Pferde lehren ihre Reiter auch nie, ob die Hilfen – also die Zeichen, die der Reiter mit seinem Gewicht, seinen Unterschenkeln und seinen Händen dem Pferd vermittelt – richtig gegeben wurden. Kommt das Kommando zum Galopp und galoppiert die Spitze der Abteilung an, so wird Ihr Pferd, wenn es nicht die Faulheit in Person ist, auch dann mitgaloppieren, wenn Sie Hilfen gaben, die so konfus waren, daß das Pferd sie möglicherweise als eine Aufforderung zum Singen, nicht aber zum Galoppieren verstehen konnte.

(2) Pferde sind Herdentiere von Natur aus, in Schulpferden aber ist der Hang, dem Vordermann am Schweif zu kleben, so ausgeprägt, daß sie, wenn kein guter Reiter auf ihnen sitzt, stets den kürzesten Weg zu den Genossen einschlagen, sobald sie von ihnen getrennt werden. Deshalb ist es beim Abteilungsreiten auch nur von geringem Wert, wenn der Lehrer den Unterricht zu individualisieren sucht, indem er jeden Reiter einzeln von der geschlossen im Schritt reitenden Abteilung weggaloppieren und hinten wieder aufschließen läßt. An der Spitze geht immer das beste Pferd unter dem besten Reiter. Die beiden können's. Sie machen dem Haufen der anderen Pferde vor, was verlangt wird, und so liegt in jedem Pferd, das an die Reihe kommt, der Wunsch bereit, so schnell wie möglich dem eben davongaloppierten Kollegen nachzueilen und wieder zur Abteilung, sprich: Herde aufzuschließen. Das Beste, das ein schwacher Reiter in solcher Situation fertigbringt, ist das Kunststück, diesen Drang zum Galoppieren durch (falsches) Ziehen an den Zügeln bis zu dem Zeitpunkt zu bändigen, an dem er „dran" ist, und den Galopp sodann durch Nachgeben in den Händen herauszulassen. Mit Angaloppieren, wie es im Buch steht, hat diese Methode indessen wenig zu tun; sie kommt eher dem Spazierenführen eines wüst an der Leine ziehenden Hundes gleich.

(3) Es wird Zeit, daß Sie reiten lernen.

Der Weg dazu heißt: Einzelunterricht. Je früher Sie ihn beschreiten, desto eher kommen Sie zum Ziel. Aber glauben Sie ja nicht, Sie bräuchten bloß das Geld dafür hinzulegen. Sie haben eine Menge Konkurrenten im Kampf um die Zeit des Lehrers: der Schüler sind zu viele, der Lehrer zu wenige. Manche Schulen schließen einen Kompromiß: sie geben bis zu drei Reitern zugleich Einzelunterricht. Aber das ist kein Einzelunterricht, das ist eine kleine Abteilung. Zwar besser als eine große, aber eben doch eine Abteilung. Ihr Pferd hat wieder zwei Kumpane, hinter denen es Sie herzieht kann, wie es zwar ihm, aber nicht Ihnen paßt. Und dann: Sie zahlen achtzehn Mark (oder gar noch mehr) und bekommen doch nur für zwölf den Marsch geblasen.

Sagen Sie der Schulleitung, Sie wollten Einzelunterricht. Sagen Sie es höflich. Und sagen Sie auch, Sie wollten das nicht,

> weil Sie das teuerste Auto der Abteilung fahren, in der Sie bislang ritten, sondern weil Sie das Reiten ernst nehmen;

> weil Sie Fragen an den Lehrer haben, die Sie im Trubel des Abteilungsreitens nicht stellen können;

> weil Sie die Pferde nach Gutdünken Ihres Lehrers wechseln möchten, nicht nach dem Zufall, welches Pferd, wenn Sie kommen, noch frei ist;

> weil Sie durch Ihr geringes Können nicht das Vergnügen der besseren Reiter stören möchten;

> weil Sie zweimal, wenn nicht gar dreimal die Woche Unterricht wünschten ...

... und weil Sie, bekämen Sie die Einzelstunden nicht, eben leider, leider das Etablissement wechseln müßten.

Und tun Sie's dann auch. Möglicherweise bekommen Sie bei der Konkurrenz auch nicht, was Sie suchen. Klären Sie das ganz präzise, bevor Sie sich beim alten Club aus- und beim neuen einschreiben lassen. Gehen Sie lieber wieder in Ihren alten Stall zurück. Denn wenn es schon mit den Pferden keinen rechten Spaß macht, so sollen einem wenigstens die Leut' gefallen, denen man, so man öfters vom Pferd fällt, öfters einen Kognak zahlen muß.

Aber das kriegen wir erst später.

Was immer Sie an Gründen aufführen für Ihren Wunsch, mit einem Lehrer allein zu sein, sagen Sie nie, es läge an den Pferden, daß Sie so geringe Fortschritte machten. Keine auf Gewinn bedachte Reitschule der Welt kann Anfängern schwungvoll gehende, sensible, feinste Hilfen annehmende Pferde zur Verfügung stellen; sie gingen sofort durch unter den groben, nicht selten brutalen Händen, denen sie in dauerndem Wechsel ausgesetzt wären, und schließlich müßte solche Behandlung sie in kurzer Zeit so abstumpfen, daß sie sich in nichts unterscheiden würden von den Tieren, denen von Anfängern so oft die Schuld am eigenen Unvermögen gegeben wird.

Das ist eben die Katze, die sich in den eigenen Schwanz beißt: Man kann blutige Anfänger nicht gut auf fein gerittene Pferde setzen, aber man kann auf stumpfen, im Manegebetrieb gefühllos geklopften Pferden auch nicht gut reiten lernen. Man kann auf solchen Tieren höchstens sitzen lernen, die Schenkel ruhig, die Hände noch ruhiger halten. Das ist alles.

Und das ist das Wichtigste.

Wenn Sie soweit sind, dann erst haben Sie allen Grund, nach besseren Pferden Ausschau zu halten.

Aber das ist bereits wieder ein neues Kapitel.

3 Gleich ein eigenes Pferd?

Ein Kapitel, welches beim jetzigen Stand der Dinge noch nicht der Rede wert ist, weshalb es auch nur wohltuend kurz geriet, doch immerhin dem Leser verrät, daß man auch halbe Pferde haben kann.

Werfen Sie das Buch nicht in die Ecke; ich sage Ihnen schon noch, *wie* man reitet!

Gleich ein eigenes Pferd also? Wenn Sie mich fragen: nein. Denn wenn ein gutes Pferd einem schlechten Reiter endlich beigebracht hat, wie man gut reitet, ist es kein gutes Pferd mehr, und Sie müßten ihm dann Ihrerseits wieder beibringen, wie sich ein gutes Pferd reiten läßt. Die Mißverständnisse, die sich dabei ergeben können, sind nicht minder kompliziert, als wollten Sie versuchen, nach Beethovenschen Noten das Schreibmaschinenschreiben zu lernen.

Auch ist es für Anfänger wichtig, möglichst viele Pferde zu reiten, denn jedes fühlt sich im Gang anders an. Reitet man immer dasselbe Tier, schlafen die Reflexe ein. Man ist bald so aufmerksam wie ein Ehemann im fünfzehnten Dienstjahr. Und das Pferd bricht auch nicht mehr in Tränen aus, wenn man mal grob wird.

Auch wissen Sie, wenn Sie anfangen, ja noch gar nicht, ob Sie dabeibleiben werden, und warum wollen Sie das um den Preis von mehreren tausend Mark herausfinden, wenn Sie es für zwölf Mark die Stunde auch können?

Auch verstehen Sie von Pferden noch nicht das mindeste.

Auch sind nicht alle Menschen, die Pferde verkaufen, gute Menschen.

Wenn aber das Gesäß nicht mehr klappt, die Knie nicht mehr verrutschen, die Hände nicht mehr hämmern, dann können Sie sich allmählich mit dem sechsundzwanzigsten Kapitel dieses Buches beschäftigen.

Oder Sie hören sich um, wer in Ihrem Stall ein halbes Pferd abzugeben hat. Manch Reitersmann schon hat sich ein bißchen übernommen. Die erste Liebe überdeckte alle Gedanken ans Geld. Vielleicht warf ihn das Biest auch mal ab, ohne danach weniger zu fressen. Kurzum: er möchte sich von einer Hälfte scheiden lassen. Doch kommt es für Sie, bevor Sie in eine solche Ehe als Hausfreund eintreten, mehr noch als auf den Charakter des Pferdes auf den Charakter des Mannes an, mit dem Sie das Vergnügen und den monatlichen Preis dafür teilen wollen.

Ich wollte Sie auch nur auf einen Weg aufmerksam machen. Gehen müssen Sie ihn schon selber.

4

Was zieht
man an?

Eine Frage, die auch solche Männer diesmal nicht ihren Frauen zur Entscheidung überlassen sollten, welche sich gemeinhin beim Einkauf ihrer Sachen auf Nennung von Hals- und Bundweite beschränken.

In den Samstagausgaben der Tageszeitungen liest man immer wieder: *Eleg. Reitstiefel, neuw., Gr. 42, Umstände halber bill. abzgb.* Oder: *Reithose, Maßarb., Damengr. 40, m. Lederbes., kaum getr., Umstände halber preisw. z. vkf.*
Die Umstände, in denen diese Damen und Herren sich befinden, haben ihren Grund darin, daß die Herrschaften die Anzugfragen zu einer Zeit entschieden, als sie noch guten Mutes und voller Gewißheit waren, den nicht reitenden Schulzes von nebenan bald mehr vorauszuhaben als bloß drei Wochen Ischia. Dummerweise aber sind selbst Vollblutpferde an Modedingen weit weniger interessiert, als man das für möglich halten sollte – ja, man könnte fast meinen, die geflickte und gefleckte Hose des Stallmannes und seine in traurigen Lederfalten liegenden Dreivierteleimer seien ihnen lieber als die Eleganz aus den Häusern Estermann und Warth. (Die ehrenwerten Firmenchefs werden gebeten, erst weiterzulesen, ehe sie mich verklagen.)
Pferde reagieren nicht auf Stiefel und Hosen mit Ballon und Besatz, sondern auf Unterschenkel und Gesäßknochen, und beides hat man auch in Bluejeans und Halbschuhen bei sich. Natürlich sehen Bluejeans und Halbschuhe zu Pferde etwas komisch aus. So komisch wie kostbare Maßeleganz, die sich öfters in der mit Pferdemist vermischten Gerberlohe des Reitbahnbodens wiederfindet.
Was ich meine, ist dies: Beinahe jeder Anzug ist für die ersten drei, vier Stunden recht. Dann sind Sie schon mal aus dem Sattel gekommen, dann haben Sie schon Ihren Muskelkater schnurren hören, dann wissen Sie schon, ob Sie vor jeder neuen Stunde mehr Angst haben als sich überwinden läßt, dann haben Sie sich schon entschieden, ob Sie es wirklich nötig haben, sich für Ihr Geld vom Lehrer anschreien zu lassen . . .
Dann wissen Sie, ob Sie dabei bleiben werden. Und wenn nicht, haben Sie, Umstände halber, nichts Schlimmeres verloren als einen schönen Traum.

Aber natürlich bleiben Sie dabei. Was also zieht man an?
Wenn Sie es so machen wie ich, dann kaufen Sie sich in einem Warenhaus, Sportabteilung, eine Jodhpurhose. Die erste Hälfte ist eine indische Provinz*) und die zweite eben eine Hose, aber eine, die man nicht in lange Stiefel steckt, sondern über knöchelhohe Stiefel, genannt Jodhpurstiefel, drüberzieht. Das Ganze ist eine

---

*) Exakt: Jodhpore. Jodhpur ist die ungefähre phonetische Schreibweise.

Erfindung englischer Kolonialoffiziere, die es sich gern bequem machten im heißen Indien.

Ich zahlte damals schon 45 Mark, war stolz auf meine gute Idee und warf die Hose nach zwei Monaten weg. Als ich mir einmal im Stall bei den Pferden zu schaffen machte, drückte mir eine elegante Dame, die mich nicht kannte, zwei Mark Trinkgeld in die Hand.

Aber nicht darum warf ich die Hose weg. Ich werdiene gern zwei Mark durch Herumstehen. Das billige Stück hatte vier Knie in sich – meine beiden und seine beiden. Die Cord-Rillen sahen aus wie eine Catarina-Valente-Platte nach sechs Monaten Dienst in einem Musikautomaten. Das Spaltleder des Besatzes, das da aufhörte, wo beim Hersteller die Kalkulation angefangen hatte (und das war früh!), drückte mit seinen Rändern schwellende Striemen in die inneren Oberschenkel. Und der Stoff über Waden und Knöcheln gab sich Mühe, ja kein Pferdehaar, mit dem er in Berührung gekommen war, wieder fallen zu lassen.

Jetzt stand ich in Unterhosen und Jodhpurstiefeln da. Sie hatten knapp 70 Mark gekostet, die Stiefel, und waren noch sehr schön. So zwangen sie mir eine zweite Jodhpurhose auf.

Ich hörte mich im Reitstall um, welcher Schneider sich auf Reithosen verstünde, denn das tut nicht jeder Meister Zwirn. Glücklich der Reiter, der einen reitenden Hosenschneider findet, denn der kennt das Quentchen Luft, das man um die Knie herum braucht, wenn man beim Aufsteigen aufs hohe Roß nicht unanständig in den Nähten krachen will; er weiß aber auch, daß eine im Knie zu lockere Hose einem bald hochkommt; und es ist ihm nicht neu, daß eine Reithose dort, wo die Beine sich verschwiegen kriegen, ungerechtfertigt viel Luft braucht, die der vordere Buckel des Sattels, genannt Vorderzwiesel, schluckt.

Mein Schneider wußte das alles, denn er hatte seine Lehre nicht aus der Tasche der Kunden, sondern aus der eigenen finanziert; er war ein Reiter. Bei der ersten Anprobe setzte er mich rittlings auf einen Stuhl und kommandierte: „Arbeitstempo ... Terrrrrrrab! Leichttraben!" Verdattert hob ich rhythmisch – eins, zwei, eins, zwei – den Hosenboden, während der Meister mit Kreide diskret an ihm herummachte.

Es wurde eine prächtige Jodhpurhose, mit weichem Leder vom Scheitel bis zur Sohle, modern, ohne allzu weite Ballons und ohne Aufschläge. Sie kostete 170 Mark und wurde sechs Monate drauf noch um 40 Mark teurer, denn ich brachte sie wieder zu meinem Meister zurück. Zum Umarbeiten in eine Stiefelhose.

Eine Jodhpurhose ist eine gute Sache, wenn man reiten kann. Sie verhindert (oder ist lieb zu) Krampfadern, sie fördert das feine Gefühl am Pferdeleib und zeigt jedermann, daß man sich zwei Reithosen leisten kann, denn nur eine Jodhpurhose zu haben, das ist nicht denkbar.

Eine Jodhpurhose ist dagegen keine gute Sache, wenn man reiten lernt. Die Schenkel liegen noch nicht ruhig am Pferd, die Knie wollen partout zum Kinn hinauf, und alles das setzt der Hose zu: sie rutscht; und versucht man, ihr das mit einem Steg aus Gummi zu verbieten, so platzen die Knöpfe ab, die den Steg halten. Und steckt man nach dem Reiten diese Stege gedankenlos in die Tasche, so fördert man bald darauf ansehnliche Mengen getrockneten Pferdemists unter den Fingernägeln zutage. Auch streifen die rutschenden Hosen die Riemen der Jodhpurstiefel über den Schaftrand hinauf, so daß man auch um die Knöchel herum ein schlampiges Gefühl bekommt. Schließlich noch: Anschnallsporen wissen nie so recht, wo sie sich an Jodhpurstiefeln festhalten sollen; man braucht Anschlagsporen für sie, die mit einem Dorn und zwei Nägeln am Absatz permanent angebracht werden. Ist man's nicht gewohnt, kann es lästig werden, wenn man sich nach dem Reiten, bei einem Glas Bier oder Wein, unter dem Tisch bei gemütlich gekreuzten Beinen selbst die Sporen gibt.

Warum also sollten Sie meine 300-Mark-Dummheit, die Sie heute gewiß 450 kostet, nachmachen? Ziehen Sie lieber gleich Stiefelhosen an.

Reitstiefel nach Maß kosten zwischen 400 und 600 Mark. Es gibt aber auch Maßkonfektion: Schuhe von der Stange, Schaft nach Maß. Das kostet etwa die Hälfte. Und das sollte es schon sein, denn gewöhnlichen Langschäftern aus dem Laden fehlt, neben dem leichten Gewicht, meist auch die genügend gerade und hohe Hinterkappe, die die Ferse beim Tiefnehmen der Absätze nicht beengt und später auch dem Sporn den festen Sitz verleiht. Zudem reicht der Maßschaft genau bis unters Knie, wo er den Verschleiß der Hose mindert. Und er rutscht nicht zusammen; Sie brauchen keinen Riemen oben herum. Auch ist er so eng, daß man zwar ungehindert ein- und aussteigen kann, doch räumt er dem Regen keinen Einfluß ein.

Na, und besser aussehen tut Maßarbeit auch. Ich geb's ja schon zu.

Über Maß*hosen* habe ich alles gesagt. Höchstens dies noch: Lassen Sie das Leder in der Kniegegend kreuzweise versteppen, so daß es nicht auf dem Stoff rutschen kann. Nehmen Sie an den Beinen unten Verschnürung statt Reißverschluß, dessen Zipper sich leicht einmal beim Stiefelanziehen verklemmen und dann das ganze System – und damit für eine Weile auch die Hose – unbrauchbar machen kann.

Und nehmen Sie vor allen Dingen einen elastischen Stoff, keinen Gabardin, auch wenn er Ihnen als noch so „eisenhart" angepriesen wird, denn das ist es ja gerade. Reithosenstoff muß nachgeben, ohne auszubeuteln.

Unterhosen? Sagen Sie mal, was wollen Sie eigentlich noch alles von mir wissen? Ohne Falten, ohne auftragende Nähte. Und lange, natürlich!

5   Na, dann setzen Sie sich mal drauf!

Wir kommen der Sache, derentwegen dies Buch abgefaßt wurde, schon näher, indem wir das Satteln, das Zäumen und das Aufsitzen betrachten, welches, weil es sehr schwierig ist, zuweilen mittels eines Gartenstuhls geschieht; auch erfährt der Leser hier, zu seiner sehr geringen Freude, was das Pferd von ihm denkt.

Ihr Pferd steht gesattelt und gezäumt für Sie bereit. Auf Seite 37. Das Roß ist also aus Papier. Aber das macht nichts. Wenn Sie das erstemal auf ein richtiges, lebendiges aufsteigen, haben Sie keine Hand frei, in der Sie dies Buch halten könnten, um nachzulesen, wie man's macht. Und können Sie's theoretisch, verliert der Lehrer nicht sehr viel Zeit mit der praktischen Übung – Sie können sich für Ihr Geld schon gleich in der ersten Stunde um so länger im Sattel herumbeuteln lassen.

Es gibt Vorschriften, von der Kavallerie herstammend, die bis in den kleinen Finger hinein durchdacht sind und mit Kehrt und Halblinksum und vielen anderen exakten Dingen den Reiter in den Sattel bringen. Das ist gut und schön. Ich habe nur noch nie jemanden gesehen, der das alles so gemacht hätte. Die persönlichen Nuancen der Reiter reichen vom Hinaufklettern mit Hilfe eines untergeschobenen Gartenstuhls bis zum forschen Sprung in den Sattel, ohne Bügel, ohne Zügel. Das ist so häßlich das eine, wie auffällig das andere, und es ist gerechtfertigt nur durch einen Reiterbauch, der an Umfang dem des Pferdes entspricht, oder, im Falle der Forschen, bei Anfängern, die solche Turnübungen auf Anordnung der Lehrer zuweilen machen müssen.

Der nonchalante, aber dennoch die wohlbegründeten Regeln der Reitkunst achtende Reiter macht es so:

Er geht in den Stall – so fängt es erst einmal an. Dort steht – hoffentlich – das ihm zugeteilte Pferd gesattelt und gezäumt bereit. Kopf zur Stallgasse, Schweif zur Wand. Wenn nicht, und wenn Sie nun dieser Reitersmann sind, von dem wir hier reden, so bleiben Sie hübsch weg von Ihrem ungesattelten, mit dem Kopf zur Wand stehenden Pferd, denn noch kennen Sie seinen Charakter nicht. Lassen Sie es sich vom Stallmann satteln und auf die Gasse stellen. Später können Sie selbst in den Stand gehen.

Aber nie, ohne zuvor das Pferd laut anzurufen.

Lernen Sie diesen Satz auswendig und sagen Sie ihn jedesmal vor, wenn Sie in die Reichweite von Pferdehufen kommen. Pferde sind ängstlich und schreckhaft, und sie werden von Schreck nicht blaß, sondern feuern hinten aus. Ein solcher Pferdefuß ist wie ein Dampfhammer; er kann Ihr Reiterleben beenden, noch bevor es begonnen hat.

Rufen Sie *Ho-la* oder sonst etwas Dunkelgetöntes, Vokalreiches. Nichts Helles und keine schneidende Stimme. Natürlich können Sie das Pferd auch beim Namen rufen, doch ist es eine Kleinigkeit peinlich, wenn man *Farah Dibah* rufen muß, dabei in frischen Dung tritt und der Dame auch noch kräftig auf den Hintern klatscht. Pferde haben manchmal schon sehr merkwürdige Namen – bei denen sie sich übrigens keineswegs angesprochen fühlen wie ein Hund. Pferde sind in der Regel täglich 23 bis 24 Stunden mit sich allein; sie schlafen nicht beim Menschen auf der Couch und lernen es deshalb nie, sich wie der Hund auf die kleinsten Regungen und Laute ihrer Herren einzustellen. Man muß sich also schon sehr lange und sehr oft mit einem Pferd abgeben, wenn man Kontakte herstellen will, die über eine dumpfe Duldung des Menschen hinausgehen. Sie sollten sich deshalb auch keinen Illusionen darüber hingeben, daß Sie, der Sie ein- oder zweimal die Woche zum Reiten kommen, Ihrem Stammpferd vielleicht sympathischer seien als der blöde Geck von Maier. Es nimmt den Zucker von Ihnen wie vom Maier, und es setzt Sie nicht minder gekonnt als ihn in den Dreck, wenn das ein Zug seines Charakters ist.

Wo waren wir stehengeblieben? In der Stallgasse, richtig.

Von hier nun zerren Sie Ihr Pferd nicht hinter sich her, Richtung Bahn, sondern warten erst, bis der Stallmann ihm die Hufe ausgeräumt hat, damit nicht Stroh und Mist in die Reitbahn getragen werden und das Pferd nicht durch verklumpte Hufe im Gang behindert wird.

Während das geschieht, prüfen Sie geschwind, ob Sie (blättern Sie mal zu dem Foto auf Seite 74) vorne zwei Finger flach unter den Nasenriemen schieben können, und ob Sie – bei heruntergenommenem Pferdekopf – die ganze Hand, aufrechtgestellt, unter den Kehlriemen bringen. Geht das nicht oder nur mit Mühe, sitzen diese Riemen zu fest. Also lockern.

Wenn jetzt noch der Kinnriemen, der das Pferd am Maulaufsperren hindert, an beiden Seiten *unterhalb* der Gebiß-Enden hindurchläuft und diese weder vorn im Maul hängen noch die Maulwinkel hochziehen, und wenn schließlich die Stirnhaare über, nicht unter dem Stirnriemen liegen, dann können Sie das Pferd hinausführen.

Doch bis Sie aufsitzen dürfen, müssen Sie noch viel mehr lernen.

Ist der Stall an die Bahn angebaut, lassen Sie die Zügel auf dem Pferdehals liegen. Müssen Sie im Freien führen, nehmen Sie die Zügel über den Kopf herunter. In jedem Fall greifen Sie beide Zügel mit der rechten Hand dicht unterm Kinn des Pferdes und teilen beide durch Zeige- und Mittelfinger. Sie können sich das auf Seite 33 im Bild anschauen. Haben Sie die Zügel abgestreift, dann legen Sie sich das herunterhängende Ende so in die rechte Hand, daß es nicht vor Ihnen herumschlenkern kann.

Pferde sieht man beim Führen nicht an! Sehen Sie in die Richtung, in die Sie gehen wollen.

Allen Tieren ist das nackte menschliche Gesicht mit seiner großen Beweglichkeit meistein Quell der Beunruhigung, und so bleiben Pferde denn auch nicht selten stehen, wenn man sich ihnen beim Führen mit Körper und Gesicht zuwendet – Ihr

Platz ist an der linken Schulter. So wird das Pferd Ihnen willig folgen. Sollte es eilen, halten Sie ihm die linke Hand in Augenhöhe dicht vors Gesicht.

„Tür frei, bitte!"

Auf diesen Ruf hin wird man Ihnen den Eingang zur Bahn freihalten, damit Sie Ihr Pferd ungehindert hineinführen können. Doch ist es unhöflich und nicht ungefährlich, diese Vorfahrt zu erzwingen, etwa, indem Sie die Bahn betreten, wenn gerade jemand im Galopp daherkommt, so daß er sein Pferd hinten fast in den Bahndreck setzen muß, um Sie nicht über den Haufen zu rennen. Warten Sie, bis Ihnen „Tür ist frei!" zugerufen wird.

Und da stehen Sie also nun in der Bahn. Möglicherweise hat sie eine Zuschauertribüne, und möglicherweise dreht Ihr Pferd sich ohne Ihr Zutun um 360 Grad herum, Kopf zu dieser Tribüne. Dann hat es Ihnen eine Lektion in Höflichkeit erteilt: Man steigt nicht mit dem Hintern*) zum Publikum auf, auch dann nicht, wenn gar keines da ist.

Über ein solches Pferd, das die Reiter einen „Professor" nennen, können Sie sich freuen. Es wird Ihnen noch manches zeigen. Wenn es anders will, als Sie wollen, tun Sie gut daran, sich freiwillig für den Dümmeren von beiden zu halten, denn Ihr Pferd versteht vorläufig vom Reiten noch weit mehr als Sie.

Wollen Sie wohl den Fuß aus dem Bügel nehmen!

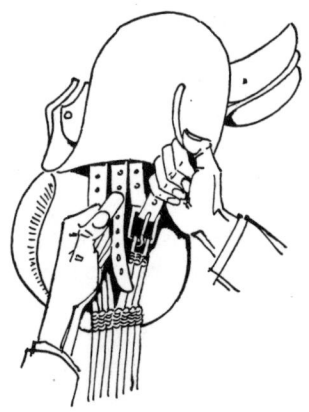

Heben Sie mal am Sattel das Ihnen zugekehrte, linke Seitenblatt hoch. Darunter kommen dann die Schnallen des Bauchgurts zum Vorschein, der den Sattel hält. Im Stall wird dieser Gurt nur locker angezogen. Brächten Sie jetzt Ihr volles Gewicht in den Steigbügel, dann könnte der ganze Sattel mit Ihnen zusammen herunterkommen.

Greifen Sie also die „Strupfen" – es sind zur Sicherheit zwei und ein dritter als Reserve – einen nach dem anderen mit den Händen und ziehen Sie kräftig stramm an. Kräftiger! Dem Brustkorb des Pferdes passiert schon nichts. Meist zeigt Ihnen eine alte Druckstelle im Leder an, welches Loch den Dorn der Schnalle aufnehmen muß. Das Seitenblatt des Sattels liegt auf Ihren Händen und behindert Sie nicht.

Fertig? Dann stecken Sie mal die flache Hand dort unter den Gurt, wo er sich

---

*) Der Leser wird gebeten, den häufigen Gebrauch dieses unfeinen Wortes zu entschuldigen. Ich wählte es, weil es von jedermann verstanden, an Deutlichkeit durch kein anderes übertroffen und als zutreffend sowohl für die entsprechenden Körperpartien des Reiters als auch des Pferdes empfunden wird. Bei tieferem Eindringen in den Stoff und Auftauchen von so differenzierenden Wörtern wie Gesäß, Gesäßknochen, Spalt, Hinterhand, Hanken und Kruppe wird auch in dieses Buch bessere Lebensart einkehren.

anschickt, unter dem Pferd zu verschwinden – sie soll, nicht zu leicht, sich drunterschieben lassen. Kommt dann Ihr Gewicht in den Sattel, so kriegt das Pferd im Gurt noch eine Kleinigkeit mehr Luft. Es wird also nicht behindert.

Na, dann setzen Sie sich mal drauf!
Sie stehen in Schulterhöhe des Pferdes, die Brust ihm voll zugekehrt, dicht dran. Die Zügel liegen über dem Hals. Greifen Sie, von oben, mit der linken Hand so über den linken Zügel, daß er Ihnen zwischen dem kleinen und dem Ringfinger zu liegen kommt. Gleiten Sie nun, den Zügel *sanft* mitnehmend, damit das Pferd nicht im Maul gerissen wird, mit der Hand bis an den Widerrist – das ist jener kleine Buckel unmittelbar vor dem Sattel.
Nun die rechte Hand.
Greifen Sie mit ihr über den Hals des Pferdes und angeln Sie sich dort den rechten Zügel. Das macht keine Schwierigkeit, denn beide Zügel sind durch eine kleine Schnalle an ihren Enden miteinander verbunden. (Sollten sie es nicht sein, muß die linke, um den Pferdehals herumgreifend, den rechten Zügel der rechten Hand übergeben.) Legen Sie sich den rechten Zügel, nachdem Sie ihn wiederum sanft, aber eine Idee straffer*) als den linken, angezogen haben, in die offene Linke hinein. Daumen drauf.
Es muß aber noch viel mehr in diese Linke, die nun schon die beiden Zügel hält:
> Die Gerte, wenn Ihr Lehrer Gerte vorgeschrieben hat. Griff nach oben, Stock ziemlich senkrecht nach vorn und unten, dicht an der Pferdeschulter. Hoffentlich haben Sie eine mit Stahleinlage gekauft, es könnte sonst sein, daß sie Ihnen, wenn Sie aufsitzen, am Leib hängen bleibt und wie ein Rohrstock abbricht.
> Eine *dicke* Strähne von der Pferdemähne, wenn Ihr Pferd eine Mähne hat. Hat es keine, so ergreifen Sie den Riemen, der sich vorn am Sattel findet. Befindet sich dort kein Riemen, und hat das Pferd auch keine Mähne, dann legen Sie die Linke mit den leicht geöffneten Fingern über den bürstenkurz geschorenen Mähnenkamm, wie Sie das im Bild auf Seite 38 sehen können. Nicht aber dem Pferd die Zügel über den Hals schmeißen und sich – die Linke vorn am Sattel, die Rechte hinten – mittels des Bügels hineinschwingen. So geht es zwar auch, und so machen es täglich, fürchte ich, viele Reiter, denn ich habe sie oft genug dabei beobachtet, gute Reiter sogar – doch ist das schlechter Stil für einen Anfänger.
Sie haben also in der linken Hand: linken Zügel, rechten Zügel, Gerte, Mähnen-

---

*) Warum man das tut, erfahren Sie spätestens beim Aufsitzen auf ein Pferd, das dabei nicht ruhig stehenbleibt, und haben Sie den rechten Zügel nicht stärker angenommen als den linken, dann dreht sich so ein Pferd von Ihnen weg, und Sie hoppeln auf einem Bein hilflos hinter ihm drein. Steht, wie die Reiter sagen, der äußere, also beim Aufsitzen rechte Zügel mehr an als der linke, dann drängelt das Pferd höchstens zu Ihnen her, und das ist für Sie ein Vorteil.

strähne, Mähnenkamm oder Sattelaufhängeriemen. (Wenn die Zügelenden in Ihrer Hand so lang sein sollten, daß es sich lohnt, sie auf die rechte Halsseite hinüberzuwerfen, so werfen Sie. Denn so ist es Vorschrift. Lohnt es sich nicht, haben Sie einen Arbeitsgang gespart – es sind weiß Gott auch so noch genug.)

Jetzt die Linke zugemacht, fest, denn gleich muß sie schaffen!

Nun drehen Sie sich nach rechts ein wenig weg vom Pferd, so daß Sie der linken Hüfte des Pferdes zugekehrt stehen – ich möchte nicht schon wieder Hintern sagen.

Die rechte Hand ergreift den Bügel (den Sie zuvor herunterziehen müssen, falls er auf dem Bügelriemen zum Sattelsitz hochgeschoben war). Und jetzt schauen Sie sich das zweite Bild auf Seite 38 an: Der Doppelriemen, in dessen Knick ganz unten der Bügel hängt, liegt flach am Sattelblatt an. Der Bügel hängt, besonders wenn der Riemen neu sein sollte, parallel zum Pferdeleib. Es ist klar, daß Sie so den Fuß, den linken, nicht hineinbringen. Sie müssen sich also den Bügel mit der Hand auf den Schuh schieben.

Doch passen Sie auf die Richtung auf!

Sie müssen mit dem Fuß *von außen* hinein, nicht von der Seite, die dem Pferd zugekehrt ist. Denn nur so wird sich der Bügelriemen, wenn Sie im Sattel sitzen, flach Ihrem Schienbein anschmiegen, statt es, verdreht, mit der harten Kante zu belästigen.

Und das war wieder so ein Satz, den Sie am besten auswendig lernen: *Ich muß mit der Stiefelspitze stets von außen her in die Bügel treten!* Nicht nur beim Aufsteigen, sondern auch wenn Sie zu Pferde sitzen und die Bügel mal verlieren. Und Sie werden sie noch oft verlieren!

Und nachdem Sie soweit sind, stellen Sie fest, daß Sie den Bügel überhaupt nicht mit dem Fuß erreichen können – so hoch ist er von der Erde weg!

Also doch einen Gartenstuhl?

Natürlich nicht. Ich habe bloß beim Beschreiben des Aufsitzens vergessen, was Sie später in natura ebenfalls noch oft vergessen werden: nämlich das Verpassen der Bügel, *bevor* Sie anfangen, in Ihrer Linken einen Haufen Zügel, Gerte und Pferdehaar mühsam zu versammeln.

Die Bügel sind in ihrer Länge verstellbar. Dazu brauchen Sie beide Hände. Ganz am oberen Ende der Bügelriemen, vom Sattelleder verdeckt, ist die am Sattel angebrachte Öse, in der die Riemen beweglich gelagert sind. Ziehen Sie die Schnalle am Riemen so weit heraus, daß Sie sie bequem verstellen können. Nun nehmen Sie Maß: Fingerspitzen an die Öse, Trittfläche des Bügels in die Achselhöhle. Das ist die *ungefähre* Länge, die Sie brauchen. Die Feineinstellung kommt vom Sattel aus.

Das kriegen wir später.

Nachdem Sie die Länge korrigiert haben, ziehen Sie die Schnalle wieder hoch an die Öse unter das Leder, damit Sie später nicht beim Reiten von ihr gezwickt

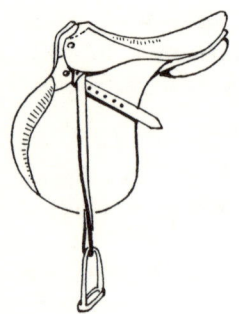

Sattel und Bügelriemen mit Steigbügel. Freies Ende untergeschlagen. Bügel richtig ausgedreht.

werden. Das freie Riemenende läßt man nicht in der Gegend herumbaumeln, sondern legt es zwischen unterem Riemen und Sattel nach schräg-hinten-unten.

Vergessen Sie, bitte, nicht, daß auf der anderen Pferdeseite auch noch ein Bügel ist. Und vergessen Sie vor allen Dingen nicht, sich die Zügel bei dieser Verschnallerei über den Arm zu streifen, denn ein seinem Reiter davongelaufenes Pferd ist ein großes Ärgernis. Und wenn der Bügel nun immer noch für Sie zu hoch zum Hineintreten hängt? Dann machen Sie ihn halt um drei Loch länger, oder auch um vier. Doch darf ich Ihnen das wiederum nur hinter der Hand sagen; es steht in keiner Vorschrift so geschrieben, weil es der Eleganz des Aufsitzens abträglich ist, denn einen solchen viel zu langen Bügel können Sie, sitzen Sie erst mal im Sattel, nicht mehr mit dem Fuß erreichen.

Übrigens glauben Sie gar nicht, wie hoch Sie das Bein kriegen! Nur nicht gleich von vornherein kapitulieren!

So, und nun wieder Zügel, Gerte, Mähne in die linke Hand, wie gehabt. Körper leicht vom Pferd abgewendet, rechte Hand an den Bügel, linker Fuß von außen bis hinter den Ballen hinein und . . .

> rechte Hand an den hinteren, rechten Sattelrand;
> mit dem rechten Fuß den Körper vom Boden abstoßen;
> linkes Knie mit der Außenseite fest an den Sattel;
> linke Fußspitze im Bügel weg vom Pferdeleib, nach hinten zeigend;
> Gewicht auf den linken Fuß im Bügel;
> Oberkörper schräg aufwärts drücken und (mit rechter Hand) ziehen;
> Körpergewicht so schnell wie möglich weg vom Bügel und auf die beiden Hände vorn und hinten am Sattel verlagern, damit das Pferd nicht einseitig belastet bleibt;
> linkes Knie nach vorn drehen, dabei Fußspitze vom Pferdeleib wegdrücken;
> rechte Hand von hinten nach vorn an den Sattel bringen und dort flach aufstützen;
> und gleichzeitig das rechte Bein hoch über die Kruppe schwingen . . .

Und dann lassen Sie sich mit einem Seufzer behaglich in den Sattel plumpsen, damit Sie, zur Strafe, das Ganze noch einmal machen dürfen.

Man sitz nämlicht so weich wie möglich ein, und das erreicht man, indem man das Körpergewicht auf die beiden, jetzt vorn am Sattel sich stützenden Hände legt und es außerdem noch mit Knien und Oberschenkeln rechts und links vom Pferdeleib abbremst.

Es gibt beim Aufsteigen drei Sünden, die ein sensibles Pferd sofort durch Bocken oder Davonlaufen straft, und dadurch mitunter den Reiter aus dem Sattel bringt, noch ehe er drin war:

> die linke Fußspitze in den Brustkorb bohren;

> beim Überschwingen des rechten Beines das Pferd an der Kruppe stoßen;

> hart in den Sattel fallen.

Nehmen wir an – was ich nicht glaube –, Sie seien gleich beim erstenmal gut hineingekommen, und Ihr Pferd blieb lammfromm stehen. Dann ordnen Sie die Zügel:

Zwei Hände greifen von innen und oben in die Zügel.

Die Linke kam mit dem linken Zügel schon richtig oben an – zwischen kleinem und Ringfinger. Das gleiche machen Sie jetzt mit der rechten Hand und dem rechten Zügel. Wer dabei seine Finger im Anfang durcheinanderbringt, der greife mit allen Fingern von innen in die Zügel, die bloß auf den beiden Daumen liegen, und spreize dann die beiden kleinen Finger ab und um die Zügel herum – fertig.

Halt, noch nicht ganz! Drehen Sie beide Hände auswärts, bis die Daumen nahezu ganz oben liegen – wie ein Dach, das Sie fest auf die Zügelenden drücken, die, aus der Hand herauskommend, über den Zeigefingern liegen. So können sie Ihnen nicht durchrutschen. Die freien Enden werfen Sie rechts über den Pferdehals. Unterarme, Handgelenke und Handrücken in einer Linie, Hände nicht nach außen oder innen abgeknickt.

Ich rate Ihnen gut: Üben Sie das Zügelaufnehmen zu Haus mit zwei langen, etwa 1,5 cm breiten Riemen – eine Rolladenschnur tut's auch. Die beiden Enden zwicken Sie an einer Wand fest, am anderen Ende probieren Sie: Fertig zum Aufsitzen – Zügel ordnen – Hände aufrecht – Daumen drauf – Zügelende nach rechts werfen.

Fast hätte ich's vergessen: Während Sie – auf stehendem Pferd – die Zügel aufnahmen, trat Ihr rechter Fuß (von außen) in den rechten Bügel, wie Sie das im dritten Bild auf Seite 38 sehen.

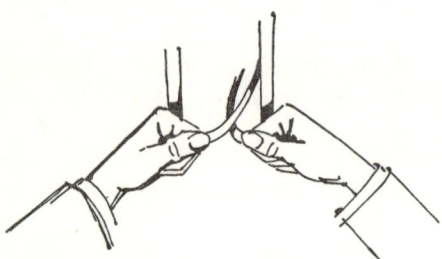

Richtig! Handrücken und Unterarm
bilden eine Gerade.

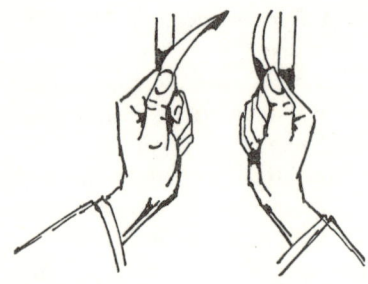

Falsch! Durchgedrückte Handgelenke,
steif, ja verkrampft.

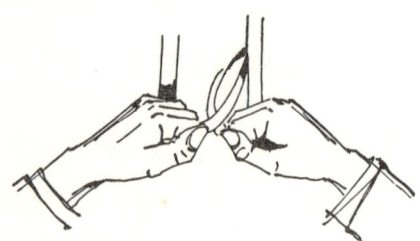

Falsch! Verdeckte Zügelfäuste.
Reiter arbeitet zuviel mit der Hand.
Ellbogen abgespreizt.

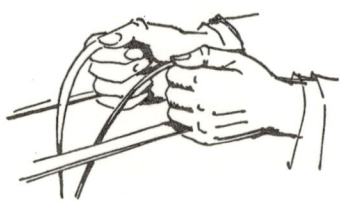

Richtig! Reiterfaust aufrecht,
Daumen dachförmig auf dem
Zügelende.

Und da sitzen Sie nun – doch ist das schon wieder ein neues Kapitel, denn das Sitzen zu Pferde, das läßt sich nicht nach-denken wie das Aufsitzen. Das Sitzen muß man fühlen. Und zum Fühlen braucht man ein Pferd.

Es wird ernst. Die Theorie ist vorbei. Spätestens hier müssen Sie sich entschieden haben, ob Sie nun reiten wollen oder nicht. Man kann aus einem Buch nicht reiten lernen. Man kann aus einem Buch nur besser reiten lernen. Doch damit Sie wissen, wovon ich von nun an rede, wäre es gut, wenn Sie schon mal zu Pferde gesessen hätten.

Sie wissen doch: Über Gefühle können zwei Menschen nur dann verständig miteinander reden, wenn sie sie geteilt haben ... im Herzen oder, in unserem Falle, im – verzeihen Sie schon – Hosenboden!

„Tür frei, bitte!“ Dieser Ruf ist wie das Ampelgrün, das Fußgänger sich in großen Städten durch Knopfdruck verschaffen können: der übrige Verkehr stoppt. Als höflicher Mensch macht man keinen Gebrauch davon, wenn sich der Bahnverkehr an der Tür gerade ballt. Man wartet den Zuruf „Tür ist frei“ ab. Und macht die Tür hinter sich wieder zu.

►

So hält man, wenn man ein Pferd an der Hand führt, die Zügel: geteilt durch Zeige- und Mittelfinger der rechten Hand (deren Drehung hier, damit man's besser sieht, ein wenig übertrieben ist). Führt man draußen, werden die Zügel vom Pferdehals genommen und mit ihren langen Enden zusätzlich in der rechten Hand vereint. In der Bahn bleiben die Zügel beim Führen auf dem Pferdehals.

▲ Schwungvoll, mit ausdrucksstarken Gängen, am Zügel und an den Hilfen des still und tief sitzenden Reiters (vierundwanzigstes Kapitel): so sieht ein gut gerittenes Pferd aus.

Mit allen vieren im Dreck, schwunglos schlurfend, auseinandergefallen, nicht am Zügel und nicht an den Hilfen des im Spaltsitz haltlos balancierenden Mädchens: so sieht ein schlecht gerittenes Pferd aus. ▼

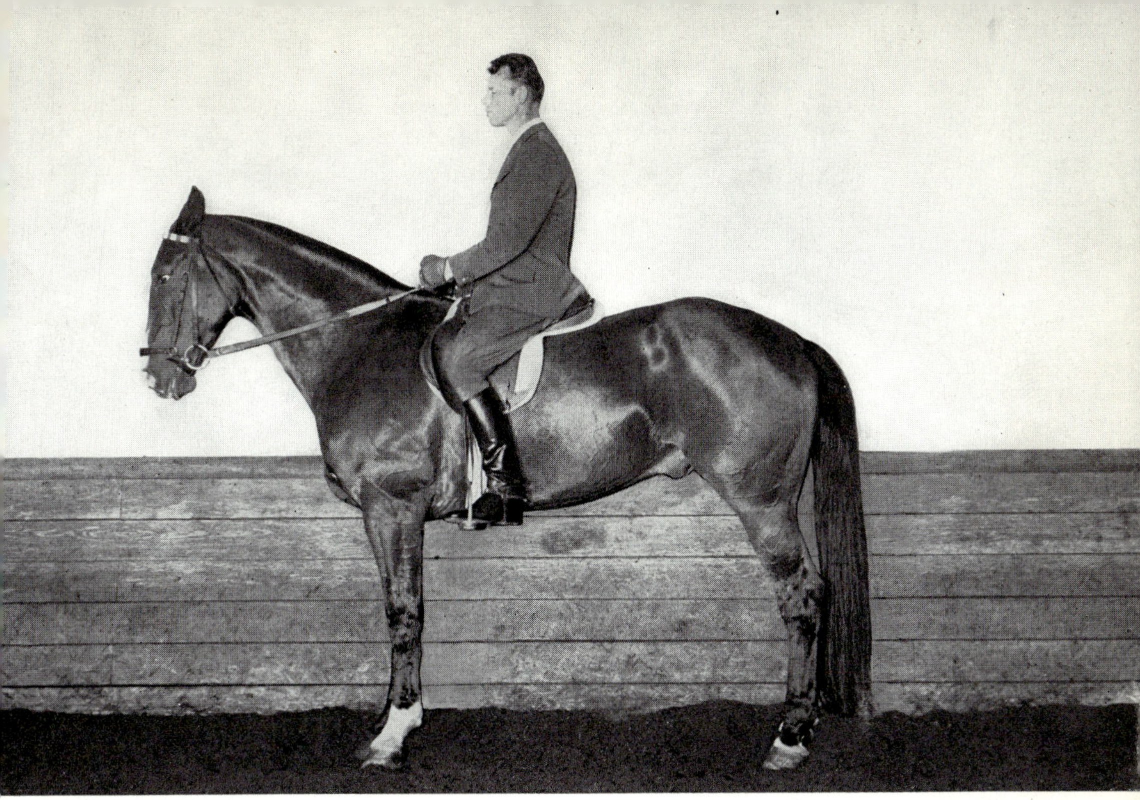

Tiefer, schwerer Sitz bei angespanntem Kreuz, Schenkel am Gurt, Zügelfäuste geschlossen, nicht nachgebend: das Pferd „steht am Zügel", die Ohren aufmerksam dem Reiter zugekehrt, zum sofortigen Gehorsam bereit.

Sitz ohne Kreuzeinwirkung, passive Schenkel hinter dem Gurt, Zügelfäuste offen: das Pferd steht trotz des Martingals, eines Hilfszügels, der eine zu hohe Kopfhaltung verhindern soll, nicht am Zügel.

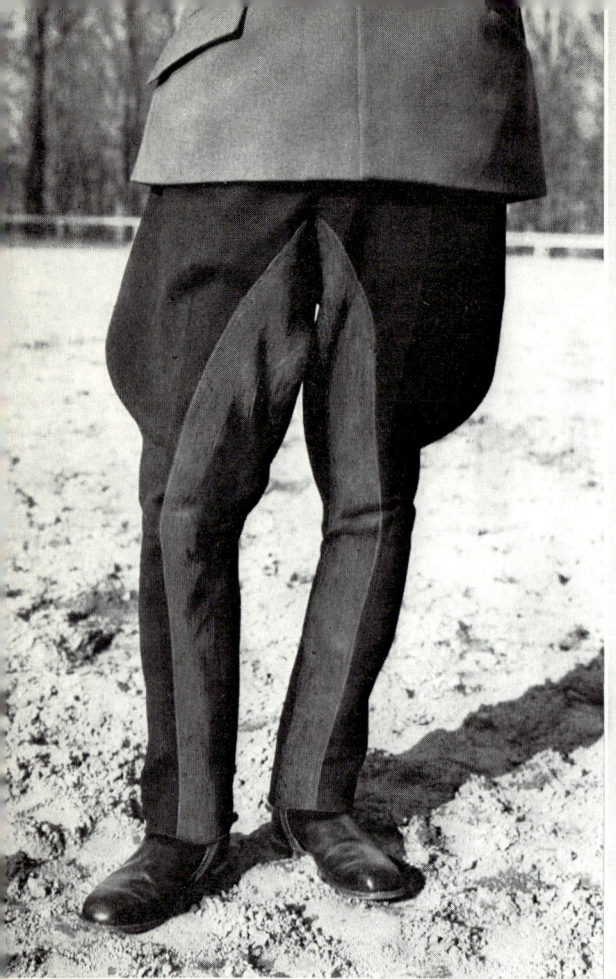

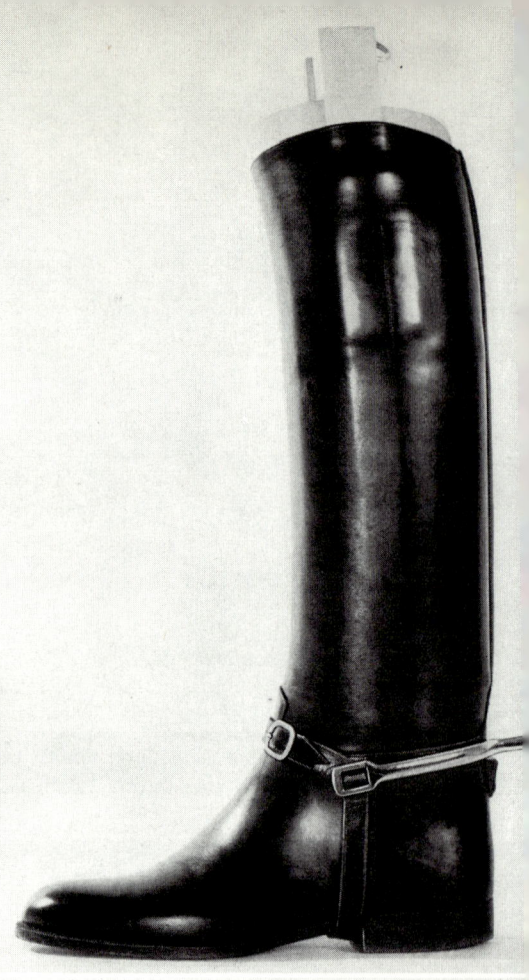

▲ So sehen Jodhpurhosen aus (und zwar solche ohne Aufschläge, es gibt auch welche mit). Stege verhindern ihr Hochrutschen. Der durchgehende Lederbesatz vermeidet bei Anfängern schmerzhafte Druckstellen, die bei nur teilweisem Besatz (an Gesäß und Knien) leicht möglich sind.

Rechts oben: durch „Blöcke" in Form gehaltene Maßstiefel. Darunter: ein Jodhpurstiefel, dem aber von vielen Reitern der gute alte Zugstiefel (unten) vorgezogen wird, hat man mit ihm doch keine Last mit hochrutschenden Riemen (bei häufig zu kurz geschnittenem Oberteil deutscher Jodhpurschuhe), und auch das Fersenleder bleibt bei tiefgehaltenem Absatz dicht am Fuß. An beide kurze Stiefelarten gehören Anschlagsporen, weil Riemenbefestigung nicht rutschfest ist. Der Sporn im Bild ist ein Schwanenhalsmodell, das den tiefen Sitz am Absatz ausgleicht. Nichts für Anfänger und Choleriker.

So sitzt man auf. Hier stimmt jedes Detail (was man auch verlangen kann: schließlich ist der konzentriert dreinschauende Herr ein Reitlehrer). Vergleichen Sie, bitte, den Text auf den Seiten 28–32.

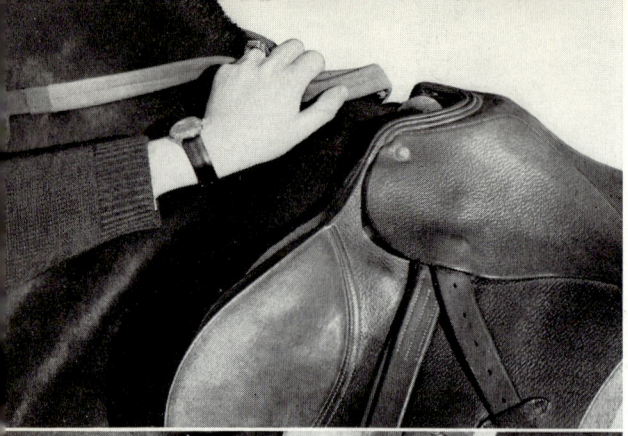

◀

Hat das Pferd keine Mähne und der Sattel
vorn keinen Riemen (Aufhänge-Riemen)
zum Hineingreifen, so legt sich die Hand
beim Aufsitzen über den Mähnenkamm und
bedient sich seiner wie eines Treppengelän-
ders. Übrigens sehen Sie hier, wie an guten
Sätteln das lose Bügelriemenende unter-
gebracht ist.

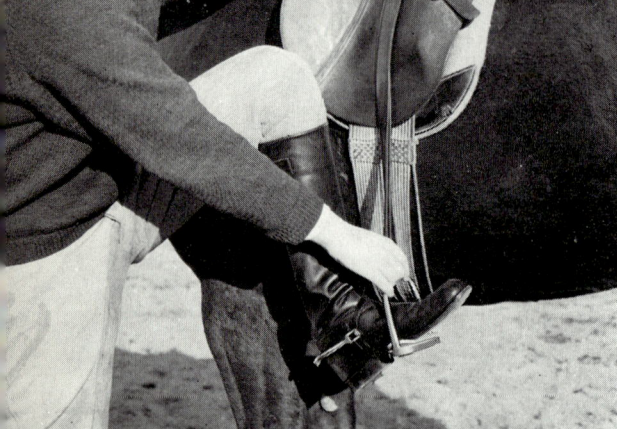

◀

Wenn die rechte Hand beim Aufsitzen das
Bügeleisen auf den linken Fuß schiebt, muß
man aufpassen, daß man von außen hineintritt, sonst ist der Riemen hinterher verdreht, fällt dem Schienbein lästig, und das
Eisen will dauernd vom Fuß (der hier auf
Gummi steht und deshalb besser im Bügel
haftet als auf blankem Eisen).

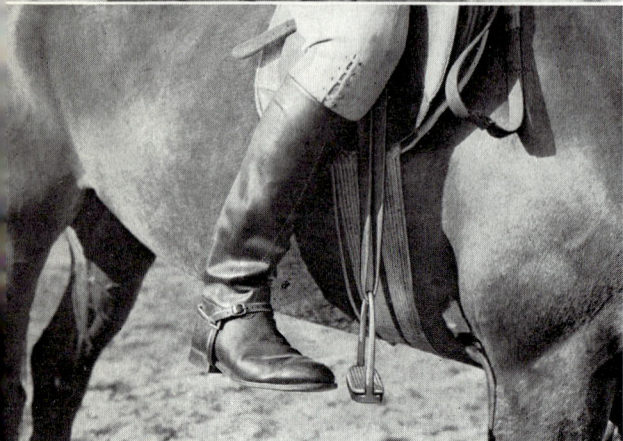

◀

Hier sieht man's deutlich: der richtig ver-
schnallte und nicht verdrehte Steigbügel hat
die Tendenz, von selbst auf den richtig
gehaltenen Fuß zu gleiten. Man muß nicht
mit der Schuhspitze suchend in der Gegend
herumfuchteln und Gefahr laufen, sie sich
beim Reiten an der Wand womöglich ab-
zubrechen.

◀

So sieht ein „ausgebundenes" Pferd aus:
zwei rechts und links vom Gebiß zum
Bauchgurt laufende, durch Zwischenringe
aus Gummi elastisch gemachte Riemen sollen das Pferd „am Zügel" halten. Die Aus-
binder sind im Anfängerreiten der Ersatz
für die fehlende ruhige Hand; sie hindern
das Pferd am Stürmen und bewirken, daß
der Reiter besser sitzen kann.

Das ist der Spaltsitz, wie er schlimmer nicht sein kann: Oberkörper vornübergekippt, Gesäß nach hinten heraus, Gesäßknochen nicht belastet, Absätze hochgezogen, Schenkel weit hinter dem Gurt. Alle Leitungen, über die das Pferd vom Reiter Befehle erhält, sind gestört. Der Sitz ist so labil, daß ein plötzliches Vorgehen des Pferdemauls die Reiterin kopfüber aus dem Sattel purzeln läßt. Und wenn Sie genau hinschauen, entdecken Sie vielleicht noch einen Fehler: der Zügelriemen verläuft nicht zwischen dem kleien Finger und dem Ringfinger, sondern unter der ganzen Hand hindurch. Der arg gequetschte Kleine versucht ja, es der Reiterin zu sagen!

Und hier haben Sie den nicht minder falschen Stuhlsitz: Oberkörper hinter der Senkrechten, Schultern, Arme, Hände verkrampft hochgezogen, Knie fast in Höhe des Widerrists, statt tief am Sattel, Absätze klammernd und angehoben im Pferdeleib – trüge die Reiterin Sporen, das Pferd ginge mit ihr durch, und ihr Hängen im Maul machte alles noch schlimmer. Auch ist hier wiederum ein anderer, mit dem Sitz nicht zusammenhängender Fehler zu entdecken: die Gerte gehört nicht verklemmt zwischen Pferd und Sattel, sondern, rückwärts gerichtet, an die Hosennaht. Doch zur Ehre dieser Reiterinnen sei's gesagt: sie können es besser; die Fehler wurden einstudiert.

◄

Ein Dressursattel. Die Seitenblätter sind nur wenig vorgeschnitten, denn Dressurreiten verlangt das ganz tiefe Knie und die langgeschnallten Bügel.

◄

Ein Vielseitigkeitssattel. Die Seitenblätter sind hier etwas weiter vorgeführt, damit man die Bügel auch einmal zum Springen kürzer schnallen und das Knie mehr beugen kann. Ein rutschhemmender Wildlederbesatz gibt größeren Halt.

◄

Ein Springsattel. Die Seitenblätter wölben sich gleich von oben her stark vor, und sie sind auch kürzer. Die beim Springen oft stark gebeugten Knie finden eine gute Stütze am Wildlederbesatz und an den Pauschen, die Sie sich unten anschauen können.

◄

So sieht ein Springsattel aus, wenn man das Seitenblatt anhebt und ihm hinter die Kulissen schaut: sogenannte Unterpauschen, rundlichdicke Aufwölbungen aus Leder, stemmen sich dem Knie und der Wade des Springreiters entgegen. Der Riemen, der da obenauf liegt, ist Ersatz für den Fall, daß einmal einer der beiden (unten im Bild sichtbaren) anderen Gurtenstrupfen, wie man die den Bauchgurt haltenden Riemen heißt, reißen sollte.

6 Ja nicht in strammer Haltung!

Ein handgreifliches Kapitel, für das der Autor des Lesers Verzeihung erbittet, weil diesem Dinge zugemutet werden, die als unschicklich gelten könnten, jedoch von großer Wichtigkeit für einen guten Sitz zu Pferde sind.

Schicken Sie, bitte, mal das andere Geschlecht aus dem Zimmer – ich muß Sie zu ein paar Intimitäten auffordern.

Aufstehen. Beine leicht grätschen. Gesäßmuskeln ganz locker. Haben Sie? Dann bohren Sie mal die Finger der linken Hand in die linke Hälfte Ihres Na-Sie-wissen-schon. Nicht so weit oben, eher von unten her!

Was fühlen Sie da? Nichts? Abgrundtiefes Fett? Das ist schlecht. Bohren Sie tiefer, bis Sie fündig werden ... aha, Knochen!

Das ist der linke Gesäßknochen. Merken Sie sich ihn gut, denn mit ihm (und mit seinem rechten Zwilling, den Sie ebenfalls sofort mit den Fingern der – rechten – Hand besuchen sollten) haben Sie Ihrem Pferd allerhand zu sagen. Und das Pferd wird Sie um so besser verstehen, je direkter Sie diese Knochen an den Sattel und damit an den Pferderücken zu bringen verstehen. Die Herrschaften mit den kleinen Hosengrößen sind im Vorteil.

Sie dürfen sich wieder setzen. Aber bitte auf einen ungepolsterten Stuhl, je härter, desto besser. Stellen Sie die Beine leicht gespreizt, ohne einen Muskel zu regen, zwanglos auf den Boden. Richten Sie sich auf, aber ja kein hohles Kreuz. Jetzt müßten Sie eigentlich die beiden Gesäßknochen spüren, wie sie von oben her auf erstens das Muskelfleisch Ihres Gesäßes und zweitens auf das Holz des Stuhles drücken.

Und nun kneifen Sie – Herrgott, ist mir dies peinlich! – die beiden Gesäßhälften einmal kräftig zusammen, so, als müßten Sie und dürften nicht! Was ist passiert? Der Druck der Knochen auf den Stuhl ist weg!

Sie sind um ein weniges angehoben worden – stimmt's? Kein Wunder: die angespannten Muskeln haben sich wulstartig über die Knochen gelegt und sie gepolstert!

Das aber dürfen sie beim Reiten nie. Lernen Sie also wieder auswendig: *Ich darf im Sattel nie, nie, nie die Gesäßhälften zusammenkneifen,* denn dadurch zwicken Sie, sozusagen, den Telefondraht ab, über den Sie mit dem Pferd sprechen. Es sind zwar noch ein paar Nebenleitungen da, aber am meisten kommt es auf den Sitz, die Hauptleitung, an.

Sie werden sich noch wundern, wie schwer es ist, *nicht* zu kneifen!

Unser Trockenkurs geht weiter. Bleiben Sie auf dem Holzstuhl in unveränderter Haltung sitzen – locker, senkrecht, ohne hohles Kreuz. Schieben Sie jetzt die linke Hüfte vor, ohne die rechte irgendwie zu bemühen. Was ist passiert?

Der Druck der beiden Gesäßknochen hat sich geteilt: es drückt nur noch links; rechts ist der Druck weg! Und das linke Knie hat die Tendenz, sich zu senken.
Wäre Ihr Stuhl ein Pferd, würde er jetzt – beinahe – angaloppieren.
Schieben Sie auch die rechte Hüfte vor, damit Sie spüren, wie sich das anfühlt. Vor allem aber: Knicken Sie dabei nie, weder rechts noch links, die Hüfte ein. Probieren Sie dieses Einknicken vielmehr nur, um zu erfahren, wie das einseitige Belasten der Gesäßknochen dadurch seiner Wirkung beraubt wird: das ganze Gesäß wird nach der Seite verschoben, die der abgeknickten Hüfte gegenüberliegt. Ihr Pferd hat das Gefühl einer gestörten Leitung und versteht Sie nicht.
Diese Knochengeschichte sollte Ihnen möglichst ganz klar sein, bevor Sie sich aufs Pferd setzen. Es kommt zwar noch viel mehr hinzu, aber es gehört zum Wichtigsten überhaupt. Wer seine Gesäßmuskeln nicht in ständiger Entspannung halten kann, kommt weder tief in den Sattel, noch kann er seinem Pferd sagen, was er will.

Fassen Sie sich jetzt ans Knie. Mit der rechten Hand ans linke, und zwar innen. Nicht wahr, Sie haben keine Mühe, die ganze Handfläche dort zu plazieren. Flach, das ist es nämlich! Diese flache, innere Kniepartie kommt an den Sattel, das sind die Scharniere, die Sie mit dem Pferd beweglich verbinden, und *diese flachen Kniestellen dürfen den Sattel nie verlassen.*
Auch dies sollten Sie sich so fest einprägen, wie es nur ein Nachdenken zuwege bringt, nicht aber ein Darüberhinweglesen.
Und damit haben Sie den meisten Anfängern drei wesentliche Dinge voraus: Sie haben geübt, wie man Zügel aufnimmt und richtig hält. Sie wissen Bescheid, was gemeint ist, wenn später in der Bahn die Aufforderung „Linke (oder rechte) Hüfte vor!" ertönt. Und Sie kennen ganz genau die Stelle, die an den Sattel muß, wenn es heißt: „Knie zu!"
Ende der Intimitäten. Das andere Geschlecht darf wieder hereinkommen.

Nachdem Sie das erste Mal im Sattel gesessen haben, wissen Sie noch nicht sehr viel; eines jedoch wissen Sie ganz bestimmt: Karl May hat gelogen.
Sie werden sich erinnern, daß Old Shatterhand und auch Kara Ben Nemsi die Pferde so gewaltig in die Zange ihrer Schenkel zu nehmen verstanden, daß den Tieren die Luft wegblieb und selbst die feurigsten Rösser im Nu zu demütigen Lämmlein wurden.
Probieren Sie das mal. Machen Sie auf dem Pferd die Knie zu, fest! Wenn Sie jetzt ein Stöhnen hören, dann entrang es sich Ihrer Brust, nicht der des Pferdes, das vermutlich nur die Ohren nach hinten stellen wird, um sich nach Ihren näheren Wünschen zu erkundigen.
Mit roher Kraft erreicht man auf Pferden nichts, und kommt es erst zum Zwei-

kampf, so bleibt das Pferd immer Sieger. Rohe Kraft mag einmal auf Pferden zum Ziel führen, die der Korrektur bedürfen, aber auch nur dann, wenn die Kraft im steten Wechselspiel mit belohnender Nachgiebigkeit steht.

Wenn Ihnen also nach dem Reiten alle Knochen wehtun, wenn die Muskeln schmerzen, daß Sie meinen, man hätte Ihnen Knebel in Hände, Arme, Schultern und Beine gedreht, dann haben Sie alles falsch gemacht.

Der Jammer ist nur, daß Ihnen gar nichts anderes übrigbleibt, als zu Anfang alles falsch zu machen.

Denn Sie haben die falschen Muskeln.

Wann sitzt der Mensch schon zuhause, im Auto oder in der Straßenbahn auf einem Faß?

Wann lebt er schon für längere Zeit mit hochgezogenen Fußspitzen und herabgedrückten Absätzen?

Wann läuft er denn mit vorgeschobenem Gesäß, als wollte er einem drohenden Fußtritt ausweichen, spazieren?

Wann war er je interessiert daran, die Fähigkeit zu erwerben, mit einem Glas Wasser in der Hand auf der Plattform des Ziehharmonikagangs eines rasenden D-Zuges stehen zu können, ohne einen Tropfen zu verschütten?

Das alles aber müssen Sie können – um nur einiges zu nennen –, wenn Sie reiten wollen. Und dazu brauchen Sie Muskeln und Muskelfunktionen, die bislang bei Ihnen brachlagen – Muskeln, die sich bei Ihnen jetzt durch Schmerzen vorstellen: *Da bin ich, mein Name ist Tailormuskel ... wie war der Ihre gleich? Autsch? ...*

Das muß sich alles erst formen, strecken, dehnen. Vor allem im Spalt, wo die Beine sich im Dunkeln treffen. Die meisten Menschen sind fürs Reiten im Spalt zu eng. Weiten Sie ihn. Das geht nicht mit Tabletten. Sie müssen Freiübungen machen, täglich: Stand auf einem Bein, das andere mit Schwung seitwärts abspreizen. Standbein wechseln. Oder: Grätsche und darin langsam tiefer und tiefer werden.

Und noch eines müssen Sie lernen, das wichtigste überhaupt: Kreuz anspannen. Man drückt im Sattel das Gesäß nicht nach hinten heraus – das gäbe ein Hohlkreuz – der schlimmste Fehler! Das Gesäß muß nach vorn, während die Wirbelsäule senkrecht bleibt. Wer das nicht lernt, lernt niemals sitzen und damit auch nicht reiten.

Stellen Sie sich vor einen stabilen Tisch, dessen Kante Ihnen bis zu den oberen Oberschenkeln reicht. Nehmen Sie den Teppich unter ihm weg, damit er rutschen kann, schaffen Sie ihm Platz und treten Sie so dicht an ihn heran, daß Sie ihn an seiner Kante berühren. Lassen Sie die Arme und Hände an den Seiten herunterhängen und schieben Sie den Tisch jetzt weg von sich, ohne die Füße vorzusetzen oder den Oberkörper vorzuneigen oder zurückzunehmen.

Wenn Sie das richtig gemacht haben (und man kann es eigentlich nicht falsch machen), dann wissen Sie genau, was es heißt: das Kreuz anspannen. Oder sagen wir: Sie kennen die Bewegungsrichtung. Wie es sich auf dem Pferd anfühlt, das müssen Sie erst herausfinden.

Ich wußte vom ersten Tag an, wie man es macht. Und brauchte ein halbes Jahr, bis es mir auf dem Pferd zum erstenmal richtig gelang. Das ist ein Moment, der einschlägt wie ein Blitz: So also fühlt sich das an! Es ist mit nichts zu verwechseln. Sie können sich nie über diesen Zeitpunkt des wirklichen Könnens täuschen, weil Sie nie vorher richtig im Sattel saßen, am Sattel klebten; bestenfalls blieben Sie parallel zum Pferderücken, mit wackligem Kreuz, nicht aber mit *angezogenem* Kreuz.

Ich weiß, Sie langweilen sich. Sie wollen aufs Pferd. Ich wette mit Ihnen, es dauert nicht lange, und da werden Sie in diesem Buch jede Zeile suchen, die sich mit dem Kreuzanziehen beschäftigt. Es ist die Grundlage des Reitens. Wir werden noch oft davon reden.

Die Haltung zu Pferde läßt sich zwar beschreiben; sie läßt sich sogar vom Anfänger korrekt einnehmen, solange das Pferd steht; sie geht bei ihm indessen sofort in die Brüche, wenn das Pferd antritt oder gar antrabt. Haltung haben kann nur der gute Reiter, denn Haltung ist: vollkommen vergessen, daß man von einem Pferd herunterfallen kann. Und Anfängerreiten ist: vollkommen vergessen, daß man auf einem Pferd auch an etwas anderes denken kann als ans Herunterfallen.

Setzen Sie sich in die tiefste Stelle des Sattels, breit und bequem aufs Gesäß, in dem sich kein Muskel mausig macht. Hüften genau parallel zu den Hüften des Pferdes. Wirbelsäule aus dem Becken aufwachsend, wie ein Maibaum so gerade. Kein hohles Kreuz.

Kein hohles Kreuz.
Schultern und Oberarme ein bißchen zurück, fallen lassen. Keine Spannung darin. Unterarme, Handrücken, Zügel in einer geraden Linie. Den Winkel dieser Linie zu den Oberarmen bestimmt der Körperbau des Pferdes und, da ich Ihr Pferd nicht kenne, Ihr Lehrer. Zügelfäuste nahe beieinander.

Kopf nicht ins Genick und nicht auf die Brust. Blick geradeaus über den Pferdekopf hinweg.

Die Beine umfassen das Pferd so weit wie möglich, ohne daß die Füße dies wörtlich nehmen und sich, in den Knöcheln nach innen abknickend, zu vereinigen suchen. Oberschenkel aus den Hüften heraus drehen und so weit senken, wie es die ungestörte Lage des vollen Gesäßes im Sattel und die der flachen Knie am Sattel – Sie erinnern sich an unsere intime Stunde – gestatten. Knie so tief wie möglich.

Knie so tief wie möglich.
Unterschenkel etwas zurück. Füße in Ballenhöhe in den Bügeln. Die Fußspitzen sind nahezu parallel zum Pferdeleib, eine Idee auswärts gerichtet. Absätze tief.

Absätze tief.
Schauen Sie sich die Bilder auf den Seiten 34, 35 und 39 an. Da sehen Sie, wie man richtig sitzt, und auch wie Sie sitzen werden, wenn's losgeht.
Ich darf so häßlich zu Ihnen sein. Ich habe auch so auf dem Pferd gesessen. Gesessen? Gehockt und gehangen!
Verschwenden Sie nicht zu viele Gedanken an Ihre Haltung. Üben Sie zunächst auf dem Pferd lieber, was Sie in der Theorie schon kennen: das Kreuzanziehen, das Fühlen und Fühlenlassen der Gesäßknochen, links, rechts und miteinander. Die ersten zehn Minuten jeder Reitstunde sind die beste Gelegenheit dazu. Da kommandiert Sie niemand herum. Da reitet alles für sich, um die Pferde zu lösen, ihnen die Stallsteife aus den Gelenken zu reiten. Hier haben Sie die Minuten, die Sie für diese privaten Übungen brauchen. Lassen Sie Ihr Pferd stehen dabei. Bleibt es stehen, während Sie das Kreuz anziehen, ohne auch nur aufmerkend die Ohren zu stellen, dann ist es falsch, was Sie machen. Dann rutschen Sie vermutlich bloß ruckweise mit dem Gesäß im Sattel von hinten nach vorn oder versuchen gar, das Pferd durch Vorneigen des Oberkörpers in Gang zu bringen – alles falsch. Sitzen bleiben, Oberkörper aufrichten, Luft holen und ran das Gesäß, Richtung erdwärts-vorwärts! Aber wollen Sie wohl die Knie dabei nicht hochziehen! Werden Sie wohl das Zusammenkneifen der Gesäßhälften lassen! Und die Absätze runter! Die Unterschenkel zurück! Die Ellenbogen an den Leib! Den Kopf hoch! Die Knie tief! Die Fäuste aufrecht! Die Finger zu! Den Daumen drauf! Die Zügel nicht durchhängen lassen! Die Fußspitzen zum Pferd, oder sie brechen Ihnen an der Wand ab! Herr . . . . . .!
Ich weiß, ich weiß . . . ich benehme mich so, wie ich es auch nicht leiden konnte: alles verlangen diese Kerle auf einmal! Statt daß sie einem erst mal sagen, wie Reiter . . .

– die Bügel vom Pferd aus verstellen.
Der Fuß bleibt im Bügel und hilft der Hand (die andere hält die Zügel straff) durch Niedertreten oder Nachgeben beim Verschnallen. Hier muß der Lehrer her! Die richtige Länge ist abhängig von der Wölbung des Pferdeleibs, der Rundung Ihrer Oberschenkel und der Länge Ihrer Unterschenkel, denen die Fühlung mit dem Pferd nicht verlorengehen darf. Zu kurze Bügel fördern den Stuhlsitz, zu lange den Spaltsitz (Bilder auf Seite 39).
Und da wir gerade von Bügeln reden: niemals vom Pferd aus mit der Hand dem Fuß helfen, den Bügel wiederzufinden, wenn er verlorenging. Das muß der Fuß alleine können. Und er kann's auch, wenn der Bügel nicht gar zu leicht ist.

– vom Pferd aus nachgurten.

Ehe es ernst wird mit dem Reiten, also nach einigen Bahnrunden, prüft man vom Pferd aus, ob die Sattelgurte genügend straff angezogen sind. Das lösende Reiten brachte den Sattel in die richtige Lage, das Pferd bläst sich nicht mehr auf, wie nicht selten beim Satteln, kurzum: es geht meist noch ein oder zwei Löcher kürzer, ohne daß der Gurt zu stramm würde. Also, wie im Bild auf Seite 73, das linke Bein vor den Sattel, mit der linken Hand das Seitenblatt angehoben und beide Gurtenden geprüft und notfalls nachgezogen! Die rechte Hand hält die Zügel straff. Der linke Fuß verläßt auf keinen Fall den Bügel. Und ja nicht beide Gurtenden zugleich lösen; eines muß immer geschnallt bleiben! Ein Sprung des Pferdes, der stets möglich ist, würde Sie mitsamt dem Sattel in die Bahn befördern.

Da wollen Sie gerade hin? Sie wollen absitzen? Das ist einfach genug: Zügel, Gerte, Mähne oder Sattelriemen in die linke Hand, wie beim Aufsitzen, rechte Hand vorne rechts sich stützend an den Sattel, dann das rechte Bein aus dem Bügel, über die Kruppe damit, rechte Hand, das Körpergewicht jetzt übernehmend, am hinteren Sattelrand aufstützen, Spitze des linken Fußes unter dem Pferdeleib schwanzwärts drehen, linkes Außenknie fest am Sattel, rechten Fuß auf die Erde, glücklich aufatmen und linken Fuß aus dem Bügel – fertig!

Es geht noch einfacher: Zügel auf den Hals, beide Hände vorn an den Sattel, beide Füße aus den Bügeln, beide Beine zum Schwungholen nach vorn, Oberkörper waagerecht vornüber, beide Beine in seiner Verlängerung hoch über die Kruppe des Pferdes schwingen, Hacken zusammen und links vom Pferd auf die Erde springen.

Wenn schon das Reiten nichts war, soll wenigstens das Absitzen einen guten Eindruck machen.

Bitte prägen Sie sich auch dies ein: Nach dem Absitzen schiebt man stets beide Bügeleisen auf dem unteren Bügelriemen ganz hoch und zieht dann die Riemen von oben her durch sie hindurch. So können sie erstens nicht herabrutschen, und zweitens braucht man sie beim nächsten Mal nur mit einem Griff herunterzuziehen, um sie einsteigbereit zu haben. Man führt ein Pferd auch nie mit frei baumelnden Bügeln; schlägt es mit dem Hinterbein mal nach einer Bremse am Bauch, so kann es sich, wenn das Bügeleisen in diesem Moment gerade zurückschwingen sollte, leicht mit einem Fuß darin verfangen. Was dann passiert, das ist nicht sehr schön anzuschauen.

Und behalten Sie die Zügel in der Hand!

7 Warum schreit er bloß so?

Hier wird der furchtlose Versuch unternommen, dem schreienden Reitlehrer durch den weit geöffneten Mund tief ins Herz zu blicken.

Der ideale Reitlehrer trägt Sorge dafür, daß ein jeder seiner Schüler stets nur das Pferd erhält, welches sein Können fördert, seine Schwächen aber ausgleicht; er duldet keinen Sattel, der dem Pferd nicht gut aufliegt und dem Reiter nicht paßt; er arbeitet mit jedem nur nach einem schriftlichen, vielbedachten Plan, den er am Fortschreiten und Nachbleiben des Lernenden ständig korrigiert; er läuft im Trab neben dem trabenden Schulpferd einher und zeigt dem Schüler durch eigenes Handanlegen, wie sich ein anstehender Zügel, eine ruhige Hand, ein tiefes Knie, ein treibender Schenkel anfühlen; er kennt jedes seiner Pferde bis in die verborgensten Regungen hinein und kann bei jedem Fehler sagen: hier liegt's am Reiter, hier am Pferd; er hat ein jegliches so dressiert, daß er ihm mit der Stimme jeden Gang abfordern kann; auch unterrichtet er in Theorie: So fußt das Pferd im Schritt, im Trab, im Galopp – schauen Sie diese Tafel hier an, meine Herrschaften! ... und hier wirkt das Gebiß, meine Herren – fühlen Sie bitte die Lade! ... und dort, meine Damen, können Sie beobachten, ob das Pferd aufmerksam wurde durch Ihre halbe Parade – achten Sie bitte jetzt auf die Ohren! ... kommen Sie auch einmal an diesen Sandkasten, damit ich Ihnen die Bahnfiguren erläutern kann! ... ja, und die Kommandos erkläre ich Ihnen auch wohl am besten, *bevor* ich sie Ihnen zurufe! Auch duldet er, der ideale Lehrer, nie, daß sich in seinen Abteilungen schwache Reiter zugleich mit guten Reitern tummeln; er ist nie um ein treffendes Wort verlegen; er weiß um die Wohltat des Lobes; er verliert nie die Geduld; er ist unermüdlich: in seinen kargen Freistunden reitet er die Schulpferde nach, damit sie unter den Fehlern der Schüler nicht unrittig werden; nie ordnet er seine Lehrtätigkeit dem eigenen Sportehrgeiz, nie die Lehrpferde seinen eigenen unter. Er hat nur einen einzigen Nachteil: Es gibt ihn nicht. *Ich* jedenfalls traf ihn nur in den bedeutenden Lehrbüchern an, die ich las.
Und hätte ich ihn je getroffen, ich wäre schleunigst vor ihm davongelaufen. Nichts ist ärgerlicher an Menschen als Vollkommenheit. Wo mir selbst nichts zu entdecken bleibt, hört der Spaß auf.
Dennoch: Es wäre schon ganz gut, wenn nicht einige Lehrer alle der aufgezählten Tugenden hätten, sondern alle wenigstens einige.
Ich habe einen gefragt: „Warum tadeln Sie so viel, und warum loben Sie so wenig?" Er antwortete: „Ich sage doch niemandem, was er ohnehin weiß: daß er gut ist. Ich sage ihm, was er nicht glaubt: daß er schlecht ist."
Er zwinkerte nicht einmal dabei: es war ihm ernst. Wer im Laufe eines Lebens in Tausenden von Schülern als Motiv ihres Wunsches, Reiten zu lernen, die Eitelkeit erkannte, der beginnt eine neue Ausbildung nicht mit Freundlichkeiten, der schließt sie höchstens damit ab. Wer in zehn, zwanzig, dreißig Jahren zehntausend-,

zwanzigtausend-, dreißigtausendmal die gleichen Fehler korrigieren mußte, der mißtraut dem normal gesprochenen Wort der Belehrung – es drang zu oft nicht durch! Es ist menschlich, Nutzlosigkeit mit Lautstärke zu bekämpfen: *Herr! Hören Sie mich denn nicht, verdammt noch mal! Sie traben auf dem falschen Fuß!* Der Herr würde ja, verdammt noch mal, ganz gerne auf dem richtigen Fuß traben, wenn man ihm nur sagte, woran er erkennen kann, daß es der falsche ist. Aber der geplagte Lehrer hat eben keinen individuellen Plan für den falsch trabenden Herrn, er kennt ihn nicht einmal so genau – *irgendeiner, der auch Reiten lernen will, wie viele Stunden hat er eigentlich schon – drei, vier? habe ich ihm schon gesagt, wie man leichttrabt, oder war das der andere in der Mittwochabteilung? und überhaupt ist das ja alles Unfug: keine Zeit für Theorie, keine Zeit für Einzelunterricht und der ganze Stall voll Privatpferde, die ich heute auch noch reiten muß, weil die Leute nicht aufhören, sich Pferde zu kaufen, für die sie weder den Kopf noch den Hintern haben, bloß das Geld, das haben sie ... Sie da, auf Wotan! den inneren Schenkel ran – was ist das bloß wieder für ein Gegurke heute ...*
Reitlehrer sind auch nur Menschen, und meist ganz nette. Menschen werden durch andere Sachen verdorben als durch den Umgang mit Pferden. Lassen Sie sich durch das bißchen Geschrei nicht irritieren. Denken Sie: *Das muß so sein, die Halle ist ja auch so groß!* Und merkt er, daß es Ihnen ernst ist mit dem Reiten, taut er von selber auf.
War es Ihnen aber von Anfang an nicht ernst, dann seien Sie dankbar, daß ein schreiender Lehrer Sie so schnell vergrault hat: Sie haben viel Geld durch ihn gespart.

8 Ach, Sie haben Lehrbücher gelesen?

Dieses ist ein ganz schlimmes Kapitel, welches der Autor wohl bald schon sehr zu bereuen haben wird, denn die Macht der reitenden Schriftgelehrten ist groß und ihr Zorn fürchterlich.

Was immer Sie Ihrem Reitlehrer anvertrauen: einen durchgerittenen Dingsda, eine vor dem Morgenunterricht durchzechte Nacht, den Wunsch, schon beim nächsten Turnier in Aachen zu starten, oder auch die Absicht, diese ganze verflixte Schinderei wieder aufzugeben – er wird für alles Verständnis haben und Gleichmut zeigen. Große Unruhe senken Sie aber in sein Gemüt, wenn Sie ihm anvertrauen, Sie seien ein eifriger Leser von Lehrbüchern über das Reiten.

Ich kenne keinen Reitlehrer, der nicht tiefste Zweifel setzte in die Nützlichkeit solcher Bücher. Natürlich gibt es Ausnahmen: es sind diejenigen, die selber ein Lehrbuch geschrieben haben. Die große Mehrzahl indessen begegnet solcher Literatur mit der leisen Verachtung, welche die Praktiker aller menschlichen Leistungen für ihre Theoretiker empfinden; die Reitlehrer der Stirn und die Reitlehrer der (wenn ich so sagen darf) Faust unterscheiden sich darin nicht sehr von den klassischen Verkörperern dieses Problems – Schauspieler und Kritiker. „Soll er's", schreit der im Morgenblättchen verrissene Hamlet bei der Lektüre der Kritik, „doch erst mal vormachen! Klug daherreden kann jeder!"

Diese wenig scharfsichtige Meinung geht von der Vorstellung aus, nur den Praktikern – und unter ihnen wiederum nur den besten – einer geistigen oder körperlichen Disziplin sei es erlaubt, mit der Schrift zu lehren. Ein Blick in die Reiterei – oder gar in die Kunst und die Wissenschaft – zeigt sofort, welche ungeheure geistige Verarmung einträte, wäre die Lehre nur den Praktikern der ersten Garnitur erlaubt. Der gekonnte Umgang mit der Sprache – eine Voraussetzung jedes Lehrens – fällt nicht als ein Nebenprodukt des gekonnten Umgangs mit Pferden ab.

Eine andere Sache dagegen ist der oft zu hörende Vorwurf der Berufslehrer, die Bücher gingen nicht selten von materiellen Voraussetzungen aus, die, gemessen an der harten Wirklichkeit, absurd seien; sie verlangten ein so exquisites Lehrpferdematerial auf seiten der Schulen, ein so grenzenloses Reservoir an Zeit und Geld auf seiten der Schüler sowie ein solches Maß von Aufopferung seitens der Lehrer, daß jedwede Ausbildung von jungen Reitern, besonders in den Städten, sofort erliegen müßte, käme diesen weltfremden Kavaliersthesen die Bedeutung zwingender Vorschriften zu. Da wird allen Ernstes gesagt, daß man nur sitzen, also reiten lernen könne auf Pferden, die mit schwingendem Rücken den Reiter sogleich sitzen ließen, die in Selbsthaltung und in steter Anlehnung*) an den Zügel, im Gleichgewicht und auf feinste Hilfen reagierend, schwungvoll vorwärts gingen! Man lese

---

*) Der ob solcher rätselhaften Wörter erschrockene Leser wird gebeten, sie vorerst nur als Ausdruck für hervorragende Reitpferdeeigenschaften zu nehmen; sie werden allesamt im weiteren Verlauf dieses Buches ins Deutsche übertragen werden.

richtig: nicht behauptet wird, auf weniger guten Pferden sei das Erlernen des Reitens schwieriger – es sei vielmehr einfach nicht möglich.

Die Schule sähe ich gern, die einen Stall voll solcher Pferde unterhält, Pferde, von denen jedes gut und gern seine 15 000 Mark wert ist – für Lehrzwecke! Für die klopfenden Absätze der Anfänger! Für die hämmernden Hände, sie schlagenden Gesäße!

Da wird auch verlangt, den Anfänger drei Monate lang in der Hauptsache zu longieren und ihn ebenso lange meist bügellos reiten zu lassen – vorausgesetzt, er reite täglich „mindestens" zwei Stunden und im Gelände das Doppelte! Auf durchschnittlichen Schulbetrieb – großzügig – umgerechnet, heißt das (bei zwei Reitstunden die Woche – und oft ist es nur eine): 72 Wochen vorwiegend an der Longe und ohne Bügel – anderthalb Jahre! Eine solche Ausbildung (deren Vorzüge kein Mensch bestreitet) kostet Tausende. Wenn man sie bezahlen muß. Aber ich sagte ja schon: Über Geld wird in der Reitliteratur nicht gesprochen. Man hat es. Hat man es wirklich?

Und mit solchen Vorstellungen von Lehrpferden und Lehrmethoden kommen die literaturbeflissenen Schüler dann nicht seiten in die Schule.

„Ach, Sie haben Lehrbücher gelesen!"

Statt die Wirklichkeit einzubeziehen und bestrebt zu sein, auch unter schwierigen Reitbedingungen Vertrauen zwischen Lehrer und Schüler zu schaffen, säen solche Bücher durch das Verkünden utopischer Maximen nur Mißtrauen zwischen Lehrenden und Lernenden; sie entmutigen eher, als daß sie ermutigen, zumal das Ideal, das sie verkünden, durchaus erstrebenswert ist – ein Ideal freilich, das einem Straßenverkehr auf nur noch vierbahnigen, gegenverkehrslosen, kreuzungsfreien Fahrspuren mit nur gleichstarken, von nur vorzüglichen, höflichen Fahrern gelenkten fehlerfreien Automobilen gleichkommt.

Sage niemand, dies Thema sei des Eiferns nicht wert. Wer wird die Pferde denn einmal kaufen, die gekauft werden müssen, soll die Zucht nicht als gänzlich unrentabel eingehen – wer denn, wenn nicht die vielen städtischen Nachwuchsreiter, denen in der Regel gar nichts anderes übrigbleibt, als auf abgetriebenen Schulpferden ihre ersten Erfahrungen zu sammeln und sich langsam auf bessere Pferde hochzudienen! Schreckt man sie durch nicht realisierbare Postulate ab, erweckt man in ihnen die Vorstellung, die Reiterei sei schon von ihren Voraussetzungen her nichts als ein von der Nüchternheit dieser Zeit überrolltes Vergnügen monokeltragender, handküssender, hackenklappender Edelmänner, die sich in den leicht verschlissenen Brokat einer unwiederbringlich verlorenen Vergangenheit hüllen, dann wenden sich die jungen Menschen, denen Sachlichkeit schon an der Wiege gesungen wurde, eben noch mehr dem Automobil zu.

Ade, Pferd! Der Metzger sei dir gnädig ...

Ein weiterer Grund für das Mißtrauen, das viele Reitlehrer den Lehrbüchern entgegenbringen, sind die Widersprüche und die so verschiedenartigen Auffassungen von der besten Lehrmethode – ein ganz natürlicher Vorgang zwar, den die Reiterei mit allen Spielarten menschlicher Betätigung teilt, der aber dennoch nicht selten in der Bahn zu Kontroversen und damit zu einer Minderung der Lehrerautorität führt.

Über Freiübungen zu Pferde, auch Sitzübungen genannt, sagt Waldemar Seunig*): „Diese Sitzübungen (die Seunig täglich über drei Monate hinweg vorschreibt) machen den Anfänger immer unabhängiger von Gleichgewichtsstörungen und sind der beste Schutz vor dem bösen Staatsfeind Nr. 1, der Versteifung."

Wilhelm Müseler**) dagegen: „Man hört häufig, daß Freiübungen zu Pferde das Vertrauen des Reiters festigen, die Losgelassenheit und auch die Balance fördern sollen. Dadurch, daß man sich im Sattel umsieht, bewegt, spricht, pfeift, raucht und Freiübungen ausführt, kann man zweifellos mit dem Pferd vertrauter und damit zugleich losgelassener werden; aber nur dann, wenn man schon die Balance einigermaßen gefunden und etwas Vertrauen gefaßt hat. Wie es aber mit jedem Schlagwort ohne Überlegung des Warum oft geschieht, wird auf diesem ein System aufgebaut. So kommt es häufig vor, daß viel zu viel Zeit und Mühe auf solche Freiübungen verwandt wird. Durch ein Übermaß kann der Reiter in der Möglichkeit des Balancierens gestört werden. Man kann häufig genug beobachten, daß Reiter, die schon einen ganz losgelassenen Sitz hatten, durch zu starke Bewegungen und zu viele Freiübungen (Ballspielen zu Pferde) sich das Anklammern mit Ober- und Unterschenkeln wieder angewöhnen."

Umstritten ist auch die Frage, ob man dem Anfänger gleich die Zügel in die Hand geben und ihn mit den Schenkeln auf das Pferd einwirken lassen solle. Gregor von Romaszkan***) ist dagegen: „. . . wird die Einwirkung des Reiters auf das Pferd im Anfang auf das Unumgänglichste beschränkt oder sogar gänzlich beseitigt (das Reiten in der Abteilung oder an der Longe auf einem ausgebundenen°) Pferd) . . ."

Müseler dazu: „Schon in der allerersten Reitstunde beginnt man nicht etwa nur mit Sitzübungen, sondern gleichzeitig auch mit ‚Fühlen' und ‚Einwirken'."

Aber die Weisen streiten auch über so fundamentale Dinge wie die Entwicklung des Anfängergalopps. Siegfried van Haugk°°) meint: „Am leichtesten ist das

---

*) Waldemar Seunig: „Reitlehre von heute", Erich Hoffmann Verlag, Heidenheim.
**) Wilhelm Müseler: „Reitlehre", Verlag Paul Parey, Berlin und Hamburg.
***) Gregor von Romaszkan: „Reiten lernen", Albert Müller Verlag.
°) Ein Pferd, dem zwei vom Gebiß zum Bauchgurt laufende Riemen die noch mangelnde reiterliche Zügelführung ersetzen, nennt man „ausgebunden" (Abb. S. 38).
°°) S. v. Haugk: „Das Reiter-ABC", Verlag M. & H. Schaper, Hannover.

Angaloppieren für junge Reiter zweifellos durch Zulegen aus dem Arbeitstrab im Leichttraben."

Romaszkan denkt da ganz anders: „Das Angaloppieren ist sowohl für das Pferd als auch für den Reiter leichter zu erlernen, wenn es aus dem Schritt verlangt wird."

Vollends irre aber wird der Reitbücher Studierende, wenn er sich eine Meinung über das Leichttraben auf dem inneren oder dem äußeren Hinterfuß bilden will – eine Frage, die uns noch beschäftigen wird.

Bei solcher Widersprüchlichkeit ist man dankbar, hin und wieder eine so herzliche Übereinstimmung anzutreffen wie diese:

Heeres-Reitvorschrift vom 18. 8. 37: „Das richtig an die Zügel gestellte Pferd (Abb. S. 35) gibt dem Reiter die Empfindung eines weichen, die vier Beine gleichmäßig belastenden Sitzes."

Waldemar Seunig: „Ein an die Zügel gestelltes Pferd gibt seinem Reiter das Gefühl eines weichen, die vier Beine gleichmäßig belastenden Sitzes."

Eine Bosheit, dies? Mitnichten! Die letzten beiden Zitate sollen nur deutlich machen, daß die wesentlichen Teile der Lehre vom Reiten sich bis in die Schilderung des Reitgefühls hinein kaum verändert haben. Seit der Italiener Caprilli den Springreitern vor 60 Jahren den Krückstock einer mißverstandenen Eleganz aus dem kerzengerade gehaltenen Rücken zog und sie, mit der Physik im Einklang, auf die Hälse ihrer Pferde herabbrachte, hat sich nichts wirklich Revolutionierendes mehr in der Reiterei ereignet. Der Streit der Heutigen spielt sich im Bereich der Ästhetik und ihrer kampfrichterlichen Bewertung nach Punkt und Punktespunkten ab; wie ein Pferd sich bewegt, das weiß man bis in die letzte Sehne hinein; schließlich geht der Mensch auch schon seit Jahrtausenden mit Reitpferden um; wie man es, im Rahmen seiner physischen und psychischen Möglichkeiten, zu einem schönen Bild macht – darum geht der Streit, darüber händeln die Reiter der Nationen, damit füllen sie die Bücher und die Zeitschriften. Und vergessen über diesen – ganz gewiß nicht unwichtigen – Dingen, daß die Sorge tausender Reiter nicht die Piaffe und die Kapriole, sondern der schlichte Trab und der schlichte Galopp sind, daß sie nicht mit dem letzten Milligramm Zügelgewicht, sondern mit der unruhigen Hand auf auseinanderfallenden Schul- und Leihpferden ringen; daß ihnen nicht der Kampfausgang auf den großen Turnierplätzen der Welt die größte Sorge ist, sondern der Kampf um die freie Zeit und – weit öfter als man glaubt – um die monatlichen 400 Mark Pensionsgeld für das Pferd.

9 Über die Kunst,
gemischt zu fühlen

Hier werden dem Leser Fragen beantwortet, die zu stellen er sich nicht selten sehr geniert, fürchtet er doch, als töricht zu gelten, begehrte er in der Reitschule etwa zu wissen: Wo ist denn, bitte schön, beim Pferd der Gashebel eingebaut?

Es gibt noch etwas Schlimmeres, als Lehrbücher zu lesen: keine Lehrbücher zu lesen.

Zum Reiten, wenigstens zum guten, gehört Intelligenz, und Intelligenz ist, sobald sie sich mit etwas Neuem konfrontiert sieht, wie ein Kind: sie stellt dauernd Fragen. Reitlehrer sind nicht selten wie Eltern: *Frag nicht so dumm, das wirst du später schon noch lernen!*

Bücher sind da viel netter zu den Leuten; sie lassen sich die dümmsten Fragen gefallen.

Zum Beispiel diese hier:

Wie kommt das Pferd eigentlich dazu, den mehr oder weniger sanften Druck der Reiterunterschenkel dicht am Bauchgurt (Bild auf Seite 77) als Aufforderung zu verstehen, vorwärts zu gehen? Ist das angeboren, angezüchtet, wie man einer Hunderasse angezüchtet hat, mit Wildwitterung in der Nase stillzustehen, dem Wild vorzustehen? Oder ist da ein Muskel verborgen, der durch den Schenkeldruck reflektorisch das Vorsetzen der Hinterbeine auslöst? Oder ist das angelernt? Und wenn ja, wie?

Zugegeben, man drückt mit den Unterschenkeln sicherlich nicht intelligenter, wenn man die Antwort auf diese Frage weiß, und so betrachtet ist sie für das Erlernen der Reitkunst nicht wichtig. Aber der Reiter, der auf nur mechanische Weise das Reiten lernt, der lernt es nicht viel anders, als das Pferd das Gerittenwerden lernt, und das geht, was den Schenkeldruck betrifft, so vor sich:

Man drückt dem jungen Pferd die Unterschenkel an. Geht es daraufhin vorwärts, so war das Zufall, den der Reiter dem Pferd aber sofort bewußt macht, indem er dieses Vorwärtsgehen belohnt: weg mit dem Druck der Schenkel! Und die häufige Wiederholung lehrt das Pferd: der lästige Druck hört auf, sobald du vorwärts gehst – geh also vorwärts, wenn es drückt!

Bleibt das junge Pferd aber stehen, wenn der Schenkeldruck kommt, dann nimmt der Reiter die Gerte zu Hilfe. Die Gerte wird von jedem Pferd sofort respektiert: Nichts wie fort von dem beißenden Ding! Also läßt der Reiter unmittelbar nach dem Schenkeldruck und unmittelbar dahinter die Gerte wirken. In den meisten Fällen wird das Pferd sich sofort in Bewegung setzen – mehr oder weniger kontrolliert, doch darauf kommt es noch nicht an. Hauptsache, es geht überhaupt vorwärts.

Und die Wiederholung lehrt auch hier das Pferd: Wenn der Schenkeldruck kommt, ist die Gerte nicht weit... geh also vorwärts, bevor die Gerte dich trifft, geh vorwärts, wenn die Vorwarnung durch die Schenkel kommt!

Das denkt das Pferd natürlich nicht, aber es tut es. Und darauf kommt es an. Was das Pferd denkt, weiß man nicht, obwohl viele Reiter sagen, sie wüßten es ganz genau.
So ist das mit dem Schenkeldruck. Nicht nur so und nicht immer so, es kommt noch einiges hinzu, aber im Prinzip.

Noch so eine Frage: Wie kommt es, daß ein so großes und starkes Tier wie das Pferd Befehle von etwas so Kleinem und Schwachem annimmt, wie es die menschlichen Gesäßknochen sind, von denen wir sprachen? Nicht wahr, Sie haben im Sattel gesessen und diese Knochen aufs Leder gedrückt, als wollten Sie ein Loch in den Sattel bohren. Sie hatten nicht den Eindruck, daß ein Pferd sich davon angesprochen fühlen könnte – es hat so gewaltige Rückenmuskeln, und der Sattel ist doch so dick gepolstert! Und nun behauptet Ihr Lehrer, man könne ein Pferd dazu bringen, die Geradeaus-Richtung aufzugeben und nach links oder rechts zu gehen, wenn man es den linken oder den rechten Gesäßknochen spüren lasse!
Wie denn das? fragt die Intelligenz.
Es ist natürlich nicht etwa Schmerz, den das Pferd unter solchem relativ geringfügigen Druck verspürt. Hier wurde auch nicht mit der Peitsche nachgeholfen, auch nicht mit Zuckerbrot. Es ist überhaupt nicht der Knochen, es ist das Gewicht des Reiters, das sich durch Andrücken des einen oder des anderen Gesäßknochens nach links oder nach rechts verlagert. Das Pferd fühlt sich in seinem Gleichgewicht gestört. Es macht sich steif unter diesem einseitigen Druck, wenn es ein abgestumpftes Pferd ist, auf dessen Rücken zu viele Reiter zu oft ohne eigene Absicht, lediglich durch die Bewegungen des Pferdes, im Sattel hin und her geworfen wurden, so daß es längst aufhörte, diesen Gewichtsverlagerungen irgendeine Bedeutung beizumessen.
Auch der Mensch kann ein einseitig auf seine Schultern wirkendes Gewicht dadurch neutralisieren, daß er die betroffene Schulter hochnimmt, also steif macht. Das gut gerittene Pferd aber macht sich nicht steif; es weicht nach der belasteten Seite ab, als wollte es sich wieder unter den verlagerten Schwerpunkt des Reiters begeben, also mit ihm ins Gleichgewicht zurückgelangen. Und der gute Reiter festigt diesen natürlichen Drang des Pferdes sofort wieder zur Regel:
Zurück mit dem Gewicht auf beide Gesäßknochen, wenn es wieder geradeaus gehen soll!
Spanische Stierkämpfer zu Pferde, die *Rejoneadores,* sah ich ihre Pferde vor dem Stier her nur durch die Verlagerung ihres Gewichts lenken, im gestreckten Galopp, freihändig, die Zügel vorn vor dem Leib am Jackenknopf eingehängt! Auf Seite 155 können Sie sich das im Bild anschauen.
So ist das mit der Gewichtsverlagerung. Nicht nur so und nicht immer so, es kommt noch einiges hinzu, aber im Prinzip.

Und Sie dachten, man lenke ein Pferd, indem man rechts oder links am Zügel zöge, nicht wahr?

Wenn Sie erst einmal so oft wie ich durch die Länge der Bahn angeschrien wurden: „Sie sollen nicht am Zügel ziehen, Herr!" – dann denken Sie das nicht mehr. Sie fangen am besten gar nicht erst an, so etwas Schlimmes zu denken, denn es ist falsch, gefährlich und – einmal angewöhnt – schwer wieder wegzubringen.

Man kann ohne Hände nicht reiten. Noch weniger aber kann man: mit den Händen reiten. Die Hände sind das Schwerste, weil sie das Leichteste sein müssen. Legen Sie alle Ihre Gedanken fürs erste, für lange noch, ins Gesäß, ins linke, ins rechte; in die Unterschenkel, den linken, den rechten; lernen Sie damit fühlen, gemischt fühlen; von Ihren Händen aber denken Sie bestenfalls nur: sie dürfen nie am Zügel ziehen!

Sie dürfen nie am Zügel ziehen!

Kehren wir zu den Schenkeln zurück. Sie haben natürlich längst die Bilder auf Seite 77 angeschaut und gesehen, daß man mit den Unterschenkeln auch noch etwas anderes machen kann als das Pferd mit ihnen am Gurt zu drücken – „treiben" heißen die Reiter diese „Hilfe" für das Pferd, die ihm helfen soll zu verstehen, was der Reiter von ihm will; wie denn überhaupt fast alle Einwirkungen auf das Pferd „Hilfen" genannt werden: Schenkelhilfen, Gewichtshilfen, Zügelhilfen.

Verwahrender Schenkel haben Sie da gelesen.

Verwehrender Schenkel wäre wohl verständlicher: der im Knie leicht abgekrümmte, hinter dem Gurt liegende rechte oder linke Schenkel verwehrt dem Pferd, mit den Hinterbeinen aus der Spur herauszulaufen, die die Vorderbeine machen.

Haben Sie schon einmal einen Hund von hinten her beobachtet, wie er läuft, wenn er sich nicht gerade im vollsten Tempo bewegt? Er läuft schief, das Hinterteil nicht in der Spur des Vorderkörpers, er „driftet", besonders durch die Kurven, wie die Rennfahrer mit ihren Autos, deren Heck mehr nach außen drängt als der Bug.

Bei den Autos ist das verständlich, sie sind in sich ja steif, sie haben keine Wirbelsäule in sich, die sich biegen ließe. Aber der Hund? Er ist zu faul dazu, die Wirbelsäule zu biegen, nicht anders als viele Menschen auch, die lieber tief in die Hocke gehen, mit geradegehaltenem Rückgrat, statt sich richtig zu bücken, wenn sie etwas vom Boden aufheben müssen.

Bei den Pferden ist es ähnlich; sie krümmen sich ohne Not nicht gern von selber. Man muß es ihnen abverlangen. Man muß es üben. Man muß sein Pferd „biegen", wie man es geraderichten muß, denn keines ist von Natur aus ganz gerade, wofür einige Gelehrte die Lage im Mutterleib, andere das bekannte Naturphänomen der sich bei Dunkelheit im Kreis bewegenden Lebewesen verantwortlich machen.

Eine wichtige Voraussetzung für solches Biegen kennen wir schon: die einseitige Belastung des Gesäßes, verbunden mit dem gleichseitigen und gleichzeitigen Druck des einen Schenkels. Das genügt aber nicht, denn diesem einseitigen Druck könnte das Pferd sich mit Leichtigkeit entziehen, ohne sich in der Längsrichtung zu biegen; es bräuchte ja nur – und es tut das auch – die Hinterhand*) in Richtung des Druckes wegdriften zu lassen, „ausfallen" zu lassen, wie die Reiter sagen, und es käme durch die Kurve hindurch, ohne sich zu biegen, ohne den äußeren Hinterfuß korrekt in Richtung auf die Lücke zwischen den beiden Vorderfüßen zu führen.

Das muß man ihm aus gymnastischen und auch ästhetischen Gründen verwehren: mit dem Schenkel, der an der Außenseite der gewünschten Biegung liegt. Man nimmt ihn also zurück, eine Handbreit etwa hinter den Gurt und sagt dem Pferd durch leichten Druck: Freundchen, wirf ja die Hinterhand nicht nach außen, sondern laß sie schön in der Spur der Vorderbeine laufen – *biege dich um meinen inneren Schenkel!*

Dem Anfänger gelingt meist die Einsicht nicht, daß der geringfügige Druck, den er mit den Schenkeln ausüben kann, in der Lage sein soll, eine solche Biegung herzustellen; insbesondere will ihm nicht in den Kopf, daß der äußere Schenkel tatsächlich einem Pferd verwehren kann, nach seitwärts-außen vom Kurs der Vorderspur abzuweichen. Und was er nicht begreift, das vergißt er rasch. Oder er glaubt nicht daran, weil er im Anfang mangels Übung und mangels Koordination seiner Muskelbewegungen diese verwahrende Wirkung des äußeren Schenkels nicht herbeiführen kann. Das Pferd kommt ja auch ohne sie durch die Ecken der Bahn; daß es „driftet", spürt er noch nicht, weil sein Sitz im Sattel nicht gefestigt ist, denn wie man auch im Auto am ehesten im Gesäß spürt, ob das Auto ins Schleudern gerät, die Hinterräder also „ausfallen", so spürt auch der Reiter hier, was die Hinterbeine des Pferdes gerade tun. Aber sitzen muß man.

Kurzum: der Anfänger kennt den Grund des verwahrenden Schenkels nicht, und er spürt nicht seine Wirkung. Also verzichtet er darauf, ihn zu gebrauchen – ein Fehler setzt sich fest, wenn die einprägsame Erklärung im Unterricht fehlte, die theoretische.

Einer meiner Lehrer hat das durch einen bildhaften Vergleich verhütet, der sich mir einprägte und mich nie den verwahrenden Schenkel vergessen ließ.

„Wenn Sie in der Bahn reiten, wo reiten Sie da meistens?"

„Immer an der Wand entlang!"

„Nicht immer, aber meistens. Gut. Und was verhindert diese Wand, wenn Sie dicht an ihr entlangreiten?"

*) „Hinterhand" und „Vorhand" sind Bezeichnungen, die nicht von den Gliedmaßen des Pferdes, sondern von denen des Reiters herrühren: Körperteile des Pferdes, die sich „vor der Hand" und „hinter der Hand" des Reiters befinden. Die Trennlinie geht also durch den Reiterkörper hindurch. „Mittelhand" gibt es, wenn ich nicht irre, bloß beim Skat.

„Daß mein Pferd hinten ausfällt."

„Stimmt. Und wenn Sie nun Ihr Pferd biegen, um von der geradeausführenden Wand in das Innere der Halle hineinzureiten, dann ist die verwahrende Wand..."

„... weg!"

„Falsch. Dann nehmen Sie *die* Wand zum Verwahren, die Sie bei sich haben ..."

„Ah ... den äußeren Schenkel!"

„Genau. Der verwahrende, äußere Schenkel ersetzt die Wand*), die das Pferd respektiert."

So ist das mit dem verwahrenden Schenkel. Nicht nur so und nicht immer so, es kommt noch einiges hinzu, aber im Prinzip.

Noch etwas haben Sie beim Bild auf Seite 77 gelesen: „Seitwärts treibender Schenkel."

Was ist denn das nun noch?

Das Gegenteil vom verwahrenden Schenkel. Er hindert das Pferd nicht daran, mit den Hinterbeinen seitwärts zu treten, er veranlaßt es dazu, durch stärkeren und mehr seitwärts-vorwärts gerichteten Druck.

Aber das hat noch Zeit. Das kriegen wir erst viel später.

Sie halten es für unmöglich, nicht wahr, daß man im Gesäß spüren könne, was jeder einzelne hintere Pferdefuß gerade macht! Das ist doch so weit weg von der Hose, und dann dieser dicke Sattel!

Sie *haben* es schon gespürt, ganz genau sogar! Es hat Ihnen nur niemand gesagt, was das war, das Sie da spürten.

Denken Sie einmal nach: Was fühlten Sie zuweilen, wenn Ihr Pferd unter Ihnen stand, sich also nicht bewegte?

Na? Daß Sie auf einer Gesäßseite deutlich tiefer saßen als auf der anderen, stimmt's?

Dann trug sich unter Ihnen zu, was Sie im Bild auf Seite 77 sehen: Das Pferd steht hinten nicht gleichmäßig auf beiden Beinen, sondern hat das ganze Gewicht auf den einen Fuß gelegt; der andere befindet sich nicht in Reih und Glied, er drückt sich vor dem Gewicht, schont sich, er ruht mit abgeknicktem Huf oder steht nach hinten heraus.

Und über diesem nicht tragenden Hinterfuß sitzen Sie tiefer als über dem anderen.

---

*) Natürlich kann die Wand nicht ganz verhindern, daß ein Pferd mit dem äußeren Hinterfuß ausfällt, so dicht reitet man an ihr ja nicht entlang. Aber das Wort „Wand" als Begriff der Verwahrung, der seitlichen Begrenzung ist weit einprägsamer für den Anfänger als Reiterausdrücke wie „ausfallen" und „verwahren".

Drücken Sie bitte einmal den an dieser Seite liegenden Schenkel an – kräftiger!
Nehmen Sie den Absatz zu Hilfe, aber ohne ihn dabei hochzuziehen!
Was spüren Sie jetzt? Die tiefe Seite hebt sich! Sie sitzen wieder gleichmäßig auf
beiden Gesäßhälften! Das Pferd hat nämlich, animiert durch Ihren Schenkeldruck,
das geschonte Bein wieder belastet, indem es den Fuß an den anderen heran-
nahm.
Ein bißchen schwieriger, aber nicht viel, wird dieses Erfühlen der Hinterhand-
bewegung des Pferdes im Schritt.
Achten Sie einmal beim nächsten Anreiten darauf.
Sie werden immer abwechselnd links, rechts im Gesäß angehoben, und das ist
stets verbunden mit einem Tieferwerden der gegenüberliegenden Sattelseite.
Sie wissen durch die Übung im Stand natürlich längst, was sich da unten jetzt im
Schritt abspielt: Das Bein, über dem sich die Gesäßhälfte gerade hebt, hat das
Gewicht der Hinterhand aufgenommen und das Nachbarbein entlastet, welches Sie,
vorschwingend, auf seiner Seite nun „zu Tal" fahren läßt.
So einfach ist das. Man muß es einem bloß erklären. Ich wünschte, mir hätte das
jemand so genau erklärt. Aber Theorie ist die schwache Seite des nicht privaten
Reitunterrichts von heute.
Frag nicht so dumm, das wirst du später schon noch lernen . . .

Die Gefühle werden aber noch gemischter. Nehmen Sie, bitte, die Füße aus den
Bügeln und lassen Sie die Unterschenkel, während das Pferd im Schritt geht, ganz
komfortabel hängen. Spannen Sie im ganzen Körper keinen Muskel an!
Während nun abwechselnd mal die linke und mal die rechte Gesäßhälfte sich über
dem vorzuschwingen beginnenden Hinterbein des Pferdes senkt – was tut da der
gleichseitige Unterschenkel?
Er fällt an den Pferdeleib!
Mit anderen Worten: Wenn Sie, wie Sie das sollen, ganz losgelassen zu Pferde
sitzen, holt sich das Pferd die richtigen Schenkelhilfen von selbst. Es bringt dem
aufmerksamen Reiter bei, wann er mit welchem Schenkel zu treiben hat.
Dann ist es also nicht gleichgültig, in welchem Zeitpunkt man den Schenkel wirken
läßt?
Lesen Sie dreimal, was jetzt kommt; lernen Sie es auswendig, denn diese Er-
kenntnis ist der erste Schritt zum Reiten mit Kopf:
*Der Druck des Unterschenkels veranlaßt das Pferd, das gleichseitige Hinterbein
weit vortreten zu lassen. Es kann diesen Druck, diese treibende Hilfe, nur verstehen und sofort befolgen, wenn sie beim Abfußen des betreffenden Hinterbeins
kommt. Es kann sie nicht befolgen, wenn sie beim Auffußen, also nach Beendigung
des Vortretens, das sie ja gerade veranlassen soll, einwirkt.*
Deshalb treibt man das im Schritt gehende Pferd wechselseitig: linker Schenkel

beim Vorschwingen des linken Hinterbeins, rechter Schenkel beim Vorschwingen des rechten Hinterbeins.

Es gibt für das Erkennen des richtigen Zeitpunkts eine Eselsbrücke: Das linke Hinterbein schwingt beim Schritt gehenden Pferd vor, wenn die linke Schulter, die vor dem Sattel deutlich zu sehen ist, zurückschwingt: jetzt Druck des linken Schenkels! – Rechts ist's genauso.

Besser aber ist es, man spürt die Bewegung der Hinterbeine, begreift sie vor allem. Denn nur, was man richtig im Kopf hat, hat man auch richtig in den Beinen!

10 Immer noch nichts vom Zügel?

Immer noch nichts vom Zügel*).

*) Die Verleger dieses Buches sind Reiter seit Jahr und Tag. Sie haben, ohne zu zögern, das schmerzliche Opfer einer unausgenützten, weißen Seite gebracht, um mir zu helfen, Ihnen durch Schockwirkung noch einmal zu sagen: Je weniger Sie als Anfänger an die Zügel denken, je weniger vor allem Sie an ihnen ziehen, desto besser.

I I   Sie werden geworfen
– und wie!

*Warum der Anfänger im Sattel beileibe nicht das höchste Glück dieser Erde ver-
spürt, vielmehr dem armen Pferd gar schlimm in den Rücken fällt und womöglich
gleich ganz von ihm herunter, wofür er einem jeden, der solcher peinlichen Sach'
ansichtig wurde, auch noch einen Kognak spendieren muß.*

Anfänger in der edlen Kunst des Reitens haben ihre eigene Art, ein Pferd zu
beurteilen.

„Der Komet? Möönsch, der wirft vielleicht! Den kann man doch nicht sitzen! Der
haut einen ja hoch bis unter die Decke!"

„Aber im Galopp, da ist er sanft wie eine Wiege!"

„Schon, schon, aber im Trab ist er fürchterlich, und der olle Meier läßt uns ja
bloß immer Trab reiten – nimm bloß nicht den Komet!"

Kein Mensch, kein Auto, keine Straßenbahn kann sich bewegen, ohne Erschütterun-
gen auszulösen. Es gibt keinen Grund, warum ein so mächtiges Tier wie das Pferd
hiervon eine Ausnahme machen sollte. Geht es im Schritt, setzt es also alle vier
Beine einzeln auf den Boden, so sorgen dieser Viertakt und das langsame Tempo
dafür, daß der Reiter droben so mühelos am Sattel haften kann, wie der Rucksack
auf dem Buckel des gemächlich schreitenden Wandersmannes. Geht das Pferd aber
Trab, erhöht sich also das Tempo und wird aus dem Viertakt-Legato ein Zweitakt-
Staccato, dann geht das Elend los, dann steht den Anfängern die Verzweiflung
schweißnaß im Gesicht geschrieben.

Sie werden geworfen, und wie!

Es sind nicht selten brutal harte Stöße, die durch die Pferdebeine bis unter den
Sattel hochkommen und den ungeübten Reiter zum Dampfhammer werden lassen:
Er fühlt sich dauernd aus dem Sattel gehoben und durch die eigene Schwerkraft
wieder stoßend hineingezogen. Im Trab sind die Pferdebeine überkreuz oder, ge-
bildeter gesagt, diagonal synchronisiert: mit dem linken Hinterbein schwingt und
fußt zugleich das rechte Vorderbein, mit dem rechten Hinterbein das linke Vorderbein. Zwischen diesen beiden Takten liegt im ausdrucksstarken Trab immer ein
Schwebemoment, in dem das Pferd alle vier Beine in der Luft hat. Dieser Moment,
in dem die Schubkraft der Beine erlischt, und der, solange das Pferd trabt, mit der
Regelmäßigkeit eines Sekundenzeigers wiederkehrt, ist der Quell allen reiterlichen
Leidens, hier fällt der Anfänger in den Sattel zurück, und während die Erschütte-
rung noch seine Haare zu Berg stehen läßt, hebt ihn das Abfußen eines Beinpaares
schon wieder aus dem Sitz . . .

Doch kann er sich glücklich schätzen, wenn seine Erhöhung und sein Fall ganz
gleichmäßig im Takt des Trabes erfolgen. Meist aber versucht der Anfänger, diese
harten Stöße zu mildern, indem er die Schere der Oberschenkel verengt, um sie an
den Sattelseiten wie Stoßdämpfer wirken zu lassen. Oder er klammert sich mit den
Unterschenkeln fest. Oder er stützt sich, den Lehrer und sich selbst bemogelnd,

in den Bügeln ab. So oder so: er macht sich steif, und schon fällt er nicht mehr in der Schwebephase in den Sattel zurück, sondern, dem Rhythmus hinterherhinkend, im Moment des Abfußens – der Stoß von unten kommt dem Fall von oben entgegen! Der Effekt ist aus dem Straßenverkehr bekannt: Wenn man mit dem Auto gegen eine stillstehende Wand fährt, so ist das schlimm genug; ausgesprochen ekelhaft aber wird es, wenn sich eine solche Wand, etwa in Form eines Lastwagenkühlers, im Moment des Zusammenstoßes auf einen zubewegt. Geschieht dies nun noch in einer Kurve, so fliegt der leichtere der Kontrahenten nicht selten aus ihr heraus. Worüber sich in der Reitbahn, ganz im Gegensatz zum Straßenverkehr, alle Zeugen sehr freuen; will es doch alter Reiterbrauch, daß zum Spott auch noch der Schaden hinzutritt: Wer aus dem Sattel kommt, muß allen Augenzeugen einen Kognak zahlen. Es soll Reitschulen mit Schankbetrieb geben, die ohne diesen Brauch gar nicht lebensfähig wären.

Freunde haben mich oft gefragt: „Warum reitest du nicht, wie alle vernünftigen Menschen, in den Abendstunden, sondern mitten in der Nacht, früh um halb acht?" Die Antwort ist nur für Fußgänger, nicht für Reiter rätselhaft: Wer trinkt schon gern morgens um halb acht Kognak?

Man wird als Anfänger also geworfen, und weil auch der Ahnungsloseste ahnt, daß diese Pfefferstoßerei nicht ganz der Normalzustand eines trabenden Reiters sein kann, fragt er alsbald: „Was läßt sich dagegen tun?" – Er fragte mit mehr Gewinn zunächst: „Woher kommt das?"

Es ist richtig, daß es von Natur aus stark und weniger stark werfende Pferde gibt. In der Regel sind es die quadratischen Pferde, die mit dem kurzen, strammen Rücken, die schlecht sitzen lassen, während die „Rechteckpferde", deren Rücken lang ist und deshalb leichter schwingt, dem Reiter bequemer sind. Doch sind Pferde, die ein ordentlicher Reiter im Trabe überhaupt nicht aussitzen kann, sehr selten. Die Schuld liegt also nicht beim Pferd; sie liegt beim Reiter.

Wenn Ihnen ein böser Mensch unverhofft eine Faust auf die ahnungslos weichen Bauchmuskeln setzt – was tun Sie, wenn diese Faust sich anschickt, ein zweitesmal dort zu landen? Sie spannen abwehrend die Bauchmuskeln an, nicht wahr, damit der Schlag abprallt und nicht in die edle Tiefe geht! So wehrt sich auch das Pferd. Es hält die gewaltigen Rückenmuskeln fest, um das stoßende Gesäß des Anfängers abblitzen zu lassen. Auch die hämmernden Hände, die das Pferd im Maul stören, tragen dazu bei, daß es sich nicht losläßt, daß es schwer sitzen läßt.

Sie müssen also, um endlich still sitzen zu können, zunächst einmal still sitzen.

Das sei ein Widerspruch in sich selbst, sagen Sie? Da haben Sie ganz recht. Aber wer hat Ihnen denn gesagt, Reiten sei Logik? Reiten ist Geschicklichkeit, und deshalb gibt es gegen Widersprüche nur ein Mittel: Üben.

Doch keine Angst, ich speise Sie so billig nicht ab. So billig war ja auch dies Buch nicht. Folgen Sie mir, bitte, in Gedanken an ein Fließband, wie es unsere Industrie erfand, um durch seinen langsamen Lauf schneller zu Geld zu kommen. Sie stehen also vor dem allmählich davongleitenden Band. Nehmen Sie einen Schraubenschlüssel zur Hand und lassen Sie ihn, bitte, genau senkrecht auf das Band fallen – was tut er? Er prallt ab, er bleibt nicht sofort still liegen, denn weil er genau senkrecht auf die waagrechte Laufrichtung des Bandes traf, geriet er hinter dessen Bewegung, was zu einer Unruhe, zum Hüpfen führen mußte.

Und nun holen Sie sich den Schraubenschlüssel wieder her und lassen ihn mit einer Handbewegung, die dem Kegelschieben verwandt ist und deren Schnelligkeit der Geschwindigkeit des Bandes entspricht, in Laufrichtung aufs Band gleiten – was tut er jetzt? Er liegt still, denn er ging im Moment des Auftreffens mit der Bewegung des Bandes mit. Es entstand keine Unruhe.

Das ist es: *mit der Bewegung mitgehen!* Es ist die erste Hilfe gegen das Hüpfen des Schraubenschlüssels (sprich: des Reiters) auf dem Band (sprich: dem Pferderücken). Denn das ist doch klar: der Pferderücken bewegt sich unter dem Reiter fort, der, wenn er sich steif macht und genau senkrecht draufstößt, hinter die Bewegung gerät und damit hart geworfen wird. Das Gesäß muß, wenn es am Sattel haften will, mit der Bewegung des Pferderückens nach vorwärts mitgehen, und was in unserem Fließbandbeispiel für den Schraubenschlüssel die vorschiebende Hand war, das ist für das Reitergesäß das angezogene Kreuz.

„Aha!" sagen Sie jetzt und steigen gestärkt in der nächsten Unterrichtsstunde zu Pferde, grimmig entschlossen, das werte Gesäß so weit nach vorn zu bringen, daß der Bauch auf den zweiten Platz gerät. Aber, o weh: es wirft Sie noch immer grauslich auf und ab, und vor allem geraten Sie nun mit dem Oberkörper hinter die Bewegung des Pferdes, das zwischen Ihren Beinen davonzulaufen droht. Sie hängen an den Zügeln, die Knie kommen hoch, die Schultern desgleichen – der Stuhlsitz, wie Sie ihn im Bild auf Seite 39 sehen, ist perfekt. „Herr!" schreit es hinter Ihnen her, „soll ich Ihnen eine Lehne bringen?"

Das kann Sie aber nicht aus der Fassung bringen, denn Sie besitzen längst schon keine mehr. Auch diese Stunde geht schließlich herum, und dann haben Sie wieder Zeit, hier weiterzulesen. Das Geld, das sie kostete, war nicht vertan, denn Sie haben gelernt: Kreuz anziehen und Gesäß vor nützt nichts, wenn Beine, Arme und Schultern steif sind. *Sie müssen sich loslassen,* und wenn ich das sage, so ist das, mit den Schwaben gesprochen, ein *saudomms G'schwätz,* denn diese immer wieder gepredigte Losgelassenheit ist nicht mit dem Willen zu erzwingen; sie kann erst eintreten, wenn Ihr Gesäß endlich anfängt, sich im Sattel zu Hause zu fühlen, wenn Sie bereits nachdenken müssen, wollen Sie sich erinnern, wie lange es eigentlich schon her ist, daß Sie das letztemal vom Pferd fielen.

Und das war doch erst gestern.

12 Achtung, Kurve!

Hier ist die Rede von der Losgelassenheit des Reiters, von seiner zu Pferde nicht immer wünshenswerten Bemühung, sich senkrecht zu halten, sowie von solchen Ungereimtheiten wie einem Jäger, der vom Bellen mehr verstand als sein Hund, und wie der Leser auch daraus für das Reiten einen Nutzen ziehen kann.

Der Mut zum Schmerz ist der erste Schritt zur Losgelassenheit.

Ich kenne das gut: das Gesäß steht lichterloh in Flammen, dem Fleisch unter den Gesäßknochen ist zu Mute wie einem Kotelett unter dem Holzhammer des Metzgers. *Herrgott!* denkt man, *ist Autofahren schön!*

Es gibt Mittelchen gegen diesen Schmerz, und ich rede hier nicht von *Gehwohl*, mit dem sich manch einer schon den Po bestrichen haben soll, wie ein Brot mit Gänseschmalz. Ich meine die Mogeleien, von denen ich schon sprach: Klemmen mit den Oberschenkeln, Zusammenkneifen der Gesäßhälften, Abstützen in den Bügeln. Das ist menschlich, aber es ist auch dumm. Es ist wie schwören: Ich rauche nicht mehr! – und dann aufs Klo gehen und es heimlich tun.

Öffnen Sie sich dem Schmerz. Öffnen im wahrsten Sinne des Wortes: das Pferd mit den Beinen umfassen, so weit es nur geht, und die Hauptsache: die Muskeln nicht mehr spannen als nötig ist, um die Innenseiten der Ober- und Unterschenkel in einer Art von saugendem Kontakt mit den Sattelseiten und dem Pferdeleib zu halten. Das geht zunächst am besten, wenn die Bügel hochgenommen (und kreuzweise vor dem Sattel über den Widerrist des Pferdes gelegt) werden; dann sind die Trittbretter weg, an denen sich der Anfänger bei jedem Rückfall in den Sattel abstößt und die ihn am tiefen Sitz hindern.

Tiefer Sitz. Das ist, wie wir Gebildeten sagen, die *conditio sine qua non* der ganzen Reiterei. Ohne tiefen Sitz kann man auf dem Pferd zwar sitzen, aber man kann es nicht reiten. Man kann nicht, wie es bei den Reitern heißt, *im* Pferd sitzen – ein sehr anschauliches Bild, wie es in der verzwickten Reitersprache nicht eben häufig ist.

Also weg mit dem Gesäß vom hinteren Sattelrand! Schieben Sie es in die tiefste Stelle des Sattels, und schieben Sie es mit dem angezogenen Kreuz vor, doch lassen Sie den Oberkörper aufrecht, denn sonst geraten Sie hinter die Bewegung des Pferdes, und der Stuhlsitz ist wieder da! Bremsen Sie die Stöße nicht ab. Sie kommen dadurch nur aus dem Takt, und alles wird schlimmer. Machen Sie sich bei entspannten Muskeln schwer, so daß Sie nicht hüpfen wie ein Ball, sondern haften.

Und die Knie tief! Jedes Anspannen der Beinmuskeln zum Zwecke des Festhaltens bringt die Knie in die Höhe und das Gesäß nach hinten heraus. Nun ist dieser Wunsch, sich mit den Beinen am Pferd festzuhalten, in Kurven verständlich, denn es ist ja, wie Sie jetzt wissen, wirklich nicht billig, herunterzufallen. Wenn es geradeaus geht aber, an den langen Seiten der Bahn, dann kann auch das ängstlichste Gemüt schon mal die Zange der Beine öffnen und versuchen, die Stöße, die so quälen, totzutreten.

Tottreten – das rutschte mir so aus der Schreibmaschine, und vielleicht sollte ich es stehenlassen, vielleicht ist es gar kein schlechter Vergleich, denn das ganze Bestreben des Reiters, der geworfen wird, muß es sein, der Kraft, die ihn nach oben heben will, den Willen nach unten entgegenzusetzen. Gesäß, Oberschenkel, Knie, Absätze – das alles sollte den Stößen nicht klemmend wehrend, sondern ihnen mit elastischer Kraft entgegenfedern, um sie im Keim zu ersticken.

Ich habe es als sehr wertsteigernd empfunden, den Unterricht immer durch eine kleine Privateinlage zu bereichern. Kein Lehrer beschäftigt einen Schüler die ganze volle Reitstunde hindurch mit Kommandos und Korrekturen. Es kommen immer Minuten, in denen er mal einem Kollegen einen guten Morgen wünscht oder traurig einem Reiter nachblickt, der vor langer Zeit einmal sein Schüler war. Dann war der Moment da, in dem ich ausprobierte, was ich mir vorgenommen hatte. Zum Beispiel im Trab: Beinmuskeln entspannen, das Pferd so weit wie möglich umfassen, Gesäß in die tiefste Stelle des Sattels und runter mit den Knien, runter mit den Absätzen!

Man muß sich das *vor der Stunde* ganz fest vornehmen und dann, während man es ausführt, an nichts anderes denken. Ich pfiff bei solchen Privatversuchen auf die gute Haltung, auf die geschlossenen, aufrechten Fäuste, auf den dachförmigen Daumen, die Ellbogen am Leib und all die schönen Dinge mehr, die den guten Reiter ausmachen. Ich steckte lieber einen Anschnauzer ein, wenn ich mit meinen Privatversuchen beschäftigt war und darüber etwas vergaß. Es hat ja keinen Sinn, sich vorzunehmen: Heute mache ich aber mal alles richtig! – Das geht nie gut. Man muß seine Fehler isolieren, muß sie überdenken und dann einen nach dem anderen abzustellen versuchen.

Was unseren Fall des tiefen Sitzes angeht, so ist schon viel gewonnen, wenn Sie in einer Stunde auch nur drei- oder viermal mit tiefen Knien und erdwärts federnden Absätzen, mit vorgeschobenem Gesäß, aber senkrechter Wirbelsäule am Sattel kleben bleiben konnten. Das Gefühl, es ein paarmal geschafft zu haben, ist herrlich, auch wenn gleich danach und für den Rest der Stunde die leidige Bockelei wieder losgeht. So ein kleiner Erfolg im Herzen ist mehr wert als zehn Mark im Geldbeutel für die nächste Stunde; er vermittelt das wonnige Gefühl, das der Kranke hat, dem der Doktor endlich die richtigen Tropfen verschrieb: Ich hab's gespürt – sie helfen! Noch ein paar Löffel davon, und ich bin die Schmerzen endlich los!

Natürlich gibt es Rückfälle. In den Kurven insbesondere, in den Ecken der Bahn. Da geht die Anklammerei wieder los, da ist ganz plötzlich, wenn man aus der Höhe, in die man geworfen wurde, in den Sattel zurückfällt, dieser Sattel nicht mehr, wo er eben noch war; er hat sich mit dem Pferd, während der Reiter sich in der Luft vergnügte, in die Kurve verdrückt; die Bügel gehen schon längst selbständig an den Pferdeseiten bummeln, und wäre der innere Unterschenkel nicht, der, wie ein Eisenbahnrad in der Schienenkurve, allein noch der Fliehkraft widersteht und den Reiter notdürftig haften läßt – die begehrlich blickenden Kognakaugen der Mitreiter könnten wieder strahlen!

Angst verdummt den Menschen, und es gibt wenige Anfänger, die in den ersten Reitstunden keine Angst haben. Anders ist es nicht zu erklären, was sich in der Reitbahn jederzeit, wenn Anfänger reiten, beobachten läßt.
Stellen Sie sich, bitte, einmal so außerhalb der Bahn auf, daß Sie die Pferde immer dann genau von hinten im Blick haben, wenn sie durch eine Ecke gehen. Warten Sie ab, bis Trab geritten wird, besser noch: Galopp. Was sehen Sie, wenn die Pferde korrekt durch die Ecke geritten werden und nicht, wie sie das unter Anfängern gern tun, im flachen Bogen die Kurve schneiden? Daß sich das Pferd leicht nach innen neigt, nicht wahr! Das ist ganz natürlich. Der laufende Mensch macht es ja nicht anders. Was tut aber der reitende, der erst wenige Stunden reitende Mensch? Er hält sich fast immer senkrecht, denn die Senkrechte strebt nicht nur der Betrunkene an; jeder Mensch, der in Gefahr ist, sein Gleichgewicht zu verlieren, versucht krampfhaft, sich senkrecht zu halten. Dächte ein solcher Reitersmann auch nur drei Sekunden über dies Problem nach, er neigte sich sofort leicht nach innen, um sein Gleichgewicht mit dem des Pferdes in Übereinstimmung zu bringen. Aber er denkt nicht. Er hat Angst. Er klammert sich mit den Schenkeln fest und hält sich senkrecht.
Er sitzt nicht in der Balance.
Und damit haben Sie wieder Stoff für eine kleine Privateinlage in der nächsten Unterrichtsstunde. Mogeln Sie, wenn Ihr Lehrer mal kurz anderweitig beschäftigt ist, im Trab eine Volte ein, einen Kreis von etwa sechs Schritt Durchmesser. Wenn Sie das noch nicht schaffen (was ich beinahe fürchte), genügt auch eine zügig und tief ausgerittene Ecke. Vergessen Sie alle Ihre Pflichten zu einer guten Haltung und zu guter Zügelführung. Denken Sie bloß: Jetzt will ich mich mal loslassen, die klammernden Schenkel entspannen und mich nach innen neigen, wie es der Kurve und der Neigung des Pferdes entspricht!
Was spürten Sie? Eine Verbesserung Ihres Sitzes? Ich fürchte: nein. Vermutlich hörten Sie bloß etwas. Nämlich Ihren Lehrer: „Sie sollen nicht in der Hüfte einknicken!"
Das lehrt Sie zweierlei – erstens daß ein guter Lehrer einen Fehler sieht, ohne hinzusehen (was, unter uns gesagt, keine Kunst ist: Anfänger knicken in eng gerittenen Wendungen fast immer über der inneren Hüfte ein), und zweitens, daß Sie auch *dies* Buch schon wieder nicht gründlich gelesen haben.
Was, bitteschön, macht man in Wendungen mit dem Untergestell? Man setzt sich auf den inneren Gesäßknochen, man verlegt dadurch das Gewicht nach innen, man bringt dadurch das innere Knie tief und kommt dadurch von selber dazu, auch den

Richtig!   Falsch!

Oberkörper nach innen zu neigen, ohne daß es über der inneren Hüfte einen Knick gibt. Sie aber blieben sitzen, wie Sie saßen, als Sie in die Wendung hineinritten: bolzengerade. Sie winkelten lediglich den Oberkörper über der Hüfte nach innen ab, und so wurde die Sache bloß noch schlimmer: das Gesäß wurde nach außen gedrückt, also genau in die verkehrte Richtung!

Ich kenne einen Jäger, der den Mut hatte, sich zum Narren zu machen, um seinem Hund in der Sprache der Hunde klar zu machen, was er von ihm an einem verendeten Stück Wild erwartete: daß er es, wie die Jäger sagen, totverbelle, seinem weit entfernten Herrn also durch Bellen anzeige, wo sich Beute und Hund befinden. Er ging mit ihm auf eine Waldlichtung, warf ihm die Decke eines Rehbocks als Attrappe hin, zog sich den grünen Rock aus und begann, auf allen vieren um die Rehdecke herumzutanzen und so hundeähnlich zu bellen, wie er das nur immer fertigbrachte. Der Hund schaute sich das eine Weile ziemlich erstaunt an, doch dann begriff er: er kläffte angeregt mit! Vielfache Wiederholungen dieses Dressurkunststückchens brachten es zuwege, daß der Hund schließlich bloß noch die Rehdecke zu sehen brauchte, um in Bellen auszubrechen. Und von da war es nicht mehr weit zum automatischen Lautgeben angesichts eines richtigen, tot daliegenden Stück Wildes. „Was meinen Sie", grinste mein Jägersmann, als er mir seine Methode anvertraute, „was wohl Spaziergänger, die mich und meinen Hund beim gemeinsamen Bellen vielleicht beobachteten, von mir gedacht haben mögen?"

Die Antwort liegt auf der Hand. Doch beantwortet sie natürlich nicht Ihre Frage, was das Totverbellen beim Jagen mit dem Einknicken einer Hüfte beim Reiten zu tun habe. Ich möchte Sie zu einer ähnlichen, weit harmloseren Albernheit auffordern. Gehen Sie ebenfalls gelegentlich auf eine einsame Waldlichtung und laufen Sie dort in scharfem Tempo einen nicht zu großen Kreis. Und dann knicken Sie einmal mitten im Lauf über der inneren Hüfte mit dem Oberkörper in den Kreis hinein, während Sie versuchen, die Beine senkrecht zu halten. Das umwerfend dumme Gefühl, das Sie dabei haben werden, ist von so nachhaltiger Wirkung, daß Sie es, in Verbindung mit der Erinnerung an diesen peinlichen Waldtanz, niemals mehr vergessen werden. Sie werden nie wieder hören: „Sie sollen nicht in der Hüfte einknicken!"

Möglicherweise werde ich Ihnen noch die eine oder andere Albernheit dieser Art zumuten. Sie müssen ja keine davon ausführen, wenn Sie nicht wollen. Sie können sich auch gern immer wieder wegen des gleichen Fehlers anschreien lassen.

Da war doch noch etwas, das ich Ihnen und bedingt sagen wollte – ja richtig: Nehmen Sie, bitte, auch die äußere Schulter mit in die Wendung hinein!

Un damit haben Sie Stoff für drei Privateinlagen, die Sie – erst hübsch nacheinander und verteilt auf drei Stunden, dann miteinander – ausprobieren sollten:

1 – An einer langen Seite der Bahn im Trab die Stöße mit Gesäß, Knien und Absätzen *bei nicht verkrampften Muskeln* nach unten-vorn ausfedern.

2 – In einer Wendung das Gewicht auf den inneren Gesäßknochen verlegen. Inneres Knie tief. *Nicht in der Hüfte einknicken.*

3 – In einer Wendung die *äußere* Schulter mitnehmen.

Ich flehe Sie an: Üben Sie das nicht alles auf einmal. Sie haben mit jedem Punkt allein mehr als genug zu tun.

Ja, und: Waren Sie schon im Wald?

I3   Die Hände – endlich!

Hier wird dem Leser unter anderem geraten, selbst einem geschenkten Gaul gründlich ins Maul zu schauen, damit er begreife, was er darin mit groben Händen Übles wirken kann; auch erfährt er, daß Pferde im Maul nicht selten ein fünftes Bein verborgen haben.

Es läßt sich nicht länger verheimlichen: zu den Gliedmaßen, mit denen der Mensch reitet, gehören die Hände.

Es ist sicher, daß nicht wenige Reiter mit den Zügeln umgehen, wie nicht wenige Autofahrer mit dem Getriebeschalthebel ihres Wagens: sie haben keine Ahnung, was sich am Ende des Hebels eigentlich abspielt; wie sie das Krachen der aufeinandertreffenden Zahnräder beim Verschalten mit Achselzucken hinnehmen, so beunruhigt es sie auch nicht, wenn ihr Pferd, weil es dauernd im Maul gequält wird, sich von den Zügeln freizumachen versucht, indem es unwillig den Kopf hochwirft oder, in bösen Fällen, gar durchgeht.

Blättern Sie, bitte, einmal zum Foto auf Seite 74. Dort sehen Sie in der Zeichnung am Fuß der Seite, wie das Trensengebiß, das das Pferd des Anfängers im Maul trägt, aussieht und wo es wirkt. Der Unterkiefer des Pferdes ist nicht, wie beim gesunden Menschen, durchgehend mit Zähnen besetzt; zwischen den rückwärtigen Backenzähnen und den vorderen Schneidezähnen befindet sich an beiden Seiten je eine große Lücke, und wer von Ihnen das große Glück hat, ebenfalls eine solche Lücke im Unterkiefer sein eigen zu nennen, der kann – mit der Zunge – nachfühlen, was ein Pferd durch grobe Hände zu leiden haben muß. Denn auf den empfindlichen Rändern dieser zahnlosen Stellen liegt das stählerne Gebiß auf – es liegt auf den Laden, sagt der Reiter.

Eine schonende Trense hat das ungefähre Aussehen zweier Mohrrüben, deren sich verjüngende Enden man beweglich miteinander verknotet hat; an den oval-rundlichen dicken Enden, die dem Pferd zu den Maulwinkeln herauskommen, sind die sichtbaren Ringe befestigt, in denen die Zügelriemen eingeschlauft werden. Je dünner nun der Durchmesser dieser beiden stählernen Mohrrüben ist, um so schärfer können sie auf die Laden wirken, und deshalb sollte niemand, der ein fremdes Pferd mit fremdem Zaumzeug vorgeführt bekommt, aufsitzen, ohne sich zuvor über das Gebiß Gewißheit verschafft zu haben. Freilich sorgt die unter dem Gebiß liegende und wie ein Kissen wirkende Zunge in Verbindung mit dem Gelenk in der Mitte des Mundstücks dafür, daß auch ein schlimmes Zügelreißen nicht zur Marter für das Pferd wird, doch sollte ein Reiter darin keinen Trost für seine unbeherrschten Hände sehen.

Wenn ich Ihnen neben der Trense auf Seite 75 auch noch die Kandarenzäumung vorführe und sie hier schnell in ihrer Wirkung beschreiben will, so ist der praktische Nutzen, den Sie daraus vorerst ziehen können, gering, denn wenn Sie eine Kandare in die Hand bekommen, dann sind Sie sozusagen ein gemachter Mann und über das Pensum dieses Buches längst hinaus. Das wird begreiflich, wenn Sie wissen, daß das Kandarengebiß in der Mitte nicht, wie die Trense, mittels eines Gelenks gebrochen ist, sondern eine starre Stange bildet, deren an sich schon größere Wirkung auf die Laden des Pferdes noch dadurch verschärft wird, daß sie in ihrer Mitte eine mehr oder weniger starke sogenannte Zungenfreiheit hat, eine bogenförmige Ausbuchtung, unter der die Zunge liegt, wodurch sie die beiden Enden der Stange nicht so leicht von den Laden abheben kann. Aber das ist noch lange nicht alles. Um dieses Abheben der Stange von den Unterkieferrändern vollends unmöglich zu machen, wird an beiden Stangenenden, um das Pferdekinn herum, eine Kette eingehängt, die das Gebiß auf den Laden fixiert. Und damit die Wehrlosigkeit des Pferdes gegen diese Art von Zäumung vollkommen werde, sitzen die Ringe, die die Zügelriemen aufnehmen, nicht direkt an den Enden der Gebißstange, sondern an zwei sogenannten Bäumen – Hebelarme, die in Verbindung mit der Zungenfreiheit und der Kinnkette jeden groben Zug an den Zügeln sofort in Schmerzen für das Pferd umwandeln.

Wenn Sie jetzt an Ihre Hände denken, die vermutlich noch weit entfernt davon sind, beim Reiten in jeder Gangart ein Glas Wasser tragen zu können, ohne einen Tropfen zu verschütten, so verstehen Sie sicher, welche Qual sie dem Pferd verursachen müßten, legte man in solche unruhigen Hände schon Kandarenzügel, die Millimeterarbeit verlangen. Und diese feine Handhabung wird nicht gerade erleichtert dadurch, daß die Hände bei der Zäumung auf Kandare nicht nur zwei, sondern vier Zügel bedienen müssen, denn man reitet im allgemeinen nicht mit der Kandare allein, „auf blanke Kandare", wie die Reiter sagen, sondern zur Schonung noch mit einer zusätzlichen Trense, der „Unterlegtrense", deren Gebiß, quasi als Vorwarnung, noch vor dem scharfen Kandarenzaum einwirkt. Das Pferd trägt also zwei Gebißstücke im Maul.

Aber das ist – was uns betrifft – die pure Theorie, denn wenn Ihnen Ihr Lehrer erlaubt, mit Kandarenzäumung zu reiten, dann ist das so, als ob Sie Ihr Gesellenstück zu machen hätten.

Und wir sind noch immer im ersten Lehrjahr.

Das Wort Zügel kommt vom Wort Zug, und Zug kommt von ziehen, und vom Ziehen an den Zügeln kommt das ganze Unheil in der Reiterei. Aber was soll der arme Anfänger machen? Wie denn, wenn nicht durch Ziehen an den Zügeln, soll er sein Pferd lenken, den nächstkleineren Gang einlegen oder gar anhalten?

„Geben Sie eine Parade!"

Ja gewiß doch, aber was, bitteschön, ist das? Hat das was mit Blechmusik und Vorbeimarsch zu tun, und was gar ist eine halbe Parade?

„Sie sollen in der Wendung nicht am inneren Zügel ziehen, sonst fällt Ihnen Ihr Pferd mit der Vorhand über die äußere Schulter aus!"

Ja gewiß doch, aber was, bitteschön, ist innen und außen, und wie kann ein Mensch wissen, daß ein Pferd, welchem man am linken Zügel zieht, nach rechts geht?

„Sie sollen mit den Zügeln nicht rückwärts wirken, sondern sie stehenlassen und dagegensitzen!"

Ja gewiß doch, aber wie, bitteschön, läßt man die Zügel stehen und wie in aller Welt kann man sich gegen etwas setzen, das man vor sich in den Händen hält?

Das ist, zugegeben, sehr dumm gefragt, so dumm, wie es sich im Unterricht kaum einer getraut. Man hat doch schon, in der Hoffnung, sie bald anschnallen zu dürfen, die Sporen in der Hosentasche. Man spricht doch schon unter Freunden von Pferden, die den Rücken hergeben und von solchen, die ihn festhalten. Da kann man doch so dumm nicht mehr fragen. Da tut man halt so, als wüßte man ganz genau, was dieses Reiterrotwelsch bedeutet, das einem durch die Länge der Bahn hinterhergeworfen wird, tut so, als fehlte es einem bloß noch an dem letzten Quentchen Übung, bis die Parade aus Kreuz und Schenkeln, die korrekte Wendung aus dem korrekten Sitz kommt.

Und die Dummen glauben das wirklich. Die Klugen aber, die nicht als Dumme gelten möchten, kaufen sich heimlich Lehrbücher. Worüber rege ich mich eigentlich auf?

Es bleibt dem Anfänger also, sagte ich, gar nichts anderes übrig, als an den Zügeln zu ziehen, wenn er langsamer reiten, halten oder in eine andere Richtung will. Und zumeist geht das, wenn auch nicht immer auf Anhieb, sogar gut, denn die Schulpferde haben sich an diese Stümperei gewöhnt. Man muß nur wissen, daß man vorläufig noch alles falsch macht; dann besteht Hoffnung, daß man es eines Tages richtig machen wird.

Grämen Sie sich also nicht über Ihre Zügelführung; sie ist das Schwerste am Reiten und mit gutem Willen allein nicht erlernbar. Vorläufig haben Sie einzig und allein ein Ziel: die Hände ruhig zu halten, denn solange das Pferd durch unruhige Hände dauernd im Maul gestört wird, ist jede verständige Einwirkung mit den Zügeln unmöglich.

Die ruhigen Hände sind das Ergebnis eines stillen, geschmeidigen Sitzes. Wer im Sattel bei jedem Trabschritt, jedem Galoppsprung geworfen wird, wer hinter die Bewegung des Pferdes gerät, der benutzt seine Hände instinktiv als Balanciergewicht; er hämmert mit ihnen. Und darin liegt schon wieder ein scheinbar unlöslicher Widerspruch: Hämmernde Hände stören das Pferd im Maul, so daß es sich nicht losläßt, sondern Hals- und Rückenmuskeln in steter Abwehrbereitschaft gespannt hält. Auf solchen Pferden aber kann der Anfänger nicht ruhig sitzen – sie werfen zu stark. Und weil er nicht ruhig sitzen kann, ist es ihm unmöglich, die Hände ruhig zu halten. Und weil er die Hände nicht ruhig hält, läßt ihn das Pferd nicht sitzen ... die Katze beißt sich wieder einmal in den Schwanz.

Und doch – eines Tages löst sich dieser scheinbare Widerspruch, denn eines Tages sind die Kreuzmuskeln so entwickelt, daß ihre Anspannung das Gesäß auch auf stark werfenden Pferden im Sattel hält, die Hände können ruhig stehen, das Pferdemaul wird nicht mehr belästigt, der Pferderücken gibt sich dem Reiter willig und schwingend hin – Sie haben es geschafft!
Drei, vier Jahre noch, und Sie können wirklich reiten!

Gesäß und Hände gehen also sozusagen Hand in Hand. Ich kann es Ihnen nur sagen. Üben und erfühlen müssen Sie es selber. Doch kann ich Ihnen ein paar kleine Hilfen geben.
Cowboys – Sie wissen das aus dem Kino – haben beim Reiten die Ellbogen an jeder Seite einen halben Meter vom Körper weggespreizt. Cowboys galoppieren aber auch mit nach vorn weggestreckten, stockgeraden Beinen; sie sitzen hinter der Bewegung, und vor allem: sie halten die Zügel nachlässig nur mit einer Hand. Die Hilfen, die sie geben, sind grob im Vergleich zu denen, die die Dressurreiterei entwickelt hat. Und solche feinen Hilfen verlangen den ruhigen Sitz und die ruhigen Hände, die sich aber nicht einstellen können, wenn Schultern, Oberarme und Ellbogen jeden Schritt und Sprung des Pferdes schwungholend und balancierend zugleich mitmachen.
Die Ellbogen gehören in zwar leichte, aber dauernde Verbindung mit den Seiten des Körpers. Und damit haben Sie wieder Stoff für eine kleine Privateinlage in einer der nächsten Stunden. Wenn Sie sich dann ernsthaft um Ihre Ellbogen kümmern, werden Sie erstaunt sein, was die, allein gelassen, so alles anstellen: sie winkeln sich seitlich ab vom Körper, oder sie strecken sich im Gelenk, so daß Ihre Hände weit vor dem Leib stehen. Beides aber ist fehlerhaft.
Mit den gestreckten Armen geht meistens noch ein anderer Fehler einher: die offenen Hände, die die Zügel nur noch mit leicht gekrümmten Fingerspitzen durch geringen Zug halten, so daß die Leinen durch jedes Vorgehen des Pferdemaules länger und länger werden. Man spricht aber in der Reiterei nicht von Zügelfingern, sondern von der Zügelfaust. Halten Sie also die Ellbogen am Leib, die zur Faust geschlossenen Finger aufrecht, so daß Sie von oben in die Fäuste hineinsehen könnten, lägen die Daumen nicht oben drauf, die die Zügel festklemmen und am Durchrutschen hindern.
Nicht minder wichtig: die Fäuste sollen in der Regel tief stehen, dicht über dem Widerrist des Pferdes und nicht mehr als eine Handbreit auseinander.

Bedenkt man alle Qualen, die einem Pferd durch grobe Reiterhände im Maul zugefügt werden können, und hört man, daß es sich, solange es im Maul gestört wird, nicht losläßt, sondern steifhält, dann möchte man meinen, es gäbe nichts

▲ Das Nachgurten im Sattel: Der Fuß bleibt im Bügel, die rechte Hand am Zügel. Niemals mehr als einen Gurtenstrupfen öffnen!

Kreuzanziehen: Wer in dieser Haltung, lediglich durch Anspannen der Kreuzmuskulatur, einen Hocker zum Kippen bringen kann, der
▼ ist auf dem richtigen Weg zum richtigen Sitz.

Das Verstellen der Bügel im Sattel: Der Fuß ist durch Niedertreten oder Nachgeben der Hand behilflich. Offenes Knie! ▲

Hohlkreuz: Wer in „Brust raus, Bauch rein" eine gute Haltung sieht, sollte sie schnellstens ablegen, wenn er zu Pferde steigt. Das Gesäß gehört beim Reiten vor, nicht zurück. ▼

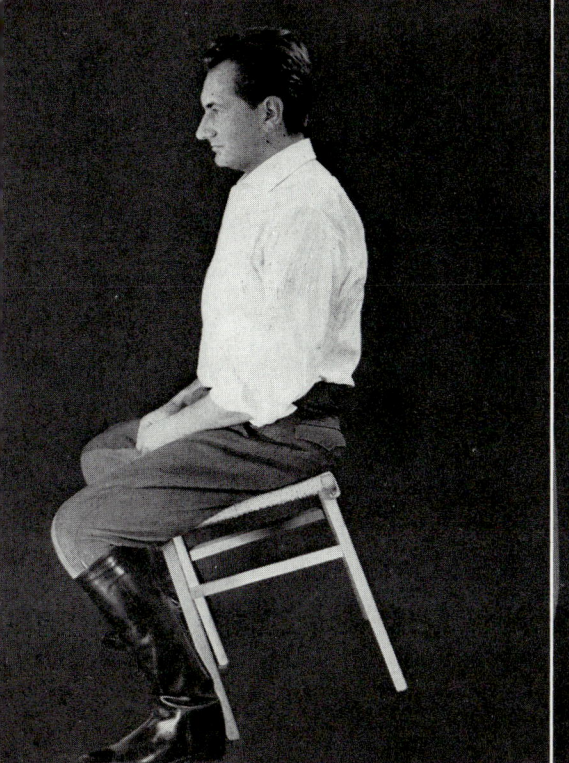

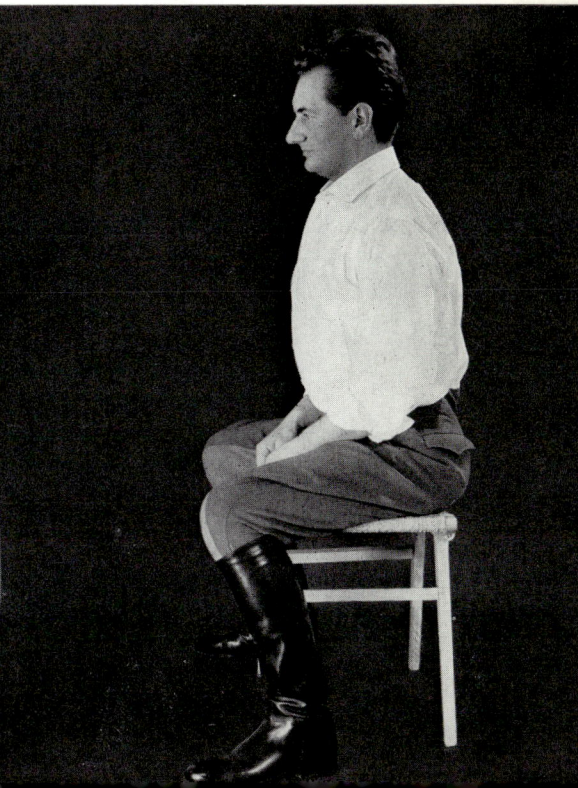

Genickstück

Stirnriemen

Backenstück mit
Schnalle

hannoversches Reithalf
oder Sperrhalft

Nasenrieme

Kehlriemen
mit Schnalle

Trensengebiss

Kinnriemen

Zügel mit Schnalle

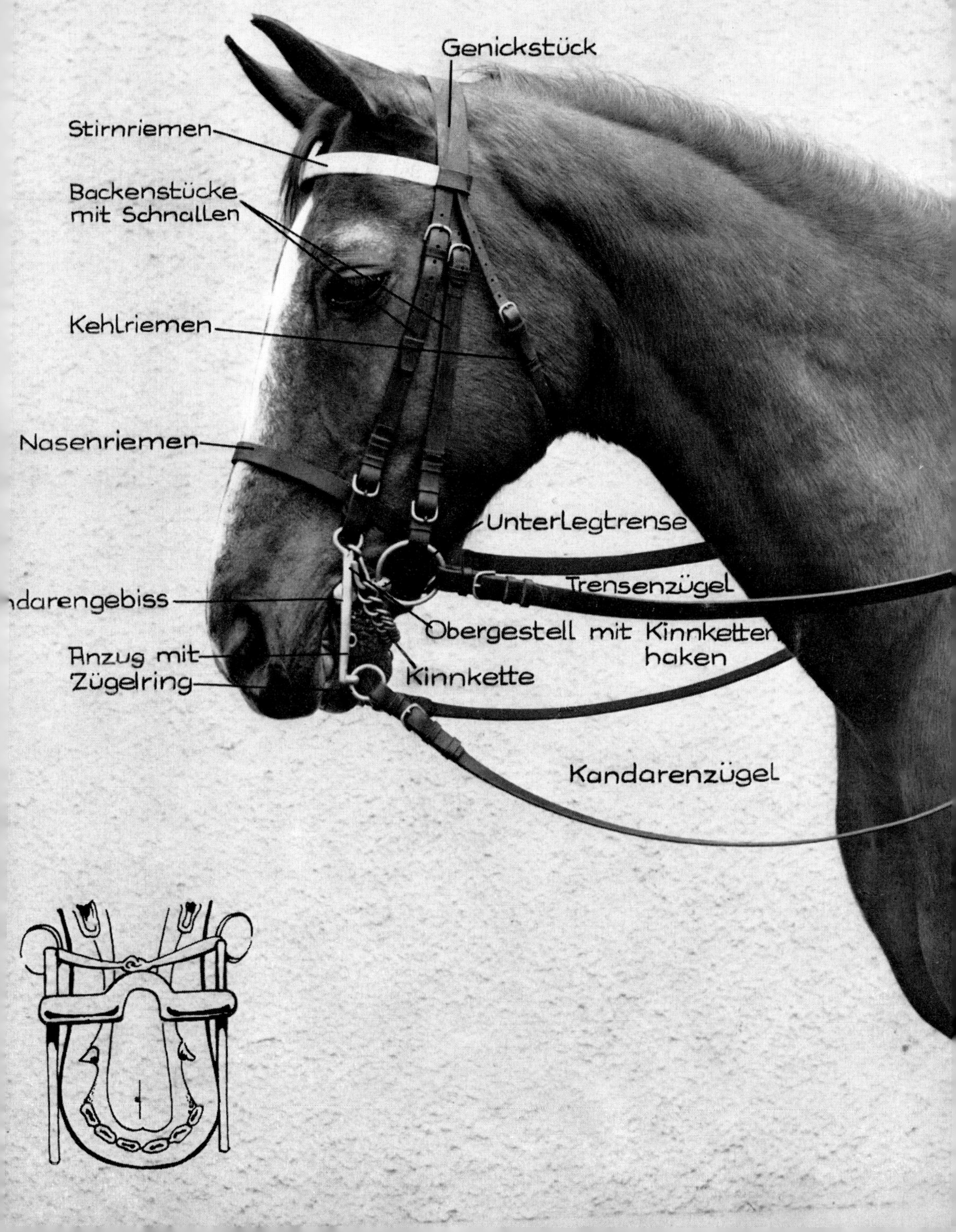

Genickstück

Stirnriemen

Backenstücke
mit Schnallen

Kehlriemen

Nasenriemen

Unterlegtrense

Trensenzügel

Kandarengebiss

Obergestell mit Kinnketten
haken

Anzug mit
Zügelring

Kinnkette

Kandarenzügel

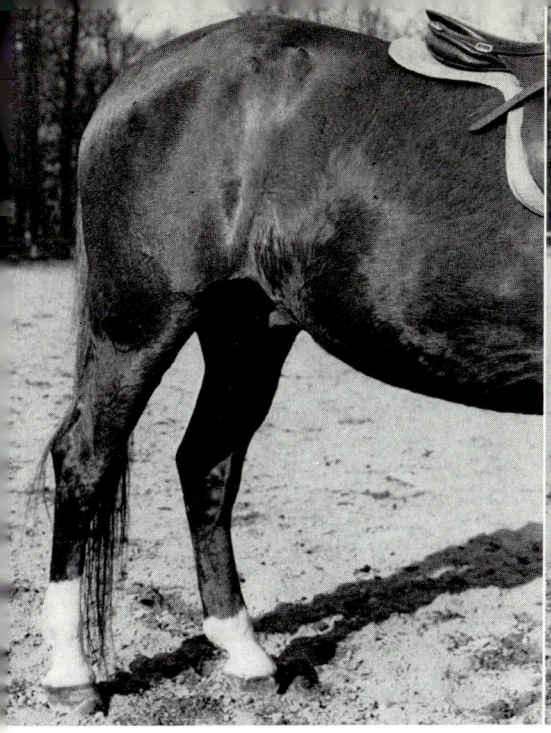
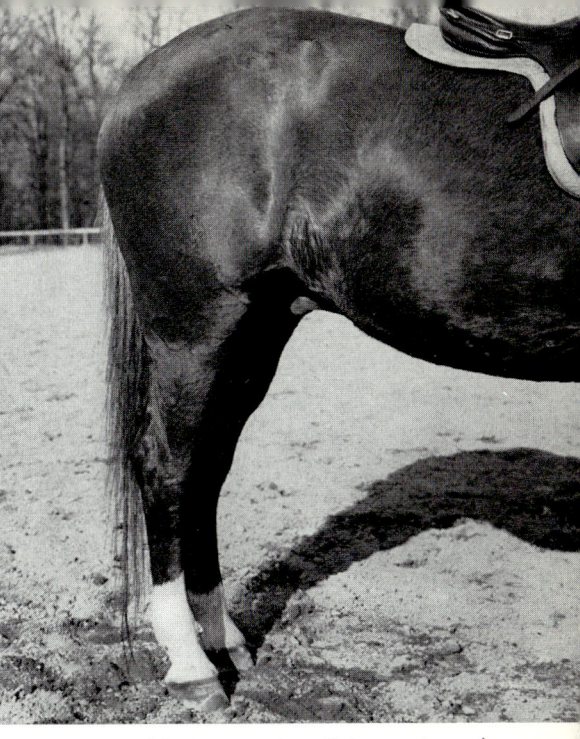

▲ Das rechte Hinterbein nicht untergestellt: der Reiter sitzt rechts tiefer als links – erste Gelegenheit, im Sattel die Bewegung der Hinterbeine erfühlen zu lernen. Näheres steht auf Seite 57.

▲ So soll ein Pferd unter dem Reiter stehen: Füße zusammen. Der Sitz des Reiters wird dadurch gleichmäßig. Man holt sich ein unbotmäßiges Hinterbein mit dem gleichseitigen Schenkel beran.

◄ So sieht ein aufgeräumter Stall von innen aus. Den Gang zwischen den Ständen der Pferde heißt man die Stallgasse, und ihre blitzende Sauberkeit hier ist ein schönes Beispiel für die Liebe, die der Verlag diesem Buch zuteil werden ließ: sein Chef kehrte die Gasse vor der Aufnahme von hinten bis vorn höchsteigenhändig!

Schenkel „am Gurt": Druck in dieser Stellung wirkt vorwärtstreibend. Schlagen Sie nach auf ▼ Seite 53.

Schenkel „hinter dem Gurt": Druck wirkt verwahrend oder, bei stärkerem Anpressen, seitwärtstreibend. ▼

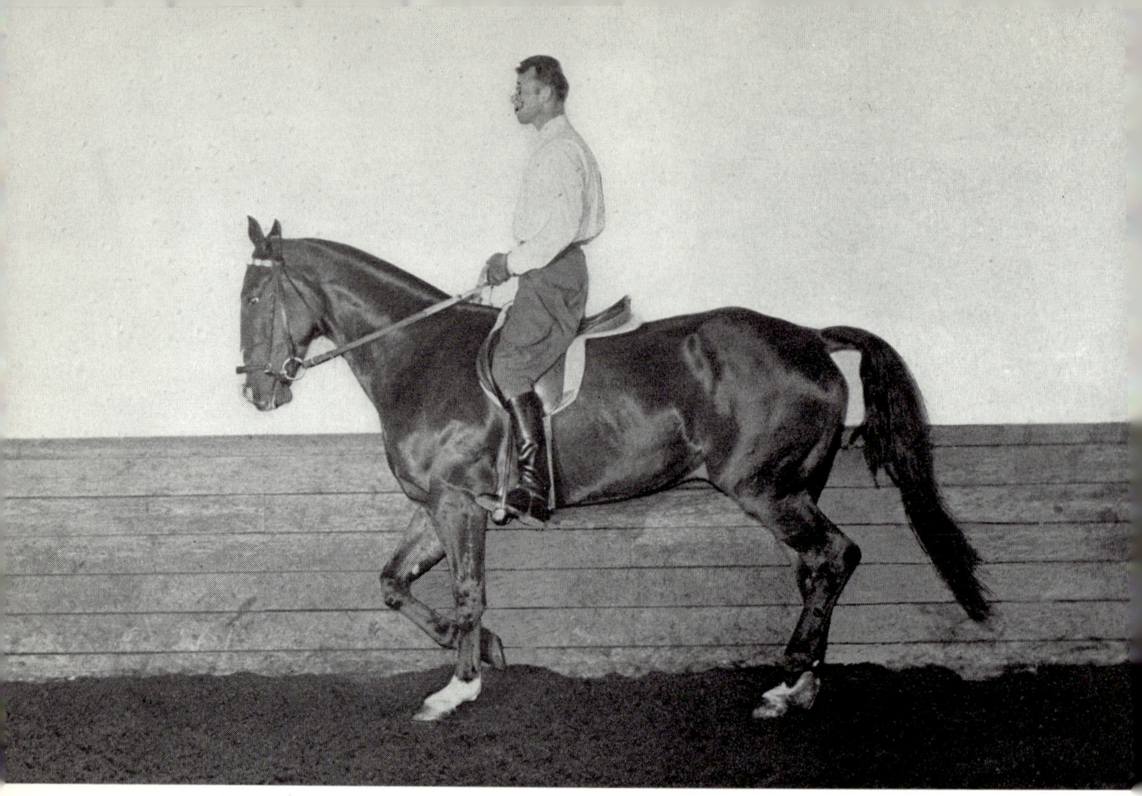

▲ Hier wird leichtgetrabt. Der Reiter läßt sich anheben und steht leicht über dem Sattel, denn der innere Hinterfuß, auf dem man traben soll, wird gerade vorgeführt.

Und hier sitzt der Reiter wieder tief im Sattel: der innere Hinterfuß ist aufgesetzt und nimmt das Gewicht auf. Das Leichttraben wird ganz genau im siebzehnten Kapitel erklärt. ▼

▶

*Schritt am langen Zügel:
„Rührt euch!" für Reiter und
Pferd. So reitet man zu Beginn einer Stunde um die
Bahn; noch wird vom Pferd
nichts anderes verlangt, als
daß es sich locker macht.
Man kann noch einen Grad
legerer reiten: am hingegebenen (durchhängenden) Zügel.
Dann hat die Reiterhand
jede Verbindung zum Pferdemaul aufgegeben, und das
Pferd streckt sich wohlig.
Man läßt es nach der Stunde
in der Bahn so gehen.*

▶

*Schritt am Zügel. Der Reiter
hat die Zügel verkürzt und
begonnen, mit Kreuz und
Schenkel einzuwirken. Das
Pferd wird „von hinten an
das Gebiß herangeschoben",
auf dem es bei heruntergenommenem Kopf zufrieden
kaut. Wie man's macht,
steht im vierundzwanzigsten
Kapitel. Die nächste Stufe
ist der versammelte Schritt,
in dem das Pferd erhabener
schreitet und durch stärkere
Beugung der Hinterbeine vorne höher zu sein scheint als
hinten.*

▶

*Mitteltrab. Das Pferd tritt
raumgreifender als im Ar-
beitstrab, den es auf den Bildern links drüben vorführt.
Man sieht, vergleicht man
den Sitz des Reiters auf den
Bildern dieser Seite, wie er
mit vorgeschobenem Gesäß
und angespanntem Kreuz
trotz des weitaus stärkeren
Tempos fest am Sattel bleibt.*

◄

Noch deutlicher sieht man das Kreuzanspannen des Reiters (das linksseitige hier) im Arbeitsgalopp. Dies ist die Bewegung, die man mit „Sattelauswischen" umschreibt. Das Pferd geht im Linksgalopp, mit deutlicher, am Kopf ablesbarer Stellung nach links. Der führende Vorderfuß, der linke, ist allein auf dem Boden: es ist der dritte Takt des dreitaktigen Arbeitsgalopps.

◄

Mittelgalopp – die nächst stärkere Galoppart. Zwei Beine auf dem Boden. Das Pferd ist unverändert und trotz seiner größeren Streckung am Zügel, und also in der Hand des Reiters. Ganz genau über den Galopp unterrichtet das achtzehnte Kapitel.

◄

Galopp bei leichtem Sitz des Reiters. Die Bügel sind verkürzt, die Hände gehen vor in Richtung zum Pferdemaul. Es ist gut zu sehen, daß der Reiter auch bei dieser Sitzart, die dem Pferd die Muskeltätigkeit im Rücken und das Atmen erleichtert, die Verbindung zwischen Gesäß und Sattel nicht ganz aufgibt. Aus diesem Sitz allein kann auch im Gelände sofort die Parade kommen, die kein bloßes Ziehen am Zügel ist. Wer mehr wissen will, schlägt im neunzehnten und fünfundzwanzigsten Kapitel nach.

◄

Rückwärtsrichten. Obwohl eine Schrittart, tritt das Pferd jetzt nicht mit allen vieren nacheinander, sondern diagonal paarweise, wie im Trab. Diese Übung ist sehr schwer, wenn sie taktrein und ganz gelöst geritten werden soll. Die Pferde wehren sich gern dagegen. Auch dieses hier versucht, mit dem Kopf nach rechts auszuweichen. Wie man's macht, steht im einundzwanzigsten Kapitel.

Schöneres für ein Pferd, als mit durchhängenden Zügeln geritten zu werden, und man versteht die Anraunzer nicht ganz, die von seiten der Lehrer immer wieder auf den Anfänger herniederprasseln: „Sie haben ja schon wieder nichts in der Hand! Schmeißen Sie doch nicht immer alles weg! Ihre Zügel hängen ja durch! Sie sollen doch Anlehnung bewahren!"

Soviel ist richtig: Es ist dem Pferd angenehm, mit hängenden Zügeln – oder, wie es in der Reitersprache heißt: am hingegebenen Zügel – geritten zu werden. Aber nur dann, wenn dies dem Pferd als der Wille des Reiters deutlich wird, nicht aber ein Zufall ist, der aus mangelhafter Zügelführung entsteht. Pferde spüren den Unterschied sehr deutlich. Gibt der Reiter ihnen den Zügel hin, dann machen sie sich lang und locker, sie geben jede Haltung auf, nehmen den Kopf tief und latschen sozusagen mit den Händen in den Hosentaschen durch die schöne oder auch häßliche Gegend – darauf kommt es ihnen nicht an. Hängen die Zügel aber bloß mal eben durch, weil der Reiter dort droben so sehr mit seinem Sitz beschäftigt ist, daß er nicht auch noch an seine Hände denken kann, dann passiert genau das Gegenteil: das Pferd macht sich, wenn es das nicht schon ist, in Erwartung der bösen Dinge, die da gleich folgen werden, steif, denn die Erfahrung hat es gelehrt, daß einem durchhängenden Zügel in der Regel alsbald ein Riß im Maul folgt – ein Vorgang, der genau die Reaktion des Anfängers widerspiegelt: *Um Gottes willen, die Zügel hängen ja durch! Schnell anziehen die Dinger, bevor's der Lehrer sieht!*

Wie unglaublich fein gute Pferde am Zügel spüren, was der Reiter kann und was er nicht kann, was er will und was ihm nur wider Willen passierte, das läßt sich ablesen an einer Übung, die die Reiter „Überstreichen" nennen und die uns später noch ausführlicher beschäftigen wird. Obwohl bei dieser Übung die Zügel ebenfalls nur einen Augenblick ganz abgespannt werden, läßt sich das Pferd dennoch nicht gehen, es macht sich auch nicht steif, sondern behält ganz gelöst die Haltung und die Gangart bei, die der Reiter ihm gegeben hat.

Es ist auch keineswegs so, daß ein Pferd das mit Gefühl gehandhabte stählerne Gebiß im Maul als – was man ja verstehen könnte – arge Zumutung empfände (soweit der Mensch eben sagen kann, was ein Pferd empfindet). Das Gegenteil scheint der Fall zu sein: die Pferde sehen im Gebiß so etwas wie ein fünftes Bein, besonders die jungen, die noch das Ungelenke der Fohlen ein bißchen in den Knochen haben, und die alten wieder, wenn sie Tempo aufnehmen müssen; sie suchen dann gern eine stärkere Anlehnung an die Hand des Reiters, und entzieht man sie ihnen plötzlich, so geraten sie nicht selten ins Stolpern. Daß aber ein schon stürzendes Pferd sich mit Hilfe dieses fünften Beins im Maul wieder fangen könnte, wie man oft liest, ist physikalisch undenkbar.

Der Wunsch des Pferdes, die stete Anlehnung an die gefühlvolle Hand des Reiters beizubehalten, läßt sich auch deutlich erkennen, wenn man die Zügel ein wenig nachläßt. Meist geht das Pferd dann mit dem Maul um ebensoviel vor, wie die

Hand nachgab – die Anlehnung ist wieder hergestellt, der Kontakt zum Reiter und zu seinem Willen nicht mehr unterbrochen!

Nur der unruhigen, störenden Hand versucht das Pferd auszuweichen, indem es „über den Zügel" geht (wie unsere Zeichnung das auf Seite 152 erkennen läßt), um dem schmerzhaften Druck des Eisens auf die Laden durch Hochnehmen des Kopfes auszuweichen. In schlimmen Fällen bemächtigt es sich sogar der Hand des Reiters, klemmt das Gebiß im Maul fest, legt sich mit dem großen Gewicht des Kopfes und des Halses drauf und geht auf und davon. Dieses Durchgehen muß durchaus nicht immer im Galopp erfolgen; ein Pferd kann auch im gemütlichen Schritt durchgehen; es ist eben vor lauter Verzweiflung stur geworden und verweigert seinem schwachen Reiter jeden Gehorsam.

Es soll Reiter geben, die das, wenn es im Schritt oder im Zuckeltrab erfolgt, nicht einmal merken. Aber es soll ja auch Politiker geben, die die Unzufriedenheit der Leute erst spüren, wenn man sie aus dem Sattel setzt.

Und wenn Sie nun meinen, jetzt sei's genug des Geredes über Zügelführung, so stimme ich Ihnen gerne zu und wechsle mit Vergnügen das Thema. Doch sollten Sie wissen, daß wir nicht viel mehr als das simple ABC besprachen; es kommt in diesem Buch zu passenden Gelegenheiten noch einiges über Zügelführung nach, und wenn wir fertig sind, wird es immer noch nicht alles gewesen sein. Immerhin reicht es auch jetzt schon für einige Privateinlagen in den nächsten Stunden:

1 – Ellbogen an den Leib, Muskeln in Schultern und Armen locker.

2 – Fäuste aufrecht stellen und Finger zu, damit die Zügel nicht immer durchrutschen.

3 – Mit elastischen Handgelenken ans Pferdemaul heranfühlen und mitzugehen versuchen, ohne die Zügel, „wegzuschmeißen", die Finger zu öffnen oder die Arme vorzustrecken.

Und dann möchte ich Sie auch noch einmal in den Wald schicken, sogar im Geländelauf. Doch habe ich dabei weniger die Durchlüftung Ihrer Raucherlungen als Ihre Hände im Sinn. Versuchen Sie, bitte, sie im Laufen still vor sich herzutragen in einer Stellung, als hielten Sie Zügel darin*).

---

*) Diesen Tip habe ich gestohlen. Er stammt, so ähnlich jedenfalls, von Udo Bürger, dessen im Parey-Verlag erschienenes Buch „Vollendete Reitkunst" allen jenen Lesern empfohlen sei, die in der Anatomie des Pferdes nicht nur einen Gegenstand sehen, in den man die Sporen hineinsticht.

14 Zeigt her eure Füße!

Von der Fußhaltung der Anfänger, der Fortgeschrittenen und der Könner, und wie sich einem Reiter an der Stiefelspitze ansehen läßt, ob er gut oder schlecht zu Pferde sitzt; auch von Mohammed, dem Propheten, geht die Rede.

Erholen wir uns von den Händen bei den Füßen.

Was ihm Wohltat sein soll, wird dem Anfänger zur Plage: die Bügel. Er kann sie nicht unter der Sohle halten; sie rutschen dauernd zum Absatz zurück, oder er verliert sie gar ganz, so daß sie am Pferdeleib hin und her pendeln.

Ich wage den Grund dafür schon gar nicht mehr zu nennen, so oft habe ich ihn schon genannt. Es ist natürlich wieder der leidige Mangel an Losgelassenheit, die Steifheit des Sitzes, die sich festklammernden Schenkel. Und weil das alles nicht wegkommandiert, sondern nur weggeritten, weggeübt werden kann, müssen insbesondere Anfänger immer und immer wieder die Bügel hochnehmen und vor sich auf dem Widerrist des Pferdes kreuzen. Auf diese Weise macht der Reitlehrer mit dem Schüler, was der Kaufmann mit dem Mehl macht, das er in die Tüte geschaufelt hat: er stößt es auf dem Ladentisch auf, damit es sich setze! Auch der Reiter soll ja tief in den Sattel kommen, und er tut das auch, weil ihm beim Reiten ohne Bügel die Trittbretter fehlen, mit deren Hilfe er, sich in ihnen abstützend, frommen Selbstbetrug üben kann.

Man braucht von einem Reiter nur einen einzigen Fuß zu sehen, um sagen zu können, ob in dem Stiefel ein Anfänger, ein Fortgeschrittener oder ein Könner steckt. Der Anfänger zieht im Trab oder im Galopp fast immer den Absatz hoch und kehrt ihn dem Pferdeleib zu, oder bohrt ihn gar hinein. Das kommt vom ... nein, ich sag's jetzt nicht mehr!

Der Bügel baumelt entweder in der Gegend herum oder sitzt unterm Stiefelsteg. Der Unterschenkel liegt weit vor dem Gurt (Stuhlsitz) oder weit dahinter (Spaltsitz). Die Fußspitzen zeigen oft so deutlich vom Pferd weg, daß man ernstlich fürchten muß, es könnte eine böse Knöchelzerrung geben, drängelte das Pferd vorwärtsgehend einmal gegen die Holzwand der Bahn. Das Knöchelgelenk ist steif.

Der fortgeschrittene Reiterfuß dagegen erfreut das fachmännische Auge durch den niedergetretenen Absatz (was nicht dasselbe wie schiefgetreten ist). Dieser Absatz ist die tiefste Körperstelle des Reiters. Immer. Der Bügel sitzt korrekt kurz vor der breitesten Stelle der Sohle, also etwa in Höhe des Ballens. Die Fußspitze zeigt nur wenig vom Pferdeleib weg, und das Knöchelgelenk ist deutlich locker, denn man kann sehen, wie der Fuß die Bewegungsstöße des Pferdes nach unten ausfedert.

Würden Sie, bitte, den letzten Satz noch einmal lesen? ... Haben Sie? Danke schön!

Dennoch aber sieht man diesem soweit korrekten Reiterfuß an, daß sein Herr noch nicht alle Schwierigkeiten hinter sich hat. Ganz plötzlich rutscht der Bügel doch nach hinten, gegen den Absatz; es ist der äußere Fuß, dem das Malheur passierte; der Reiter nahm ihn mit dem verwahrenden Schenkel – Sie erinnern sich, hoffe ich – hinter den Gurt zurück, und dabei kam der Absatz in die Höhe und die niedergehende Schuhspitze drückte das Bügeleisen nach hinten.

Oder: der Bügel verrutschte nach hinten, als das Pferd in die nächstniedere Gangart zurückfiel oder stehenblieb; und am Schuh läßt sich ablesen, was dem Reiter widerfuhr – er wurde (schlimm, schlimm!) von dem sich ohne sein Zutun selbst bremsenden Pferd nach vorn geworfen; die Unterschenkel gerieten hinter den Gurt, die Absätze kamen in die Höhe! Oder unser fortgeschrittener Reitersmann führte das Verlangsamen des Pferdes, sprich: das Parieren, durch Kreuzanspannen, Schenkeldruck und nicht nachgebende Zügel (keine Angst – kriegen wir alles noch!) zwar einigermaßen richtig aus, doch rutschten ihm dabei die Knie ein wenig nach oben und, verbunden damit, die Unterschenkel nach vorn, und die Bügel logischerweise nach hinten.

Glauben Sie mir: das alles und noch viel mehr läßt sich am Reiterfuß ablesen, und das ist auch die Erklärung für die geheimnisvolle Fähigkeit der Reitlehrer, an Ihrem Sitz herumzumäkeln, ohne auch nur einen Blick an ihn zu verschwenden.

Nur am Fuß des Könners gibt es nichts auszusetzen. Der Bügel haftet in allen Lebenslagen unterm Ballen, der Absatz bleibt die tiefste Stelle, und rutscht der Schenkel doch einmal hinter den Gurt, so war es der Wille des Reiters. Und geht der Bügel doch einmal verloren, so gleitet er, bevor man den Verlust noch richtig bemerkte, sofort wieder unter die Stiefelspitze, ohne daß diese suchend in der Gegend herumgestochert hätte oder gar von der falschen Richtung her, nämlich von innen, statt korrekt von außen, hineingeschlüpft wäre. Auch bereitet es dem geübten Fuß keine Schwierigkeit, den Bügel in jeder Gangart um zwei, drei Zentimeter vor- oder zurückgleiten zu lassen, und zwar durchaus kontrolliert, denn das Fußgelenk hat es gelernt, locker und unabhängig von anderen Muskeln zu bleiben. Und dieses kontrollierte Vor- oder Zurückgleitenlassen des Bügels in jeder beliebigen Gangart ist vielleicht die beste Prüfung, der ein Anfänger sich unterwerfen kann, wenn er wissen will, ob seine Fußhaltung nun endlich in Ordnung ist.

Stoff für zwei Privateinlagen:

1 – Mit tiefgestellten Absätzen (die die Knie nach sich in die Tiefe ziehen) und lockeren Fußgelenken im Trab die Stöße *nach unten* ausfedern! Fünfmal hintereinander gekonnt, das ist schon eine ganz schöne Leistung.

2 – Wer sich für fortgeschritten hält, der versuche einmal, im Trab oder im Galopp mit den Bügeln unter den Füßen zu spielen: drei Zentimeter vor, drei zurück. Dabei dürfen die Bügel weder nach vorn vom Fuß gleiten, noch nach hinten gegen den Absatz fallen.

Wie das mit den Sporen sei, die schließlich doch auch zu den Füßen gehören?

Als man von Mohammed zu wissen begehrte, welchem Zauber er die unvergleichliche Schnelligkeit seiner Stute Boraq verdanke, antwortete er: „Ich flocht alle meine guten Gedanken in meine Peitsche und hielt den Zügel so sanft wie einst die Hand meiner Chadidscha . . ." Und dafür trug die Stute ihn nach seinem Tod in den Himmel.

Die Stute, die Sie reiten, höre ich Sie murmeln, heiße nicht Boraq, sondern Christel, auch sei sie nicht unvergleichlich schnell, sondern unvergleichlich fett, und in den Himmel wollten Sie zur Zeit schon gleich gar nicht – wie das also endlich mit den Sporen sei?

Na gut, schnallen wir Ihnen Sporen an!

15 Hochmut kommt vor dem Fall

Es wird dem Leser, welchem allzu bald die Füße nach Sporen jucken, ein Dämpfer aufgesetzt in Gestalt einer wahren Geschichte, die den Autor zum traurigen Helden hat. Doch erfährt man schon, was später über Sporen zu wissen nützlich sein kann.

Als meine Reitkünste einen Reifegrad erreicht hatten, der in meinem damaligen Lehrer die Hoffnung keimen ließ, es könnte aus mir vielleicht doch noch etwas werden, fing ich auch schon an, den besseren Herren begehrlich auf die Fersen zu schauen, an denen die Sporen blinkten. Dachte ich daran, wie redlich ich mich bislang geschunden hatte, um die Lehrpferde, die mir zugewiesen worden waren und die nicht selten die Mentalität eines Beamten kurz vor der Pensionierung hatten, in Gang zu bringen und sie darin zu erhalten, so schien es mir endlich an der Zeit zu sein, daß man mir erlaubte, Sporen anzuschnallen. Meine Empfindungen auf diesen Pferden, die leicht und mühelos überholt wurden von anderen, die unter Sporenreitern gingen, entsprachen denen eines Kleinwagenfahrers, der von den Autos der anderen am besten den Auspuff kennt, weil er ihn stets vor Augen hat. Und so wie sich diese armen Untermotorisierten nach einem Porsche sehnen, der allen ihren Kümmernissen und Demütigungen ein Ende bereiten würde, so sehnte ich mich nach Sporen.

Meinem Lehrer war das nicht verborgen geblieben. Zwar war ich nicht plump genug gewesen, ihn direkt anzugehen, doch hatten ihm meine beiläufig angebrachten Fragen nach dem besten Modell verraten, in welche Richtung meine Wünsche gingen. Mitten in einer Stunde dann – ich ritt einen älteren, sehr erfahrenen Herrn namens Goldi, der meinen verzweifelten Bemühungen, ihm Leben einzuhauchen, den Gleichmut eines Irrenarztes entgegensetzte –, mitten in dieser Drangsal also winkte mich mein Lehrer in die Mitte der Bahn, hieß mich halten (eine Übung, die mir und Goldi stets leichtfiel), bückte sich, nestelte sich die eigenen Sporen ab und schnallte sie mir an die, fast hätte ich gesagt: stolzgeschwellten Fersen.
Ich machte mein lässigstes Gesicht und kassierte die neidvollen Blicke meiner Stundengenossen mit der Diskretion eines Gockels. Ich hatte meinen Porsche, und wo, bittesehr, geht's zur Autobahn?
Goldi und ich ritten an, kaum daß ich die Sporen seinem sonst so dicken Fell nahegebracht hatte. *Aha!* dachte ich, und *Ich hab's ja gewußt!* Goldi entwickelte einen lebhaften Trab, der immer lebhafter wurde, so daß am Himmel meiner Freude, ganz fern am Horizont, bald leise Wölkchen aufzogen. *Na!* dachte ich, und noch einmal: *na?*
Schon in der Straßenbahn lernt der Mensch, daß es zweckmäßig ist, sich in Kurven einen festen Halt zu verschaffen, und also verschaffte ich, dem Reiterbegriffe wie

Gleichgewicht und Balancesitz nur erst dem Namen nach bekannt waren, mir in den Kurven, die Goldi immer eigenwilliger nahm, diesen Halt auf Anfängerweise: ich klammerte mich mit den Unterschenkeln fest. Und das quittierte Goldi, der bislang von solchem Druck nicht mehr Notiz genommen hatte als der Handel von (damals) Ludwig Erhards Druck auf die Preise, plötzlich mit Bocksprüngen, die uns kreuz und quer durch die Bahn führten. Wirklich, man spürte ihm seine Jahre nicht mehr an, und ich fiel ihm um den Hals!
So froh war ich, daß ich die Sporen wieder abschnallen durfte!
Es dauerte noch einmal ein halbes Jahr, bis sie mir, wie man so sagt, zustanden. Die Klemmerei mit den Schenkeln hatte aufgehört, die Unterschenkel hafteten in jeder Gangart ruhig am Pferd, ich saß im Gleichgewicht. Die Sporen kamen erst dann ans Pferd, wenn ich das wollte, und das ist die Vorbedingung für ihre Benutzung. Sporen sind bei jeder Auseinandersetzung mit dem Pferd das letzte Wort des Reiters, das allerletzte; man benutzt sie nur, wenn die normale Schenkelhilfe, also der treibende Druck der Unterschenkel, keine Wirkung zeigt. Freilich gibt es auch eine andersgeartete Sporenhilfe: zur Verbesserung der Haltung des Pferdes, zum Beispiel. Aber das liegt weit jenseits von unserem Pensum.
Manche Pferde vertragen überhaupt keine Sporen; sie reagieren heftig darauf, neigen zum Stürmen oder bleiben stehen und schlagen mit einem Hinterbein nach dem sie kitzelnden Sporn wie nach einer stechenden Bremse. Die Entscheidung, ob Sporen oder nicht, liegt allein beim Lehrer oder beim Besitzer des Pferdes.

Ich vergaß ganz, Sie zu fragen, ob Sie nach meiner Geschichte von Goldi und mir immer noch darauf bestehen, es mit Sporen zu versuchen ... das war ein Mißverständnis? Sie wollten bloß ganz allgemein etwas über Sporen wissen? Ach so.

Ich weiß nicht, wie viele Sporenmodelle es gibt. Vierundzwanzig verschiedene Ausführungen zählte ich schon einmal in einem einzigen Katalog, und sicher ist nur, daß bei den Sporen viel Firlefanz im Spiel ist, Geschmacksfragen, die vom Auge, nicht so sehr von der Wirkungsweise bestimmt werden. Die Auswahl reicht von Tanzsporen, wie sie die Soldaten früher stumpf und stolz trugen, bis zu reißenden Ungeheuern, die an den Fersen eines unsicheren oder unbeherrschten Reiters ein Fall für der Tierschutzverein sind.
Es gibt eigentlich nur zwei wirkliche Unterscheidungsmerkmale: stumpf oder scharf. Stumpfe Sporen enden meist in einer rundlichen Verdickung, die sich bis zu einem Knopf auswachsen kann. Scharfe Sporen dagegen haben entweder Kanten oder ein mehr oder weniger großes gezahntes Rädchen im Hals. Welche vorzuziehen sind, das wage ich nicht zu entscheiden. Die Fachleute sind sich über die Frage, ob stumpf oder scharf, nicht einig, und die Meinung der einen schließt

die Ansicht der anderen stets radikal aus. Ich möchte sagen, daß wir durchschnittlichen Reitlichter uns mit stumpfen Sporen begnügen sollten, und wenn schon Radsporen, dann die Rädchen so zierlich wie möglich und die Zähne so stumpf wie möglich. Die wirklich scharfen Sporen jedenfalls wollen wir getrost den Berufsreitern überlassen, die Pferde ausbilden und ohne strafende Stiche nicht immer auskommen.

Daß es zwei Befestigungsweisen gibt, lasen Sie schon im Kleiderkapitel. Die weitaus meisten Reiter ziehen Anschnallsporen den Anschlagsporen vor, wenngleich sie nicht bestreiten, daß letztere ihres unverrückbar festen Sitzes wegen große Vorzüge haben; doch kann man sich mit ihnen (oder möchte es nicht gern) kaum in der Öffentlichkeit zeigen – es schmeckt ein bißchen nach Angabe. Wer aber vom Reithaus bis vor seine Haustür im Auto fahren kann, der mag sich für Anschlagsporen entscheiden, sollte dann aber Schwanenhalssporen nehmen, die durch ihren langen und aufwärts gekrümmten Hals (Bild auf Seite 36) den tiefen Sitz am Absatz ausgleichen. Die Schwanenhalsmodelle sind auch die dekorativsten; die britischen Horse Guards, die auf Königin Elizabeth aufpassen, und die Bereiter der Spanischen Hofreitschule Wien tragen sie als Anschnallsporen.

Entscheiden Sie sich aber für Anschnallsporen, dann sollten Sie sich den Zehnmarkluxus doppelter Riemen leisten; sie sind ansehnlicher als die billigen Zweimarkriemen, dehnen sich weit weniger und verknöchern auch nicht so rasch. Daß die Sporen selbst unbedingt rostfrei sein müssen, versteht sich von selbst.

Und nicht wahr, wenn es bei Ihnen dann soweit ist, dann schnallen Sie die Dinger auch richtig an: das lose Riemenende zeigt nach außen und die Hälse der (normalen) Sporen zeigen nach unten. Man sieht immer wieder Reiter, die die Sporen verkehrt herum anhaben: nach oben gerichtet, und das kann sehr gefährlich werden, besonders bei scharfen, denn stürzt der Reiter vom Pferd, so kann er dem Tier böse Wunden reißen. Ein nach unten gerichteter Sporn dagegen wird fast immer abgleiten. Deswegen ist auch das Rädchen da – und nicht nur zum Sporenklirren.

Sie können sich auch den korrekten Sitz der Sporen auf Seite 36 anschauen. Doch zuvor, meine ich, sollten wir noch einiges tun, um sie auch zu verdienen.

16 Der Geist
ist willig...

Von den ungeheuerlichen Schwierigkeiten, die der Anfänger hat, ein Pferd in Schritt oder gar in Trab zu bringen, und wie man solche Kümmernisse überwindet, handelt dies Kapitel, welches sich auch einen schmerzlichen und vielerorts nicht gern gesehenen Seitenblick auf die Klugheit der Pferde verstattet.

Es gibt in der ganzen Reiterei keinen trostloseren Anblick als einen Anfänger, der sich vergeblich quält, sein Pferd in Gang zu bringen. Die verschiedenen Spielarten dieser Übung sind innig verknüpft mit dem Charakter dessen, der sich um ihre Ausführung bemüht.

Da ist zunächst der liebevolle, den Tieren allen von Herzen zugetane Typ. Damen (ein Wort, dessen Steigerungsform in der Reiterei „Amazonen" heißt) verkörpern ihn oft. Sie klopfen – ja nicht zu roh! – den mächtigen Hals des Pferdes, beugen sich seinen Ohren zu und zwitschern, als sprächen sie mit einem Wickelkind, nicht aber mit einer halben Tonne armdicker Knochen und eisenharter Muskeln: „Ja, was ist denn das? Mag die gute Waldfee heute denn gar nimmer? Komm, mein Herz, sei lieb, trag mich vorwärts, schau doch, wie bös die andern dich schon anschauen!" Dabei schauen die anderen Reiter gar nicht böse. Sie wenden sich bloß verächtlich ab von solchen Seelentönen, die möglicherweise bei einem Schoßhund anschlagen, denn ein Schoßhund – es tut mir weh, dies sagen zu müssen – ist klüger als ein Pferd, das in einer Schulklasse aus Tieren ziemlich weit hinten sitzen müßte. (Sie sehen, wie ich mich winde, geradeheraus der Wahrheit die Ehre zu geben und zu sagen: Das Pferd ist – gemessen an anderen höheren Tieren – dumm,*) trotz seiner großen, sprechenden Augen, von denen die Menschen immer auf Seele und Geist schließen. Die Eulen, diese Vögel der Weisheit, haben noch größere, und sie sind geistig noch stumpfer. So irrt sich der Mensch und beschimpft gern seinen Nächsten, der's ihm sagt.

Ein anderer Typ – um zum Thema zurückzukehren – ist der Schüchterne. Er sitzt regungslos auf seinem Denkmal und öffnet und schließt nur dann und wann einmal ganz sacht und langsam die Schenkel, wie ein Fisch im stehenden Wasser die Kiemen. Man könnte meinen, er habe Angst, diesem Brustkorb da unten, in dem er sich doch bequem zur Nachtruhe betten könnte, wehzutun. In Wirklichkeit aber hat er Angst, das Pferd könnte tatsächlich ausführen, was er so schüchtern von ihm verlangt: sich in Bewegung setzen, womöglich gar in diesen entsetzlichen Trab, den Pferde an sich haben!

Vergessen wir den Humorvollen nicht. Er greift hinter sich, klatscht seinem Pferd

---

*) Ich weiß, ich setze mich mit dieser ungeheuerlichen Behauptung der Anfeindung vieler Pferdenarren aus. Dennoch: die Natur ist sparsam. Ein Tier, das auf weiter Steppe sein Grasfutter sucht, muß eine Gefahr erkennen, rasch reagieren und flüchten können. Mehr nicht. Aber dazu braucht es keine großen Geistesgaben. Dafür haben Pferde ein gutes Gedächtnis, eine gute Nase und ein überwiegend monokular gebrauchtes Sehvermögen, das ohne Kopfbewegung eine fast totale Rundumsicht erlaubt.

mit der flachen Hand jovial auf den drallen Hintern und ruft freudestrahlend: „Hü!" und „Hott!" dazu. Nicht selten auch beugt er sich weit nach vorn und hält seinem Pferd auf der flachen Hand ein Stück Zucker vors Maul, als wollte er sich und sein Reittier daran, wie weiland Münchhausen an seinem Zopf, von der Stelle ziehen. Dann schaut er sich beifallheischend, wie nach einem guten Witz, in der Runde um, mehr am Gelächter seiner Mitreiter als am Ergebnis seiner Bemühungen interessiert. Doch merkwürdig – keiner lacht!

Schließlich der Ehrgeizige. Er hat gelesen, daß man beim Anreiten das Kreuz anspannen soll. Also spannt er es an, wie er's versteht: ruckweise, dabei mit dem Gesäß im Sattel von hinten nach vorn rutschend, als gelte es, hinter sich Platz zu machen für einen zweiten Reiter. Und weil das nichts fruchtet, nimmt er den Oberkörper zum Schwungholen zur Hilfe. Aber auch das erweist sich als untauglicher Versuch, „diesen sturen Bock" von einem Pferd von der Stelle zu bringen. Die Verzweiflung wächst. Schon hört man die Unterschenkel an die Rippen dröhnen und die Selbstbeherrschung endgültig zerschlagen. Zum bösen Schluß muß die Peitsche her – das Pferd macht einen erschrockenen Hopser, und schon hängt unser Reiter wie ein trunkener Kosak neben dem Sattel, sich nur mühsam noch im Bügel haltend ...

Ist das Anreiten wirklich so schwer?

Drei Dinge müssen zusammenwirken: (a) Kreuzanziehen, (b) Schenkeldruck, (c) mit den Zügeln nachgeben. Das Kreuzanziehen ist das Schwerste.

Auf keinen Fall heißt es: mit dem Gesäß ruckweise nach vorn rutschen. Das Gesäß bleibt still im Sattel, mit lockeren Muskeln. Der Druck auf den Rücken des Pferdes, der es veranlaßt, wie angeschoben die Hinterbeine unter dieses Gewicht zu stellen und also, von den Schenkeln getrieben und der Zügelhand nicht behindert, anzutreten, dieser Druck kommt allein aus der senkrecht stehenden Wirbelsäule, die das Becken vorschiebt und die Gesäßknochen nach vorwärts-abwärts in den Sattel preßt. Der Oberkörper wird also nur aufgerichtet, nicht zum Schwungholen benutzt. Aus einem vornübergeneigten Oberkörper kann die Wirbelsäule nicht nach unten wirken, sie schiebt allenfalls das Gesäß nach hinten heraus, statt nach vorn.

Damit wir uns nicht mißverstehen: Wo immer man Sie beim Reiten heißt, das Gesäß nach vorn zu bringen, da bedeutet das nicht, daß Sie auf ihm nach vorn rutschen sollen. Sie bleiben stets unverrückbar fest an der tiefsten Stelle des Sattels sitzen.

Es ist schwer, das klarzumachen. Stellen Sie, bitte, einmal eine Hand mit dem muskulösen Daumenballen auf eine hölzerne Stuhllehne und halten Sie den Unterarm, im Handgelenk nach oben abgeknickt, nahezu senkrecht darüber. Versuchen Sie sich jetzt vorzustellen, der Daumenballen mit seinen Muskeln sei Ihr Gesäß, die Stuhllehne der Sattel und der aufrecht stehende Unterarm Ihre Wirbelsäule. Und pressen Sie dann, ohne den Ballen vom Holz abzuheben, die Hand durch den von oben kommenden Druck des Unterarms nach vorwärts-abwärts. Jetzt sehen Sie ganz deutlich, daß der Ballen (sprich: das Gesäß) zwar das Holz (den Sattel) um keinen Millimeter verläßt, daß aber dennoch dieser Ballen, und mit ihm die ganze Hand, vorgeht!

Besser kann ich es Ihnen nicht erklären. Sie müssen es probieren. Ihr Pferd sagt Ihnen Bescheid, wenn Sie es endlich richtig machen: es gehorcht und tritt an. Nur bei sehr verrittenen Pferden muß zum Kreuzanziehen noch ein erheblicher Druck der Unterschenkel dicht hinter dem Gurt dazukommen, möglicherweise sogar ein Klopfen. Bei guten Pferden aber genügt es vollauf, das Kreuz anzuspannen und sie die Schenkel nur fühlen zu lassen.

Bleibt noch das Nachgeben in den Zügeln. Auf gar keinen Fall heißt es, daß Sie, wie die Reiter sagen „alles wegschmeißen" sollen, die Zügel also durch Vorgehen mit den Unterarmen und Händen hingeben, so daß die Riemen durchhängen. Das Nachgeben findet nur in den Handgelenken statt und ist nicht viel mehr als der in einer kaum sichtbaren Bewegung nach vorn zum Ausdruck kommende Gedanke: Du mußt dein Pferd, das du von hinten her anschiebst, nach vorn auch freilassen! Denn ließe man die Hand sperrend stehen, so wäre das etwa so sinnvoll wie der Versuch, ein Auto mit angezogener Handbremse, aber viel Gas wegzufahren.

Daß ich das Wichtigste nicht vergesse: Hat das Pferd Gehorsam geleistet, ist es angetreten, so muß der Schenkeldruck sofort aufhören und einer ganz leichten Fühlung mit dem Pferdeleib Platz machen, weil das Pferd bei unvermindert anhaltendem Schenkeldruck in Trab übergeht.

Und damit haben Sie auch schon, theoretisch wenigstens, die Hilfen zum Antraben „intus". Sie unterscheiden sich nicht wesentlich von denen, die man zum Anreiten aus dem Halten gibt, also Kreuzanspannen, Druck beider Unterschenkel dicht am Gurt und Herauslassen der Vorwärtsbewegung mit den Händen; allenfalls, daß diese Hilfen beim Antraben intensiver kommen müssen, besonders dann, wenn der Trab sofort aus dem Halten entwickelt werden soll. Doch richtet sich die Stärke aller Hilfen stets nach der Rittigkeit des Pferdes. Man muß das ausprobieren. Kaum ein Pferd reagiert wie das nächste, und es glaube niemand, daß er auf einem fremden Pferd nach den ersten drei Schritten schon weiß, welchen Hilfengrad es verlangt. Deshalb lassen kluge Lehrer ihren Schülern gut und gern eine kommandofreie Viertelstunde Zeit, sich mit einem neuen Pferd zurechtzufinden; nur Ignoranten sehen in dieser Viertelstunde einen Versuch des Lehrers, den Unterricht auf Kosten der Schüler abzukürzen.

Eine Privateinlage für die nächste Stunde gefällig?

> Üben Sie „Kreuzanspannen" zunächst im Halten. Lassen Sie die Gesäßmuskeln locker. Verlieren Sie nicht die Fühlung zwischen Gesäßknochen und

Sattel. Treten Sie die Bügel nach unten aus, damit Absätze und Knie tief kommen. Richten Sie den Oberkörper auf – und jetzt Druck mit dem Kreuz nach vorwärts-abwärts!
Sie kneifen ja *schon* wieder die Backen zusammen!

17 Die Sache mit dem Pferdefuß

Es wird dem Leser in diesem länglichen Kapitel durch beschwerliches Studium jene Erleichterung im Trabe nahegebracht, die man das Leichttraben heißt. Er erfährt, wann er sich zu heben und auf welchen Pferdefuß er niederzusitzen hat, als auch, woran er diese Augenblicke erkennt. Schließlich is sogar von Wechselreiterei noch die Rede.

Der Trab, das haben Sie hoffentlich noch nicht vergessen, ist ein Zweitakt. Das Pferd kuppelt den linken Hinterfuß mit dem rechten Vorderfuß und den rechten Hinterfuß mit dem linken Vorderfuß. Jedes dieser Beinpaare schwingt also miteinander vor und setzt auch miteinander auf – zwei Beine geben einen Takt, und das macht bei vier Beinen zwei.

Ich weiß nicht, ob Sie das begreifen. Ich habe es auch lange studiert, indem ich in der Bahn immer wieder angestrengt den Pferden auf die Füße schaute. Aber dieser Wechsel der Beine über Kreuz geht so verflixt fix, daß man vom vielen Gucken und Denken eher Kopfweh als eine klare Vorstellung bekommt. Doch vielleicht haben Sie ein Falkenauge, das in der Lage ist, pro Sekunde 150 Einzelbilder gestochen scharf aufzunehmen, und dann können Sie spielend nicht nur die Pferdebeine in Zeitlupe schwingen und fußen sehen, sondern auch noch die Dreckbollen zählen, die sie in die Luft schleudern, sitzt doch hinter einem ausdrucksvollen Trab eine ziemliche Schubkraft!

Der Reiter hat zwei Möglichkeiten, mit diesem Trab fertig zu werden. Er sitzt ihn aus, Tritt für Tritt, ohne den Sattel je zu verlassen – das ist die eine. Die andere: Er reitet *leichttrabend* – ein Trabsitz, den man allgemein auch den englischen nennt.

Nur jeder zweite Tritt wird gesessen, um den anderen drückt man sich, indem man, das Gewicht auf Bügel und Knie verlegend, sich aus dem Sattel hebt.

Das hört sich höchst einfach an, und man meint, es beim ersten Versuch schon richtig machen zu können. Es gibt Leute, die können das tatsächlich auf Anhieb. Wer musikalisch ist und Sinn für Rhythmus hat, ist besser dran als einer, der beim Klavierspielen, wenn er es könnte, ohne Metronom aus einem Walzer eine Polka machen würde.

Man wird im Unterricht belehrt, daß das Leichttraben eine große Schonung für Pferd und Reiter bedeute, doch während man dies sofort zu glauben bereit ist, wenn man an die Atmung und die Gelenke des Pferdes denkt, fällt es dem Anfänger schwer, dies auch für sich selbst als wahr hinzunehmen. Freilich, das Werfen im ausgesessenen Trab hat ihn arg geschlaucht, aber dieses immer erneute Aufstehen über einem nicht selten tonnenrunden Pferdebauch, der eine erhebliche Spreizung der Beine nötig macht, das fährt ihm meist noch weit ärger in die Beinmuskeln als das passive Stoßen im Sattel.

Natürlich haben die Bücher und die Lehrer recht: das Leichttraben ist auch für den Reiter leichter als das Aussitzen. Man muß es halt bloß können. Nehmen wir einmal an, Sie hätten den Rhythmus mitgekriegt, und das Aufstehen und das Niedersitzen im Takte „Eins-zwei-eins-zwei" sei Ihnen in Fleisch und Blut übergegangen, dann sollten Sie sofort anfangen, den schlimmsten Anfangsfehler zu überwachen und abzustellen: das zu hohe Aufstehen über dem Sattel. Schauen Sie immer wieder einmal einem guten Reiter zu, wenn er leichttrabt. Hat er ein langes Reitjackett an, so werden Sie Mühe haben, das Abheben des Gesäßes vom Sattel überhaupt wahrzunehmen; die Rockschöße bleiben auf dem hinteren Sattelrand liegen. Die Hebebewegung ist auch gar kein übermäßig aktives Aufstehen, sie ist weit mehr ein müheloses Sichhebenlassen vom Pferderücken, der dem passiven Gesäß ganz von selbst den Zeitpunkt und den Impuls für den kurzen Abschied vom Sattel mitteilt. Und wer sich so heben läßt, der muß auch nicht mehr die Beine wegspreizen und die Knie beinahe durchdrücken, um vom Sattel wegzukommen – eine Haltung, die so lächerlich steif und unbeholfen aussieht, daß sie von weitem schon selbst einem Laien signalisiert: Da kommt ein Anfänger daher!

Auch der Oberkörper gehört beim Leichttraben nicht, wie viele meine, vornübergelegt wie der Schornstein eines Dampfers, der sich anschickt, unter einer niedrigen Brücke hindurchzufahren. Wer sich das angewöhnt, wird später etwas erkennen, das ihn als Anfänger noch kaum berührt: Es ist unmöglich, das Pferd ohne die treibende Wirkung des Kreuzes beim Niedersitzen am Auseinanderfallen zu verhindern, am Aufgeben jeglicher Haltung, woraus ein schwungloser Gang, ein Latschen der Füße durch den Dreck resultiert. Mit dem Kreuz treiben aber kann man nur, wenn man beim Niedersitzen aus senkrecht gehaltener Wirbelsäule das Gesäß nach vorn, wie anschiebend, in den Sattel bringt. Wer sich aber auf den Pferdehals beugt, schiebt das Gesäß hinten heraus und sitzt beim Niedergehen auf den Sattel im Spaltsitz, statt auf den Gesäßknochen.

Man neigt sich also, mit der Bewegung des Pferdes gehend, nur ganz leicht vor die Senkrechte, und das Einsitzen soll so weich sein wie ein Viereinhalbminuten-Ei. Aber auch das geht nicht mit weggespreizten Schenkeln. Die Knie gehören fest an den Sattel, sie helfen den Füßen in den Bügeln das Körpergewicht tragen, und die Füße haben keine andere Haltung als sonst auch: Spitzen nur leicht vom Pferd wegzeigend, Absätze tief. Das Knöchelgelenk macht federnde Bewegungen, wie man sie bei Jazzpianisten beobachten kann, die die Fußspitze auf dem Boden stehen lassen und den Takt ihrer Musik mit dem Absatz treten. Man kann dabei sogar den ganzen Unterschenkel im Kniegelenk drehen, so daß der Absatz, während er wippt, auch noch beliebig nach rechts oder nach links heraus versetzt wird, ohne an Reinheit des Taktes einzubüßen. Probieren Sie das einmal, denn diese Beweglichkeit des Knie- und Fußgelenks haben Sie beim Leichttraben bitter nötig, müssen Sie Ihr Pferd doch auch durch den Druck der Schenkel treiben! Das Knie ist zwar mit seiner flachen Innenseite am Sattel fixiert, bleibt im Gelenk

aber drehbar, denn wie sonst könnten Sie die Unterschenkel beweglich halten und
später notfalls den Sporn ans Pferd bringen!

An dieser Stelle des Kapitels vom Leichttraben sollten Sie sich eine Zigarette
anzünden, die lieben Kleinen aus der Stube schicken, ein Bonbon lutschen oder
was immer sonst Sie zu tun pflegen, wenn Sie sich konzentrieren müssen, denn
nun wird es einigermaßen kompliziert. Es hilft alles nichts, wir müssen noch
einmal über die trabenden Pferdebeine nachdenken. Stöhnen Sie nicht! Zurück
können Sie jetzt nicht mehr, denn Sie haben beim Schneider eine Maßhose bestellt.
Wollen Sie die vielleicht im Garten beim Blumengießen auftragen?
Also: Es ist Sitte bei uns, auf dem inneren Hinterfuß zu traben, wenn man leichttrabt. So sagen – ziemlich unscharf – die Reiter, und ich will es Ihnen gern ins
Deutsche übersetzen.
Innen, das ist immer die Seite, nach der Ihr Pferd gestellt ist, und es ist mitnichten immer die Seite zum Innern der Bahn, woraus folgt, daß die innere Seite
des Pferdes durchaus der äußeren Seite der Halle zugekehrt sein kann. Aber damit
fangen Sie natürlich nichts an, obwohl man es stets so zu hören und zu lesen
bekommt. Ich sage Ihnen das auch nur so, damit Sie nicht erschrecken, wenn man
es Ihnen so sagt.
Können Sie mir noch folgen?
Stellen Sie sich Ihre Reithalle vor und Sie darin auf einem Pferd. Haben Sie?
Stellen Sie sich weiter vor, Sie reiten, wie es heißt, auf der rechten Hand, also
mit Ihrer rechten Hand dem Bahninneren zugekehrt, noch deutlicher: rechts
herum. Jetzt ist „innen" im reiterlichen Sinn die rechte Seite des Pferdes. Aber
das hat mit dem Bahninneren nicht unbedingt etwas zu tun. Es hängt vielmehr so
zusammen: Wenn Sie auf der rechten Hand, wie Sie jetzt in Gedanken reiten,
eine Wendung nach rechts reiten wollen, so sollen Sie zu diesem Zweck Ihr Pferd
nach rechts „stellen", ihm durch den ganzen Körper hindurch eine Rechtsbiegung
geben, die dem Verlauf der Wendung entspricht. So ist es Vorschrift.
Natürlich tun Sie das noch nicht. Sie lassen Ihr Pferd halt durch die Ecken laufen,
wie es mag, und es mag meist nie so schön elegant, wie die Vorschriften das verlangen. Es biegt sich nicht, wenn Sie es nicht biegen. Ich habe Ihnen davon ja
schon im neunten Kapitel erzählt. Lesen Sie's lieber noch einmal nach. Sie tun
das bei einem Krimi ja auch, wenn Ihnen der logische Faden gerissen ist!
Sie reiten also noch nicht „in Stellung", wie die Reiter sagen. Aber Sie müssen
wissen, was das ist, wenn Sie je begreifen wollen, was beim Reiten innen und
außen ist – Begriffe, die in den Kommandos und Lehranweisungen eine ganz
große Rolle spielen. Und jetzt wissen Sie immerhin schon aus Einsicht in diese
vertrackten Dinge, daß „innen" die Seite des Pferdes ist, nach der der Reiter es
„stellte".

Haben Sie das aber verstanden, dann können wir einen Schritt weitergehen: Es ist nicht nur denkbar, sondern kommt auch beim Reiten täglich vor, daß die Innenseite des Pferdes zur Wand der Bahn, also nach außen zeigt, denn nichts als mangelndes Können hindert einen Reiter daran, sein Pferd nach links zu

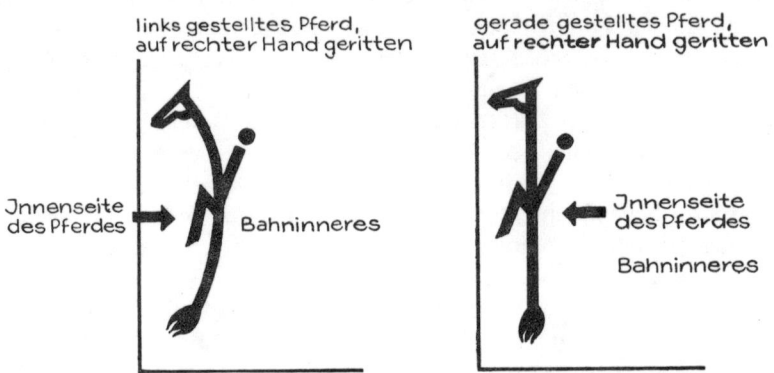

stellen, ihm also mit Schenkeln und Zügeln eine Linksbiegung durch den ganzen Körper zu geben und trotzdem auf der rechten Hand zu reiten, also mit seiner rechten Hand dem Inneren der Bahn zugekehrt. Dann aber ist „innen", betrachtet man's von der Bahn her, eigentlich außen. Das klassische Beispiel hierfür ist ein Linksgalopp auf der rechten Hand – wir reden noch darüber.
Haben wir uns richtig verstanden? Wenn rechte Hand geritten wird, so heißt das, daß die rechte Hand des Reiters dem Bahninneren am nächsten liegt (und beim Reiten auf der linken Hand entsprechend die linke). Nicht jedoch immer auf das Bahninnere beziehen sich die auf das Pferd angewendeten Begriffe „innen" und „außen"; sie leiten sich von der Stellung oder Biegung her, die der Reiter seinem Pferd gibt.
Wenn Sie aufgepaßt haben, dann muß Ihnen jetzt eine Frage auf der Zunge liegen: „Und wo ist innen beim geradegestellten Pferd, das geradeaus geritten wird?" – Da ist die innere Pferdeseite wieder identisch mit dem Inneren der Bahn, der sie zugekehrt ist.

Zurück zum Leichttraben. Es ist Sitte, stellten wir fest, auf dem inneren Hinterfuß zu traben. Das ist beim Reiten auf der rechten Hand im Trab der rechte Hinterfuß. Beim Reiten auf der linken Hand natürlich*) der linke. Zu sagen nun, man trabe auf dem inneren Hinterfuß, ist ungenau, denn es trabt das Pferd und

*) Im Trab gibt man dem Pferd nicht, wie zuweilen im Galopp, eine Konterstellung, reitet also nicht mit links gestelltem Pferd auf der rechten Hand, oder umgekehrt.

nicht der Reiter. Der Reiter sitzt, und genau das ist auch gemeint: das Sitzen, das Niedersitzen des Reiters, der leichttrabt, auf dem inneren Hinterfuß im Augenblick des Auffußens.

Haben Sie noch eine Zigarette? Es wird noch einmal, wenn auch nur kurz, kompliziert. Sobald ein Pferd, wie beim Dressurreiten häufig, enge Kreisbögen traben muß, neigt es sich natürlich, um der Fliehkraft entgegenzuwirken, ins Innere dieses Bogens hinein. Dabei kommt dem inneren Hinterfuß als Stütze und Antrieb von allen vieren die größte Bedeutung zu, denn er trägt das meiste Gewicht und sorgt für den Abschub. Und weil nun ausschließlich der innere Schenkel des Reiters diesen inneren Hinterfuß zum weiten Untertreten unter den Pferdeleib veranlassen kann, und weil sich mit dem inneren Schenkel nur wirksam treiben läßt, wenn der Reiter niedersitzt, darum trabt man – sitzt man – beim Leichttraben in der Bahn stets auf dem inneren Hinterfuß.

Und jetzt ist sogar mir, der ich Nikotin verabscheue, nach einer Zigarette zumute! Zumal mir einfällt, daß ich Ihnen ja eigentlich noch von jener seriösen Lehrmeinung erzählen müßte, die dies alles für glatten Unfug erklärt, für einen alten, verstaubten Kavalleriezopf, der anatomisch nicht haltbar sei. Aber, nicht wahr, das ersparen wir uns gegenseitig. In Deutschland wird in allen Schulen auf dem inneren Hinterfuß getrabt, basta!

„Sie traben auf dem falschen Fuß, Herr!"

Keine Reitbahn, in der dieser Tadel aus Lehrermund nicht schon tausendmal gehört worden wäre! Der „richtige" Fuß beim Leichttraben, so wissen wir jetzt mittlerweile, ist nach herrschender Lehrmeinung der innere. Doch ist es ohne störende Verrenkungen nicht möglich, vom Pferd aus diesen inneren Hinterfuß zu beobachten, und es gilt deshalb in der Reiterei auch als stilwidrig, dem Pferd, während man im Sattel sitzt, auf die Füße zu schauen. Der Reiter soll im Gesäß spüren, was die beiden Hinterfüße tun.

Das kann im Schritt schon der Anfänger – lesen Sie es, bitte, im neunten Kapitel noch einmal nach, wenn es Ihnen nicht mehr gegenwärtig ist. Im Trab oder gar im Galopp kann es nur der sehr erfahrene Reiter, denn die Bewegungen der Hinterbeine, die sich dem Gesäß durch das wechselseitige Anheben der Hälften mitteilen, folgen einander so schnell, daß sie sich für den weniger Geübten schon im ausgesessenen Trab verwischen; im Leichttraben gar, bei dem das Gesäß ja nur jeden zweiten Tritt aussitzt, ist dieses Fühlen noch weit schwerer.

Man muß im Anfang also doch das Auge zu Hilfe nehmen, und man richtet es auf die äußere Schulter des Pferdes – beim Trab auf der linken Hand also auf die rechte Schulter, beim Trab auf der rechten Hand auf die linke. Da in dieser Gangart die Pferdebeine, wie Sie wissen, diagonal gleichzeitig geführt werden, ist an der äußeren Pferdeschulter (schräg vorn unterhalb vom Sattel) die Bewegung des inneren Hinterfußes genau abzulesen. Und wenn nun diese äußere Schulter, mit dem äußeren Vorderbein daran, vorschwingt, dann . . . ja, dann was? Heben Sie sich dann oder setzen Sie sich in den Sattel nieder? Versuchen Sie, es selbst herauszubringen.

Na?

Dann stehen Sie auf, natürlich! Denn wenn die äußere Schulter vorzuschwingen beginnt, hebt ja auch der innere Hinterfuß erst ab und schwingt vor. Sie dürfen sich also in diesem Moment nicht niedersetzen – das sollen Sie ja erst, wenn der innere Fuß seine Vorwärtsbewegung hinter sich gebracht hat und auf den Boden gesetzt wird, und das findet statt, wenn die äußere Schulter zurückzuschwingen beginnt. Ganz einfach, nicht wahr?

Wer das begriffen hat, der kann seinem Lehrer, wenn er danach fragt (und er fragt oft), stets auf Anhieb sagen, was die einzelnen Hinterfüße im Trab gerade tun.

> Man wird aus dem Sattel gehoben durch das Abfußen des inneren Hinterfußes.

> Man befindet sich über dem Sattel, wenn der innere Hinterfuß vorgeführt wird.

> Man setzt sich nieder, wenn der innere Hinterfuß aufsetzt – und so weiter.

Und das andere Beinpaar? Der äußere Hinterfuß hebt ab, wenn man sich über dem Sattel befindet, und das ist der Stoß – man spürt ihn deutlich –, dem man durch das Leichttraben ausweicht.

Und wenn Sie ihm, während Sie leichttraben, ein einzigesmal nicht ausweichen, sondern sozusagen auf ihm sitzen bleiben – was dann?

Dann haben Sie, quasi aus Versehen, eine neue, sehr wichtige Übung hinter sich gebracht: Sie haben, wie man sagt, den Fuß gewechselt. Sie traben, wenn Sie bisher auf dem linken Hinterfuß getrabt sind, jetzt auf dem rechten.

Dieser Fußwechsel wird vom Reiter immer dann vorgenommen, wenn er die Hand wechselt, also von der rechten auf die linke, oder umgekehrt, geht (siehe die Zeichnungen im 23. Kapitel), wodurch sich natürlich auch die Innenseite des Pferdes und mit ihr der innere Hinterfuß, auf dem man ja leichttraben soll, verändert. Behielte man beim Handwechsel den bisherigen Rhythmus des Hebens und Niedersitzens bei, so käme prompt der Tadel, mit dem wir diese Wechselreiterei einleiteten: „Sie traben auf dem falschen Fuß!"

Besonders im Gelände, während längerer Trabstrecken, ist dieser Fußwechsel wichtig. Brächte der Reiter sein Gewicht immer auf den gleichen Hinterfuß nieder, so würde dieser rasch so müde der ganzen Leichttraberei, wie Sie es vermutlich schon längst sind. Und deshalb wechsle ich jetzt ebenfalls, und zwar das Thema.

18 Galopp – langsam zum Mitschreiben!

Dieweil die Überschrift dieses Kapitels so verständlich und das Kapitel so lang ist, nimmt sich der strapazierte Autor – es ist Mitternacht – die Freiheit, es an dieser Stelle kurz zu machen: Es herrscht, werter Leser, auf den folgenden Seiten der Galopp und das Angaloppieren vor.

Wenn ich Ihnen jetzt, nachdem ich Sie bereits im vorigen Kapitel mit der Fußfolge des trabenden Pferdes erschöpft habe, auch noch zumute, diese Fußfolge im Galopp zu bedenken, so fürchte ich sehr, Sie könnten mich, wie ein richtiges Lehrbuch, in die Ecke feuern. Da zudem der Galopp meist leichter zu sitzen ist als der Trab, und sich dadurch jegliche Kopfarbeit erübrigt, werde ich die Theorie diesmal in eine Fußnote*) verbannen (was das Thema ja nahelegt). Sie brauchen Sie nicht zu lesen, wenn Ihre Ambitionen von bescheidener Art sind. Man liest ja selbst bei der Versicherung des eigenen kostbaren Lebens das Kleingedruckte im Vertrag fast nie, ohne daß man sich, wenn es dann nach dem Tode Streit mit der Versicherung gibt, über sein Versäumnis zu ärgern hätte. Aber ich schweife wohl vom Thema ab.

Was ich indessen niemandem ersparen kann, das ist die Fähigkeit, zwischen Linksgalopp und Rechtsgalopp unterscheiden zu können. Beim ersteren arbeiten der linke Hinter- und Vorderfuß ausgeprägter als die zwei Kollegen der rechten Seite. Im Rechtsgalopp ist es umgekehrt – wie sich ja beinahe denken ließ. Ich gebe zu, daß diese Charakterisierung ein wenig rohgezimmert ist, aber sie genügt wohl für

---

*) Der Galopp eines Pferdes wird von den Reitern in mehrere Tempi eingeteilt, die zwar in der Fußfolge nahezu identisch, in der Schrittweite aber stark unterschiedlich sind. Sie heißen, in der Reihenfolge der sich verlängernden Schrittweiten: *Versammelter Galopp, Arbeitsgalopp, Mittelgalopp, Starker Galopp, Renngalopp.* Der Versammelte Galopp wird in Dressurprüfungen verlangt; das Pferd tritt sehr erhaben und setzt die Hinterbeine bei stark gebeugten Hanken (das sind die oberen Gelenke der Hinterbeine) weit unter den Leib; es erscheint dadurch hinten tiefer als vorn.
Der Arbeitsgalopp ist der eigentliche Gebrauchsgalopp in der Bahn. Seine Schrittweite ist geräumiger, ohne daß das Tempo an versammelter Ruhe verlieren würde. Der Charakter der drei schnelleren Galopparten wird aus ihren Namen deutlich. Da sie nicht zum Anfängerreiten gehören, erübrigt sich eine Beschreibung in diesem Buch. Es genügt zu wissen, daß sich das Pferd hierbei mehr und mehr streckt, sein Tempo erheblich beschleunigt und den Reiter schließlich zwingt, den Vollsitz im Sattel aufzugeben und den sogenannten Jagdsitz einzunehmen, also den Oberkörper vorzuneigen und das Gesäß leicht aus dem Sattel zu heben. Er würde anders hinter die Bewegung geraten und das Pferd behindern.
Der ruhige Arbeitsgalopp ist für das Ohr ein Dreitakt. Beim Rechtsgalopp wird Takt 1 vom linken Hinterfuß gebildet. Takt 2 ergibt sich aus dem fast gleichzeitigen Aufsetzen von rechtem Hinter- und linkem Vorderfuß. Takt 3 liefert der rechte Vorderfuß, der am weitesten ausgreift und führt. Im Linksgalopp fußen: hinten rechts, dann fast zusammen hinten links und vorne rechts, schließlich vorne links. In den stärkeren Galopparten wird ein Viertakt hörbar, da durch die größere Streckung des Pferdes eine Trennung zwischen Vorder- und Hinterbeinen stattfindet. Im Arbeitsgalopp indessen ist ein Viertakt fehlerhaft, da er eine verwischte, unreine Fußfolge signalisiert.

unsere Zwecke. Am sichersten unterscheidet auch der Laie diese beiden Galopparten an den Vorderfüßen: das Bein, das dem jeweiligen Galopp den Namen gibt,
greift stets weiter vor als das andere.

In der Regel reitet man Linksgalopp auf der linken Hand und Rechtsgalopp auf
der rechten. Die Ausnahme davon heißt Konter(oder Außen-)galopp: ein Linksgalopp auf der rechten oder ein Rechtsgalopp auf der linken Hand. Wird so ein
Kontergalopp in der gedeckten Bahn auf dem Hufschlag, also dicht an der Wand,
geritten, so sieht das nicht anders aus, als wenn der Reiter mit seinem Pferd geradewegs in die Wand hineinreiten möchte – was er natürlich hübsch bleiben läßt.
Ich wollte Ihnen auch nur ein Bild vermitteln, an dem ein ungeübtes Auge einen
Kontergalopp erkennen kann.

Bevor ich nun darangehe, Ihnen zu sagen, wie man aus einem Pferd einen zünfti-
gen Galopp herauskitzelt, der das Geld, welches man dafür zahlen muß, auch
wert ist, möchte ich Ihnen einen allgemeinen Rat in punkto Schulbetrieb geben.
Schlecht gerittene Lehrpferde, wie sie im normalen Schulstall leider die Regel
sind, neigen oft dazu, in einen stürmenden, unkontrollierten Galopp zu verfallen.
Das hat zum Teil seinen Grund in den unruhigen Händen der Anfänger, zum
anderen darin, daß der junge Reiter noch nicht in der Lage ist, auf Kommando
anzugaloppieren. Zumeist wird erst einmal ein Trab daraus, und weil das der
Reiter für eine beiderseits schwache Leistung hält, überfällt er – vom anderweitig
beschäftigten Lehrer nicht gehindert – das Pferd buchstäblich mit Händen und
Füßen, um es in einen Galopp hineinzutreiben. Diese rohen Hilfen lassen das
Pferd dann davonstürmen – mit Vorliebe quer durch die Bahn, weil es so schnell
wie möglich den Anschluß an die Abteilung, sprich: Herde, wiederherstellen
möchte. Andere Pferde lassen sich davon anstecken, und man fühlt sich alsbald so
gemütlich wie in einem Irrenhaus.

Der Anfänger hat nur eine Möglichkeit, diesen an Nerven und Geldbeutel zehren-
den Zustand zu ändern: Einzelunterricht zu verlangen auf einem ruhigen, ruhige
Hilfen annehmenden Pferd. Anders lernt er das Angaloppieren und das Erhalten
des Pferdes im kontrollierten Galopp nur selten.

Zum Angaloppieren gehört Konzentration, nicht Angst. Und Angst hat jeder
Anfänger, der auf einem Pferd sitzt, von dem er weiß, daß das Kommando zum
Galopp wie eine Lunte wirkt, die man an ein Pulverfaß hält. Zum Angaloppieren
und zum Galoppieren muß man im Gleichgewicht und in der Balance sitzen
können, losgelassen mit einem Wort. Und das kann der Anfänger nicht, der auf
einem stürmenden Pferd sitzt. Da klammert er sich fest, hängt sich an die Zügel,
und alles wird nur noch schlimmer.

Zum Angaloppieren setzt man sich auf den inneren Gesäßknochen, wodurch das
innere Knie tief wird; der innere Unterschenkel haftet dicht am Gurt, der äußere
dagegen wird eine Handbreit hinter den Gurt genommen, Fuß flach am Pferdeleib. Und dann braucht man in dieser unsymmetrischen Beinhaltung nur noch mit

Kreuz und beiden Unterschenkeln, ganz besonders aber mit dem inneren am Gurt, Druck zu geben und das Pferd galoppiert an!

Oder auch nicht.

Dann haben Sie ein bis fünf Dinge falsch gemacht. Hier sind sie in ihrer beliebtesten und immer wieder gern geübten Reihenfolge:

> Statt sich auf den inneren Gesäßknochen zu setzen, haben Sie bloß die innere Hüfte eingeknickt und dadurch das Gesäß genau auf die falsche Seite verlagert. Was soll Ihr Pferd davon halten? Nichts.

Und das tat es denn ja auch – nichts.

> Statt den inneren Schenkel am Gurt zu lassen, streckten Sie ihn weit, weit nach vorn. So galoppierten zu Kaisers Zeiten die Husaren an, habe ich mir erzählen lassen.

Doch wer hat das Ihrem Pferd erzählt?

> Statt den äußeren Schenkel hinter den Gurt zu nehmen und ihn dort verwahrend liegen zu lassen, hielten Sie ihn in schöner Symmetrie mit seinem Zwilling am Gurt und gaben beiderseits gleichmäßig Druck – die Hilfe zum Antraben! Was Ihr Pferd vermutlich auch gehorsam tat. Und wofür Sie ihm zum Dank die Peitsche auf den Hintern patschten.

> Statt zum Zwecke des (einseitigen) Kreuzanziehens, also zum Belasten der inneren Seite, den Oberkörper und damit die Wirbelsäule senkrecht zu halten, kippten Sie, Schwung holend, erst vornüber und dann zurück. Aber so kriegen Sie höchstens ein Seifenkistenauto in Gang, nicht aber ein Pferd.

> Statt vorn herauszulassen, was Sie hinten durch Ihre Hilfen herauszudrücken versuchten, also mit den Zügelhänden dem vorgehenden Pferdemaul sanft zu folgen, hängten Sie sich dem Pferd vor lauter Drücken mit zurückgelegtem Oberkörper ins Maul.

So sieht ein Kutscher aus, vor dessen galoppierenden Wagenpferden eine Eisenbahnschranke heruntergelassen wird.

Haben Sie es aber richtig gemacht und galoppierte Ihr Pferd richtig an, so wette ich, daß es dieser beschleunigten Gangart nach zwei, drei Sprüngen müde wurde und in den Trab oder gar Schritt zurückfiel. Es hielt sich für berechtigt dazu, weil diese Müdigkeit auch von Ihnen geteilt wurde.

Wieso denn das nun schon wieder?

Man muß nicht nur den *ersten* Galoppsprung herausdrücken, sondern auch jeden weiteren. Ich vergaß das im Anfang auch vor lauter Befriedigung darüber, daß mein Pferd endlich einmal meine Hilfen für gut genug befand und wunschgemäß angaloppierte. Ich hörte auf zu treiben und war ergrimmt über das faule Pferd, statt mich zu freuen, ein Pferd reiten zu können, welches sich treiben ließ und Hilfen annahm.

Auf stürmenden Pferden kommt man nicht zum Treiben. Da bremst man. Durch Bremsen aber lernt man nicht galoppieren.

Es gibt ein Wort, das man in allen Reithäusern hören kann: „Im Galopp muß man mit dem Gesäß den Sattel von hinten nach vorn auswischen!" Es ist ein wiederholenswertes Wort, ungemein bildhaft und die Bewegung des Reiters sehr exakt wiedergebend – wenn man es richtig zitiert:

Im Galopp muß man mit dem Gesäß in der Bewegung mitgehen, *als wollte* man den Sattel von hinten nach vorn auswischen!

Es ist im Galopp nicht anders als bei jedem Vollsitz: das Gesäß bleibt stets und ständig fest am Sattel, es wischt ihn nicht wirklich von hinten nach vorn aus, es tut nur so, als wollte es ihn mit dem Leder der Hose auswischen. Denken Sie an den Vergleich mit dem Daumenballen auf der Stuhllehne, den ich Ihnen auf Seite 90 anbot. Der Galopp zieht den Reiter ganz deutlich in den Sattel, wenn er sich, locker sitzend, nur ziehen läßt und sich nicht verkrampft. Dieses Ziehen unterstützt er, indem er durch linksseitiges Kreuzanspannen beim Linksgalopp und durch rechtsseitiges beim Rechtsgalopp die entsprechende Hüfte über dem angedrückten Gesäßknochen nach vorwärts-abwärts bewegt. Das ergibt bei nicht gelupftem Sitz das Gefühl des Sattelauswischens.

Wichtig ist, daß in Verbindung mit diesem einseitigen Kreuzanspannen das gleichseitige Knie tief bleibt und der Unterschenkel dicht am Gurt treibend Druck gibt. Dem äußeren Schenkel kommt mehr eine verwahrende Rolle zu – er hindert das Pferd daran, mit der Hinterhand „auszufallen", also, dem Druck des gegenüberliegenden Schenkels weichend, aus der Spur der Vorderbeine zu laufen.

Aber damit sind wir schon mitten in einem Thema, das zum korrekten Galoppieren zwar dazugehört, im Anfängerreiten aber noch keine große Rolle spielt: das „Stellen" des Pferdes, das Biegen um den inneren Schenkel, die Zügelarbeit bei halben Paraden. Es gehört bereits zum Angaloppieren dazu: Man stellt sein Pferd zuvor in die Richtung des beabsichtigten Galopps, sagen wir: Linksgalopp. Da wird der innere, der linke Zügel durch Schließen der Finger oder durch leichtes Einwärtsdrehen des Handgelenks verkürzt und der äußere entsprechend abgespannt, so daß das Pferd Hals und Kopf nach innen nimmt, aber nicht weiter als bis zu einer Stellung, in der der Reiter das halbe innere Auge sehen kann.

Nur Kopf und Hals zu stellen, das genügt freilich nicht. (Wenngleich auch wohl

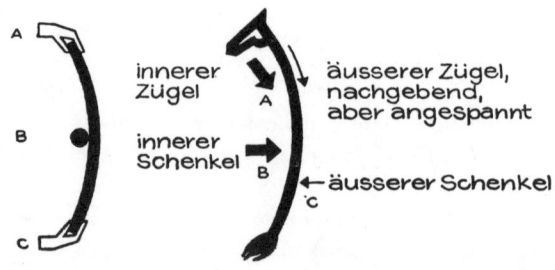

ein Pferd beim bloß herumgezogenen Kopf und Einwirken der übrigen Galopphilfen auf der Seite zu galoppieren beginnt, nach der der Kopf zeigt – aber so
etwas wirkt gequält und ist falsch.) Die Biegung muß durch das ganze Pferd
hindurchgehen. Also biegt man es um den inneren Schenkel, der bei gleichzeitigem
Sitzen auf dem inneren Gesäßknochen und tiefem Knie am Gurt liegt, während
der äußere eine Handbreit hinter den Gurt zurückgenommen wird. Der Effekt
läßt sich an diesem Beispiel verdeutlichen: Nimmt man ein längeres elastisches
Brett (sprich: Pferd) und hält es waagrecht mit seiner Mitte fest gegen einen in
der Erde steckenden Pfosten (sprich: inneren Schenkel), und biegt man es dann
mit der einen Hand (sprich: Zügel) an einem Ende (sprich: Pferdekopf) und mit
der anderen Hand (sprich: äußerer Schenkel) am anderen Ende (sprich: Hinterhand), so ergibt das ein von hinten bis vorn um den Pfosten gleichmäßig und leicht
gebogenes Brett. Oder Pferd, ganz wie Sie wollen.
Ich bin sicher, daß Sie genau wissen, was ich meine, wenn Sie das obige dreimal
lesen. Und daran können Sie erkennen: Es ist noch viel zu früh dafür. Es müssen
erst einmal der Sitz und die Hände ruhig werden. Denn, um ein altes Reiterwort
zu zitieren: Nur aus dem richtigen Sitz lassen sich richtige Hilfen geben.

Übrigens gibt es ein Hilfsmittel, dem Pferd zum Rechtsgalopp die Rechtsstellung
und zum Linksgalopp die Linksstellung zu geben, ohne groß mit Schenkeln und
Zügeln zu manipulieren: Man galoppiert beim Durchreiten einer Ecke an! Geschieht das auf der rechten Hand, so wird ein Pferd nie in einen Linksgalopp
fallen und umgekehrt in keinen Rechtsgalopp. Auf der Geraden ist das zweifel-
haft, wenn die Hilfen nicht ganz korrekt kommen, und deshalb ist das richtige
Angaloppieren hier oder gar in der Mitte der Bahn, wo die Leitplanken der Bande
fehlen, weit schwieriger als aus einer Ecke heraus. Wo sie fehlt, muß man sein
Pferd stellen, wenn es nicht in einen „falschen" Galopp fallen soll, also in einen
Kontergalopp, der nur „richtig" ist, wenn er vom Reiter beabsichtigt war.
Übrigens noch ein „Übrigens": Falls Sie sich, wie ich, fragen sollten, warum man
ein Pferd überhaupt stellt, so können Sie sich die Antwort auf einer Pferdekoppel
holen. Ungerittene Pferde, die durch eine Ecke galoppieren, nehmen den Kopf
nicht mit in die Bewegungsrichtung des Galopps hinein, sondern wenden ihn nach
außen. Sie benützen ihn samt Hals als eine Art von Balancierstange – ein Bild,
das unter einem Reiter nicht nur sehr häßlich aussähe, sondern dem Menschen
auch jede Möglichkeit nähme, auf das Tier lenkend einzuwirken.
Jedenfalls hat mir das mein Lehrer gesagt. In meiner Gegend galoppieren nur
Autos um die Ecken.
Und das allerletzte „Übrigens": Falls Sie sich auch noch fragen sollten, woran Sie
erkennen könnten, daß ein Pferd unter Ihnen falsch angaloppiert sei, sagen wir:
zum Linksgalopp, obwohl Sie Rechtsgalopp beabsichtigten, so lautet die Antwort:

Man spürt es. Die Bewegung des richtig galoppierenden Pferdes nach vorn nimmt die innere Hüfte deutlich mit und zieht den äußeren Schenkel an den Pferdeleib heran (woran Sie, nebenbei bemerkt, erkennen können, daß die Galopphilfen nicht willkürlich erfunden wurden, sondern sich aus der natürlichen Bewegung des Pferdes entwickelten und sie unterstützen). Sprang das Pferd nun falsch an, so versetzt es dem Reiter ziemlich unangenehme Stöße in den äußeren Gesäßknochen und zieht auch die darüberliegende, gleichseitige Schulter ruckhaft mit.

Als mir das einmal passierte und ich nicht recht wußte, was mir da geschah, rief mich mein Lehrer auch schon an: „Spüren Sie denn nicht, daß das Pferd Sie umsetzen möchte?" Und tatsächlich, das ist es: Man hat das Gefühl, das Pferd möchte diesen fühllosen Dummkopf von Reiter richtig, das heißt bequemer setzen!

Passiert es Ihnen, daß Ihr Pferd falsch angaloppiert, so müssen Sie es zum Schritt durchparieren, richtig stellen und erneut angaloppieren. Das ist – im Gegensatz zum fliegenden – der einfache Galoppwechsel. Keineswegs überfällt man ein falsch galoppierendes Pferd mit neuen Hilfen, um es in den richtigen Galopp zu bringen.

Und was tut man während des Galopps mit den Zügeln? Wenn man reiten kann – unter manchen Umständen viel. Wenn man nicht reiten kann – unter allen Umständen wenig. Der innere Zügel tut nichts anderes als die Stellung erhalten; er ist, wenn ich so sagen darf, der weichere von beiden. Aktiv ist mehr der äußere: Wird der Galopp zu schnell, so fängt man durch halbe Paraden den von hinten kommenden Schwung auf, denn diese halben Paraden, vorwiegend am Außenzügel, begrenzen den Vortritt. Sie sind auch die Einleitung zur Versammlung des Pferdes.

Ich habe heute nur eine Privateinlage vorzuschlagen (obwohl sich mühelos drei oder vier aus diesem Kapitel herausdestillieren ließen, und vielleicht sollten Sie's tun). Diese:

> Nehmen Sie beim Linksgalopp die rechte Schulter mit in die Bewegung hinein, also nach vorn, und beim Rechtsgalopp die linke. Sie werden sehen: es sitzt sich besser, und das Pferd bewahrt leichter die Stellung und den Schwung nach vorn.

Straßen
Arcos
Grazalema
Ronda
Jerez
de la Frontera
Algar
Coin
Cortes
Cadiz
Gaucin
Marbella
Medina
-Sidonia
Paterna
Alcalá
Manilva
Jimena
Naveros
Vejer
San Roque
Trafalgar
Barbate
Alge-
ciras
Zahara
Gibraltar
Bolonia
Tarifa
ATLANTIK
MITTELMEER

Endloser Strand: die herrlichste Galoppbahn, die sich denken läßt. An ihrem Ende beginnt eine Dünenwüste. die das am Horizont sichtbare Afrika erst glaubhaft macht.

▼

Andalusien ist ein Pferdeland. Die Tränken überwiegen die Tankstellen bei weitem. Der Anblick eines Reiters ist in dieser Landschaft ein so vertrautes Bild, wie der zu Mauern wuchernde Feigenkaktus und das von der Sonne verbrannte spärliche Gras.

An Landschaftsbildern wie diesem wird klar, warum das Pferd in Andalusien noch auf lange Zeit hinaus nicht vom Motor verdrängt werden kann. Die Straßen, welche die schier endlosen Hochflächen der Sierra durchziehen, verdienen diesen Namen nicht; jedes Auto würde auf ihnen zuschanden. Und was einen Ferienritt bei uns zulande nicht selten belastet, nämlich das Angestartwerden aus Häusern und Autofenstern, das fehlt hier ganz. Reiten in Andalusien ist – wie sonst nirgends mehr in Werteuropa – das Natürlichste von der Welt.

▶

▲ Ginge es nach der Häufigkeit, so wäre der Gänsegeier wohl das Wappentier Andalusiens. Selten ist der reinblaue Himmel leer von ihnen. Wir kauften uns einen Eselskadaver, legten ihn aus, und nach einigem Warten in einem improvisierten Versteck aus unseren Regenponchos konnte ich dieses Bild fotografieren – mit einem Kolkraben als Dreingabe.

Hier haben Sie Gelegenheit, sowohl den andalusischen Sattel zu studieren als auch die monströsen Bügelkästen, die den Fuß der Hirten vor dem Horn des Stieres schützen. Die Pferde sind gehobbelt, damit sie ihren Siesta haltenden Reitern nicht davongrasen. Das Kostüm des nicht mehr ganz frischen Verfassers im Vordergrund ist durchaus stilecht und nicht etwa vom letzten Fasching übriggeblieben: weiche, mit Steppereien verzierte, hochbackige Stiefel und eine enge, schwarzgrau gestreifte Hose, wie man sie bei uns zum „Stresemann" trägt. ▼

Erstes Zwischenspiel
Im Sattel durch Andalusien

Hier wird dem Leser Abwechslung verschafft und Erholung geboten von den Beschwernissen des Unterrichts, und es wird ihm auch gezeigt, daß das Reiten sehr wohl noch anderes sein kann als eine Kunst, die man um ihrer selbst willen betreibt; haben doch gar zu viele Reiter längst schon vergessen, daß das Pferd dem Menschen weit mehr zum Reisen denn zum Reiten diente.

Eines Tages las ich eine Anzeige: „Sind Sie ein Mann?"
Bei solch einer Frage empfiehlt es sich stets, nicht seine Frau, sondern seine Bank zu fragen: „Was, bitte schön, habe ich noch drauf?" Denn mit solch einer Frage verkaufen Leute von heute Ferienvergnügen besonderer Art: einen Vierzehnender in den Karpathen oder einen Löwen in Tansania, eine Motorbootfahrt den Amazonas herunter (mit günstigen Einkaufsmöglichkeiten für indianische Schrumpfköpfe), eine vierzehntägige Grundausbildung zum Stierkämpfer, oder auch nur – unter dem Motto „Graust es Ihnen denn vor gar nix?" – drei Tage Karneval in Köln.
Oder eine Reise zu Pferd durch Andalusien.
Ich schrieb um Prospekte. Es war offensichtlich, daß die Veranstalter die weichsten Stellen ihrer prospektiven Kunden kannten: „Auch wenn Sie nur wenig oder in letzter Zeit gar nicht geritten sind, haben Sie in unseren lammfellgepolsterten andalusischen Hirtensätteln, die eine Lehne und einen Haltegriff haben, ein Durchreiten nicht zu befürchten."
Spießbraten, Ritte durch wilde Gebirgscañons, durch sanftes Weideland mit Stierherden darin, vorbei an Lagunen voller Reiher, hinweg unter einem Himmel voller Geier, Baden im Meer (und nicht selten auch gar nicht) – ich wollte schon immer einmal Cowboy sein ... *Give me my boots and my saddle* ...

Mein Gott, ist dieses Sevilla heiß! Meine Stirn war so naß wie vor sechs Stunden in Frankfurt, nur war es in Sevilla nicht der herbstliche Regen ...
Ich finde das Fliegen barbarisch, und ich meine nicht die überalterten, verwahrlosten, zweimotorigen Brechmittel, in denen die *Iberia* ihre Kurzstreckenpassagiere durch den so sanftmütigen südspanischen Himmel rumpelt. Nur über Toledo preßte ich das Gesicht an das vibrierende, kühle Fenster. Wie die Faust Gottes lag die Stadt, diese uralte Zwingburg des Glaubens, schwer auf dem menschenleeren, dürstenden Land.
Ich finde das Fliegen barbarisch, weil es den Menschen in sein Ziel hineinreißt und ihm den Gewinn an Zeit, zu dem es ihm eben erst verhalf, sogleich wieder zerstört. Ich lief wie betäubt durch die Straßen von Sevilla und nahm nur das Ordinäre wahr, die Öde aller Städte, für deren Zauber man nicht bereit ist. Ich sah das Sevilla Murillos und Zurbaráns, die Stadt der religiösen Ekstasen, die

Stadt der Feste, von deren Namen die Welt Gebrauch macht wie von Aphrodisiaka, ich sah den Hafen, durch den das Gold, das Silber und die Krone Montezumas in die Stadt, nach Spanien, kamen, sah das Tirana der Carmen und den Paseo Don Juans – ich sah Sevilla mit den Augen des Nörglers: *Was werden diese spanischen Weiber doch fett, und dieses monotone, vor Alter graue Schwarz ihrer Kleider! Dieser Lärm aus den Bodegas! Grazie, Leidenschaft, Kühnheit des Blicks, Stolz und Vereinzelung? ... pah! Schmutz, Kloakengeruch, Rückständigkeit, Provinz! Straßenstaub auf den Orangen an den Bäumen, Safranflecken auf dem Tischtuch, der teerfarbene Kaffee lauwarm, der Rotwein eisig und sauer, kalkiger Kot der Rötelfalken an den maurischen Kinkerlitzchen der Giralda, Touristen, die mit Kameras schmarotzend durch die alten Gassen des einstigen Judenviertels Santa Cruz kriechen wie Läuse durch die Falten eines Kaftans, das Abendrot der tausend Geranienbalkone riecht nach ranzigem Olivenöl, der Alcazar, diese christlich geborene maurische Baedekerschönheit, ist schon geschlossen – welch ein Glück! es ist daran ja doch nur echt, was neu ist ...*

Ich sah Spanien, wie ich eben noch Deutschland gesehen hatte: zu nahe. Mir war keine Zeit geblieben, mich Spanien zu nähern.

Vor dieser grellen Überschärfe des Blicks rettete ich mich in die Kathedrale. Das Grab des jüngeren Kolumbus im Vorübergehen, die Goldmauer des Hochaltars ein Blitz im Augenwinkel ... da die Bank, dort ist es dunkel, kühl ... der Katholizismus ist eine Sommerreligion ... wer hat denn das bloß wieder gesagt – Heine?

Ich schlief ein. Ich erschlief mir heimlich die Zeit, die das Fliegen mir gestohlen hatte. Ich schlief Spanien entgegen.

Ein VW-Bus, an den Seiten mit dem Firmenzeichen des Unternehmens bemalt (im Umriß der spanischen Halbinsel ein aufgesessener Reiter), holte mich von Sevilla nach Jerez de la Frontera. Der Eindruck, den eine flüchtige Durchfahrt im Auto mir vor drei Jahren vermittelt hatte, vertiefte sich jetzt bei näherem Zusehen: eine Stadt ohne Gesicht; ich käme in Verlegenheit, sollte ich ein Haus, eine Straße beschreiben. Fast alles ist geprägt vom nüchternen, phantasielosen, den Kitsch nicht immer vermeidenden Geist, der alle Städte formt, die ihre Lage dem Erwerbssinn, nicht dem Streben nach politischer Macht, sei sie kirchlicher oder weltlicher Natur, verdanken. Am Rande der fruchtbaren Huerta angesiedelt, einem ebenso endlos wie üppig schwellenden Weide- und Ackerland, das den Mais, die Baumwolle, den Weizen und den Stier nährt, und flankiert von Weinfeldern, die an den Horizont stoßen, ist Jerez eine reine Agrar- und Weinbaustadt. Doch da dem Spanier die schwärmerische Mystik fremd ist, die der europäische Norden in die Traube hineinpraktiziert, gewinnt der Wein keine formende Macht über diese Stadt, wie etwa über einige Kommunen des Rheins.

Gleichwohl hat der Name Jerez einen großen Klang, dem auch die Verballhornung nichts anhaben kann, die die Engländer ihm antaten: unfähig, den harten Rachenstoß, der dieser Name im Spanischen ist, zu reproduzieren, sprachen sie ihn auf heimische Weise *Dscherries,* und geschrieben wurde daraus die Marke, die heute jeder kennt: Sherry.

Es ist viel Geld in dieser Stadt, in Familien, die ganz Andalusien aufkaufen könnten. Was sie daran hindert, ist lediglich der Umstand, daß Andalusien ihnen schon gehört. Doch ist diesem Reichtum das Protzen fremd, das ihn bei uns oft so unerträglich macht. Er zeigt sich nur einmal im Jahr: beim Weinfest im September, das – im diskreten Dienst der Absatzwerbung – jedes Jahr einem anderen Land gewidmet wird, dessen Botschafter dann in schönen Reden Gelegenheit haben, jenes hohle Geschwätz von Völkerverständigung zu zelebrieren, das die Diplomatie so oft auszeichnet, sobald sie in die Öffentlichkeit tritt.

Bei diesen Weinfesten zeigt sich dann der Grund, der das Reitunternehmen veranlaßte, seine Basis nach Jerez zu legen: Jerez ist das spanische Verden, im pferdefreudigen Andalusien die pferdebesessene Stadt, und die Festzüge zeigen in großer Haltung das edle Blut vor, das hier gezüchtet und bewahrt wird. Alois Podhajski, Ex-Chef der Spanischen Hofreitschule Wien, gab bei einem Nachkriegsbesuch in der Heimat der Lipizzaner-Ahnen neidlos zu, daß die Schönheit der andalusischen Pferde, in denen sich das Blut der Araber deutlich regt, die edlen Linien seiner eigenen Pferde teilweise übertrifft. In diesen Tagen, wenn das Pferd und der Wein die Stadt mit Glanz überziehen, ist sie besuchenswert.

Wir verbrachten drei Tage dort, angefüllt mit den Vorbereitungen für den Dreiwochenritt. Die Pferde der zehnköpfigen Gesellschaft standen in einer *Finca,* einem kleinen ländlichen Hof am Rande der Stadt. Hinter den Stallgebäuden bot eingezäuntes Ödland so etwas wie einen Zirkel an. Hier wurden uns die Pferde zum Probereiten vorgeführt.

Mit meinem Freund Goldi vor dem geistigen Auge, war ich so leichtfertig gewesen, mir ein Pferd auszubitten, „das man nicht dauernd treiben muß". Und schon kam es daher: ein Rappwallach von schmaler Statur, noch keine ein Meter und siebzig am Widerrist, mit den zierlichen Fußgelenken der Araber. Das Auge rollte – feurig, sagt man ja wohl, und das Roß trug sich so stolz wie der Spanier, der dieses scharfgeladene Gewehr am Zügel führte. Ich verstand genug von Pferden, um sogleich zu sehen, daß der hübsche Wallach einen scharfen Galopp so nötig hatte, wie ich einen scharfen Schnaps.

Und auf Kandare gezäumt war er auch noch!

Ich trat heran, und meine nichts Gutes ahnenden Gedanken fanden Trost in den Kohlenkästen, die die Andalusier als Steigbügel benutzen: eiserne Behältnisse, die nicht nur den ganzen Fuß aufnehmen, sondern ihn auch noch durch Seitenwände vor dem Horn des Stieres schützen. In einem solchen Bügel, so tröstete ich mich, konnte man, verlor man die Balance, notfalls stehen bleiben wie auf einer Treppenstufe außen an der Straßenbahn.

Aber auch der Sattel sah vertrauenerweckend aus. Es war ein mächtiges Ding, ein reiner Trachtensattel – worunter man sich nichts Dirndlartiges vorzustellen hat, sondern ein satteldachförmiges, gut sechzig Zentimeter langes, eckiges Gerüst, das innen üppig mit durchgehenden Kissen gepolstert ist, die den Druck auf den Pferderücken verteilen und mildern. Obenauf liegt ein mit Riemchen befestigtes weißes Lammfell. Eine zwanzig Zentimeter hohe Rückenlehne und ein Sattelhorn für die haltsuchende Hand machen den Komfort vollkommen. Ich ließ mir sagen, daß die Mauren diesen Sattel so ähnlich nach Spanien gebracht hatten, wovon noch heute die kunstvoll aufgerollten langen Lederriemen zeugten, die vorn rechts und links angebracht sind und mit denen die Söhne des Propheten die Ziegenlederschläuche vor sich festbanden, in denen sie ihr Wasser und später, als sie im lieblichen Andalusien verlotterten, ihren Wein mit auf die Reise nahmen.

Während mein feuriges Roß nun an der Hand seines Pflegers hin und her tänzelte wie ein Luftschiff an seinem Landemast, saß ich auf, warf die Kandarenzügel auf den Hals, nahm nur die Trense in die Hand und nickte dem Pfleger mit der gleichen beklommenen Entschlossenheit zu, die den zum Tode Verurteilten erfaßt, wenn er seinem Henker das Zeichen gibt, das Beil fallen zu lassen.

Und da hörte ich das Beil auch schon sausen! Wenn es mich trotzdem nicht den Hals kostete, so lag das nicht an mir, sondern an der Abneigung, die mein Renner vernünftigerweise gegen Stacheldraht hegte, welcher verschwenderisch den Reitplatz umzäunte. So blieb es bei einer verrückten Platzrunde, von der sich zu meinen Gunsten nur sagen läßt, daß ich nicht aus dem Sattel kam.

Danach tat ich, was ich vor diesem Auftritt hätte tun sollen: mich nach der Reitweise der Andalusier zu erkundigen. Und da wurde mir dann bald klar, woran ich gescheitert war: Man kann ein Flugzeug nicht mit den gewohnten Handgriffen des Autofahrers fliegen.

Die Andalusier reiten grundsätzlich nur mit einer Hand; ihre Pferde sind beidhändige Zügelführung nicht gewöhnt, und sie werden am Zügel in einer Weise gelenkt, die bei uns zu den Todsünden des Reitens zählt: mit hoher Faust rechts oder links über den Hals hinweg. Dadurch spannt sich der äußere Zügel in einer Wendung stets an, während der innere durchhängt. Leitet man nun, wie das bei uns üblich ist, eine Wendung unter anderem auch damit ein, daß man den inneren Zügel leicht einschraubt und mit dem äußeren entsprechend nachgibt, so tut ein andalusisches Pferd das Gegenteil von dem, was sein mitteleuropäischer Reiter erwartet: es wendet in die Richtung des nachgebenden Außenzügels. Wer sich je im Gang eines D-Zugs auf eine Linkskurve vorbereitete, die sich dann als Rechtskurve herausstellte, der weiß, wie verwirrend so etwas ausgehen kann.

Auch ist der leichte Sitz dort unten unbekannt. In der *Vaquera*, wie der Sattel heißt, wird alles ausgesessen. Unsere Geländemanieren irritieren sensible andalusische Pferde und bringen sie zum Eilen. Schenkelhilfen schließlich läßt dieser ungefüge Sattel auch nicht in der Feinheit zu, die unsere Pferde gewohnt sind. Die Andalusier reiten mit eher groben Gewichtshilfen, die sich, etwa beim fliegenden Wechsel vom Links- in den Rechtsgalopp oder umgekehrt, bis zum Aufrichten im

Sattel und Hinüberwerfen des Körpergewichts auf die gewünschte Seite steigern. Sporen sind nicht sehr verbreitet und auch unnötig; die inneren Ecken der eisernen Bügelkästen ersetzen sie vollauf. In unserer Gesellschaft ging ein statuesker Schimmel, *Guapito,* der kleine Hübsche, geheißen, obwohl er nicht gerade klein war. Guapito hatte viele häßliche Rißnarben, die sich wie Geißelstriemen von den Hüftknochen – von den Hüftknochen! – bis zum Bauch hinunterzogen: Bügel- oder auch Spornspuren, die ihm brutale Reiterfüße, vermutlich in der Levade beim „Männchenmachen", das die Spanier so lieben, beigebracht hatten. Aber es wird Zeit, daß ich endlich von den Schönheiten des Reitens, statt immer von seinen Schwierigkeiten erzähle ...

Wenn Sie sich in die Karte auf Seite 105 vertiefen, werden Sie rasch erkennen, daß Jerez de la Frontera Start- und Zielpunkt sowohl eines großen als auch eines kleineren Rittes ist, deren Wege über Medina-Sidonia, Vejer, Tarifa, Algeciras bis Manilva identisch sind. Während von da ab der große Reitweg geradewegs in die phantastische Sierra, das andalusische Bergland, führt, um erst bei Ronda nach Westen, Richtung Jerez, abzuschwenken, vollführt die den kleineren Weg reitende Gruppe diese Westschwenkung weit eher, nicht ganz unter Verzicht auf die Sierra, aber deren Strapazen erheblich mildernd. Ich ritt den großen Weg. An der müden Haltung von Roß und Reiter, die auf der Karte gen Jerez heimwärts ziehen, mögen Sie erkennen, daß die Großartigkeit dieser Gebirgstour an den Kräften zehrt. Auch ist das Wetter im Gebirge unbeständiger. In Grazalema hielt uns Ende September ein Dauerregen drei Tage unterhalb eines Paßüberganges in den Quartieren fest; die Überquerung mußten wir aufgeben, weil die Pferde sich weigerten, gegen den windgepeitschten Wasservorhang vorzugehen. Sie drehten der heranbrausenden Scheußlichkeit den Schweif zu und zwangen uns nach Grazalema zurück. Am prasselnden Kaminfeuer einer Stallherberge diskutierten wir – Brot und Fleisch im Munde, Wein in der Hand – ernsthaft den Abbruch des Rittes, und zwei der Teilnehmer gaben auch auf. Daß wir anderen weiterritten, als es tags darauf aufklarte, hatten wir nicht zu bereuen: Der Besuch einer Kampfstierzüchterei, die Beobachtung von Gänsegeiern am Aas und ein traumhaft schöner Vollmondritt durch den Frieden einer Hochlandnacht zählen nicht nur zu den letzten, sondern auch zu den stärksten Erinnerungen an diese aus der Rückschau unwirklich anmutende Reise. Die Karte bemüht sich auch, Ihnen ein paar Einzelheiten des Rittes zu vermitteln (die Sie teilweise auf den Seiten 106 bis 108 im Bild wiedergegeben finden): die Durchquerung von endlos weitem, sich sanft gegen den Horizont hinschwingendem Weideland, in dem nicht selten Stierherden sichtbar werden. Kuhreiher lassen sich von den mächtigen Tieren auf dem Rücken tragen und entrichten ihr Fahrgeld, indem sie den Stieren das Ungeziefer ablesen. Vom Brackwasserspiegel der Lagunen, die der Weg streift, streichen Wildenten, Uferläufer und Silberreiher ab – Vorboten einer Tierwelt, die weiter westlich, im Mündungsbereich des Guadalquivirs, in unvorstellbarem Artenreichtum das größte Vogel- und Wildreservat des westlichen Europas bildet.

Dann die ganz und gar isoliert gelegenen, in ihrer kubischen Architektur rein maurischen Orte Vejer, Zahara, Gaucin, Arcos – verwirrt und gegliedert zugleich durch Gassen, die aus dem Nichts kommen und im Nichts wieder enden; deren steiles Pflaster oft noch nie vom Reifen eines Autos berührt wurde; in denen wie eh und je die Geduld des Esels und die Anmut dunkler Frauen herrschen.

Und weiter: Ausflüge zum Kap Trafalgar, vor dem Lord Nelsons Leben endete; eine Bootsfahrt nach Gibraltar, das in spanischen Landkarten ein weißer Fleck ist – Ausdruck eines ohnmächtigen Zorns; Durchquerung eines Cañons von Colorado-Maß: eine schaurig-kühle Schlucht bei Manilva, bis zu den wolkenstreifenden Rändern hinauf angefüllt mit dem Geschrei abertausender Dohlen.

Cortes nicht zu vergessen, dieses Bergnest, dessen Reichtum auf den Bäumen wächst: Korkeichen die Fülle, ganze Wälder. Der *Alcalde,* ein umsichtiger Mann aus dem preußischen Norden Spaniens, aus Katalonien, baute mitten in diese Unzugänglichkeit hinein eines der modernsten Schwimmbäder, das ich je sah! Dazu ein Real Madrids würdiges Fußballfeld und einen aus blankem Fels herausdynamitierten *Paseo,* einen lampen- und blumengezierten Spazierpark, der eines der großartigsten Panoramen überschaubar macht, die Andalusien anzubieten hat.

Unvergeßlich dann der Ritt von hier nach Ronda, hoch droben an der schier endlosen Schulter einer Talschlucht, durch die sich der Rio Guadario windet; wir durchritten ihn später in mehreren Furten, und das Wasser schäumte bis zur Brust der Pferde herauf.

Wie denn überhaupt das abwechslungsreiche Reiten die vielen Achtstundentage im Sattel belebte:

Williger Schritt der Pferde durch Dörfer, die, vom Hufschlag aus der Betäubung des Mittags geweckt, uns mit den plötzlich weit aufgerissenen Augen ihrer Fenster nachstarren – *hombre! was ist das? Räuber?* Denn Fremde hatte man hier nie gesehen.

Trab durch den kühlen Schatten endloser Olivenhaine, durch wispernde Eukalyptusalleen, durch die mißmutige, staubige Unrasiertheit kilometerlanger Kaktusgassen.

Und immer wieder, aus schierem Übermut der Reiter und der Pferde, Galopp! Galopp über Steppenpisten, so daß die Kaninchen vor dem Grollen der Hufe aus dem Boden schießen. Galopp über den federnden Meeresstrand, Spiel mit dem Schenkel, der das Pferd noch ein Stückchen und noch ein Stückchen an die nach den Hufen leckende Brandung heranzudrücken versucht. Galopp über den vom Meerwind blank gefegten Tisch eines Salzsees, die Reiter tief auf den Hälsen der

Pferde, die Hutkrempe vor den Augen, denn die Eisen von Guapito und Lubrican, die sich aneinander entzünden wie Knallfrösche in der Schachtel, wirbeln der Pferdemeute, die ihnen auf den Fersen bleibt, den Dreck in die Gesichter. Und meint man, nun ginge es nicht mehr, nun sei die größte Streckung erreicht, dann genügt ein Fühlenlassen der Bügelkästen, und schon strecken sich diese vibrierenden Leiber noch ein bißchen mehr!

Parieren dann mit *Ho!* und *Hola!* Weit zurückgelegt der Oberkörper, vorgestreckt die Beine, eine nicht gar so sanft zurückwirkende Hand – alles, wie es nicht im Buche steht, wie es den Reitlehrern daheim die Haare durch die steifen Hüte treiben würde. Aber daheim ist weit, die Reitbahn, das kühle, beherrschte Spiel mit unsichtbaren, eleganten Hilfen, die Zeremonie der Dressur – blasse Erinnerungen dies alles, und nichts davon hat Bestand vor der Weite dieses vom Herrgott aufgebauten Parcours, vor der schnaubenden, donnernden Losgelassenheit dieser Pferde!

Das nenne ich Reiten.

Seine andere tiefe Rechtfertigung bezieht der Ritt aus dem Erlebnis der andalusischen Landschaft. Ritte man nur, weil man das Auto „satt" hat, weil in unserer saturierten Geldgesellschaft das Kokettieren mit dem Primitiven fashionable ist, so müßte diesem Ritt die Verlogenheit folgen wie die Staubfahne, die aus den Tritten der Pferde springt. Reitet man indessen, weil diese Landschaft sich dem Auto ganz und gar verschließt und weil man nicht die Zeit hat, sie unter die eigenen Füße zu nehmen, weil man *in* ihr sein möchte und nicht an ihren vom Massentourismus beschmierten Randmauern, weil man sie mit den Augen abtasten, weil man ihre Luft unverstellt durch Belüftungslöcher schmecken will – dann, aber nur dann entzieht man sich dem Vorwurf, mit einer zwar schwierig zu knackenden, aber dennoch tauben Nuß der Romantik gespielt zu haben.

Das Panorama dieser Landschaft reicht von der nach Ausdehnung und Leblosigkeit einer Wüste gleichkommenden Dünenwelt, deren Ränder das Meer bespült, über fruchtbare Senken bis zu karstigen, von der Zeit und den Elementen zerschundenen Hochflächen der Sierra, an deren Horizontlinien die Berge zu Wogen auflaufen, überweht vom weißen Gischt der Wolken.

Diese Szenerien in täglichem Wechsel vor Augen zu haben, mehr noch: Muße zu haben, über sie nachzudenken, oder: sich auf einem Nacht-Ritt bei Vollmond an ihren Schatten entlangzutasten, während das Schrillen der Zikaden den Hufschlag der Pferde skandiert – das ist ein Geschenk von solcher Größe, daß ihm keine Dankbarkeit gerecht werden kann.

Der Kontakt, den der zu Pferd in Andalusien Reisende zu den Menschen erhält, unterscheidet sich wesentlich von Begegnungen, wie sie dem Autofahrer hier und da zuteil werden. Den Reiter empfinden diese Menschen als einen Teil ihrer

Landschaft und ihres Lebens, das Pferd entfernt ihn nicht von ihnen; da es ihnen als Transportmittel vertraut ist, bringt es ihn nahe; sie spüren: hier fährt nicht ein Fremder an ihrer Welt wie an Kulissen vorbei, zwischen denen sie als Statisten herumstehen. Und so öffnen sie ihm ihr Haus und, wenn schon nicht gleich ihr Herz, so doch ihre Gesichter. Eine Gitarre findet sich immer, und in den wildesten, einsamsten Sierrawinkeln noch beunruhigte uns das peitschende Klatschen der rhythmisch so sicheren Andalusier und ihr kehliger, maurisch versippter Gesang, dessen Intonation sie aus so großer zeitlicher Ferne herzuholen scheinen, daß ihre Stimme wie eine fremde Macht über sie kommt, an die sie keine Erinnerung mehr haben werden, sobald der Gesang in ihnen abbricht.

Es ist wahr, der Spaß ist teuer. Doch ist gerechterweise zu bedenken, daß man, ist man allein, dennoch für zwei zahlen muß, und für vier gar, reist man mit der Frau. Und Pferde haben bekanntlich nicht nur einen großen Kopf, sondern auch einen großen Hunger; sie wollen nachts im Stall stehen, der Geld kostet, und sie wollen gepflegt sein, was spanische Hände Ihnen – wiederum gegen Geld – abnehmen.
Was das Essen anlangt, so war es stets zu viel. Der Wein, im Preis einbegriffen, floß, solange ein Zecher noch die Stimme nach mehr erheben konnte. Und dieser Wein spülte kein schlechtes Essen hinunter – manches Stück Fleisch, mancher Fisch stehen im Gesamtbild meiner Erinnerungen ganz obenan.
Wer Fisch nicht mochte, bekam Fleisch. Wem Fleisch widerstand, der bekam sein Omelett. Trauben statt Käse? Bitte sehr! – Weißen statt Roten? Aber gern! – Ein Kaffee, ein Kognak gefällig? Selbstverständlich! ... Die Firma zahlte, und wir nahmen's hin, auch den Schnaps, das Bier, die Coca zwischen den Mahlzeiten. Wir hatten nicht den Eindruck, die Herren Veranstalter seien darauf aus, rasch mal ein bißchen reich zu werden. Es gibt schon merkwürdige Vögel!
Und die Quartiere? Über einige kann man nur diskret schweigen. Oder nur unter Männern darüber reden, und dabei meinen wir noch nicht einmal den gelegentlichen Flohstich oder den Biß einer über den ausländischen Besuch freudig erregten Wanze. Aber verlangte es uns nicht nach dem Malerischen, nach dem einfachen, harten Leben, das von keinem Hotelportier, von keiner Badewanne beeinträchtigt wird? Wir bekamen, was wir verlangt hatten! Und wir lachten dazu, zwar manchmal ein bißchen gequält, aber wir lachten. Außerdem waren wir Pioniere: Teilnehmer des ersten Rittes der Firma*). Unsere Nachkommen, sozu-

---

*) Die Veranstalter haben diese Ritte aus Mangel an Gewinn und Überdruß an einer zusehends snobistischer werdenden Kundschaft eingestellt. Es besteht aber trotzdem noch die Möglichkeit, in Andalusien zu reiten. Einige Hotels in der Gegend von Malaga halten für ihre Gäste Pferde zu kurzen oder längeren Ausritten bereit. Wer daran interessiert ist, der sollte den Anzeigenteil der deutschen Pferdezeitschriften studieren, in denen Ferienritte in großer Zahl angeboten werden.

sagen, werden es verachtenswert besser haben als wir: Eigens für sie und nur für sie wird man in den Quartieren, die's nötig haben, neue, hygienische Klosetts von mitteleuropäischem Maß installieren, die noch nie ein andalusischer Landmann besaß! Es wird sie, diese armen Weichlinge, keine Wanze mehr beißen und nur noch selten ein Floh ... so weit ist es mit dieser, qualitätsvolle Romantik verkaufenden Firma gekommen!

Einige Quartiere also, sagte ich, waren hart, doch immer waren sie irgendwie sehr interessant. Wer kann schon von sich sagen, er habe im Ehebett eines andalusischen Bauern geschlafen und sich mangels Geeigneterem mit der Filetgardine zugedeckt? Wer will von sich behaupten, er habe schon einmal im Zahnputzglas vor dem Gurgeln erst nach winzigen Fischlein angeln müssen? Und wo gar sah sich je ein Mann genötigt, zwar mit weißem Oberhemd, aber ohne Schlafanzug zu reisen – wie wir, als wir nach Cortes, mitten in der wilden Sierra, zu einer dörflichen Fiesta als Ehrengäste geladen waren, wohin uns kein Troßwagen mit unserem Gepäck folgen konnte!

Dagegen diese Luxusquartiere und vorzüglichen Hotels, in denen wir immer wieder einmal ein paar Tage Ruhe hatten, uns in sündhaft weißen und weichen Betten wälzten, an Bars herumflegelten, von raffiniert gedeckten Tischen speisten und Schlips und Kragen zu feinen Anzügen trugen! Nach längstens zwei Tagen hatten wir's satt und stiegen mit Wonne wieder in unsere Stiefel, die so herrlich nach *grasso de caballo*, nach Pferdefett dufteten!

Manchmal schnuppere ich heute noch an ihnen. Und hoffe auf einen Tag, an dem ich sie zu neuem Ritt aus der Ecke holen und abstauben kann ...

19 Mit Gas bremsen?

Der Leser wird gebeten, sich durch die fabulierende Ausschmückung dieses Kapitels nicht zu einem falschen Schlusse verleiten zu lassen und zu meinen, es habe ihm wohl nichts Bedeutendes zu sagen. Es ist, da es die halben und ganzen Paraden behandelt, eines der wichtigsten, wenn nicht gar das wichtigste des ganzen Buches!

Die Überschrift ist schon falsch.

Das Wort „bremsen" kommt in der Reitersprache nur ein einziges Mal vor, und da bezeichnet es die schlimmste Sünde seit der Bronzezeit, da der Mensch anfing, das Pferd zu züchten (weil er zu kommod war, es zum Zwecke der Opferung als Götterspeise immer wieder in der Wildnis einzufangen). Es heißt, dies Wort: *Auf Klaue bremsen!* Und es bedeutet, ein Pferd zum Verringern seiner Gangart oder zum Halten zu bringen, indem man es mittels des Zügels und des daran hängenden Gebisses so lange brutal im Maul reißt, bis es durch Vorstemmen der Vorderbeine bremst.

Sicherlich haben die ersten reitenden Menschen schon deshalb gar nicht anders bremsen können, weil sie, wie jeder Anfänger, eben nichts Besseres wußten und ohne allergründlichstes Üben auch nicht fertigbringen konnten.

Aber eines Sonntags dann – es war bestimmt ein Sonntag – muß einer dieser ersten Reiter eine erstaunliche Erfahrung auf dem Pferderücken gemacht haben. Als er wieder einmal kräftig am Zügel reißen wollte, verschaffte er sich, um noch besser als alltags reißen zu können, ein stabiles Widerlager für die Hände, indem er das Gesäß bei leicht zurückgeneigtem Oberkörper fest auf den Pferderücken preßte und dazu noch, diesen Halt vermehrend, die Schenkel ordentlich andrückte. Und als er nun die Zügel, die er während des tiefen Einsitzens bloß still gehalten hatte, mit einem gewaltigen Ruck zurückreißen wollte, kam er nicht mehr dazu – das Pferd stand nämlich schon! „Ei der Loki!" rief er (so hieß, glaube ich, damals der Teufel), „was war denn das?"

Es war die erste ganze Parade, die ein Mensch seinem Pferd gegeben hatte, und sie gefiel ihm gut, denn das Pferd hatte bei dieser neumodischen Prozedur nicht mehr die Vorderbeine wie ein Sägebock in den Dreck gerammt, sondern unter dem Kreuz- und Schenkeldruck des Reiters die Hinterbeine unter sich genommen, kräftig gebeugt und auf solche Weise den Schub nach vorn sanft ausgeschaukelt: der Reiter war nicht mehr, wie später wieder seine Nachkommen beim Bremsen in der Fahrschule, nach vorn geworfen worden, er hatte sich mühelos aufrecht halten können!

Als der stolze Erfinder der Parade mit dieser Geschichte an den heimischen Feldsteinherd zurückkehrte und sie seinem Sohn erzählte, hörte der sich alles an, dachte lange darüber nach und sagte dann mit der Schlichtheit dieser ersten Menschen: „Alter, du spinnst!"

Weil nun solche harten Worte schon damals das akzeptierte Schicksal aller Erfinder waren, hörte sich der Alte die nähere Begründung ohne Zorn an: Es sei
doch selbst in der nichtorganisierten Steppenreiterei allgemein bekannt, daß das
Andrücken der Oberschenkel und das Vorschieben des Gesäßes die Pferde vorwärts treibe.
Wie also sollte ein Pferd wohl plötzlich in diesem Druck des Kreuzes und der
Schenkel eine Aufforderung sehen, stehenzubleiben, hä?
Jetzt war die Reihe am Alten, lange nachzudenken. Aber er tat es vergeblich; er
war nicht imstande, die Logik seines Sohnes zu überwinden: die treibenden Hilfen
konnten wirklich nicht auch noch bremsende sein! Des Rätsels Lösung in den
Händen zu suchen, darauf verfiel weder er noch sein Sohn, und „den Müseler",
der diese jeden Anfänger so verwirrende Geschichte unübertrefflich klar in einem
einzigen Satz enträtselte, den gab's ja damals noch nicht. Ich schreibe diesem Satz
hier ab, denn besser sagen kann ich es auch nicht:
Spannt der Reiter auf einem gutgerittenen Pferde bei anliegenden Schenkeln sein
Kreuz an und gibt gleichzeitig mit den Zügeln
> *nach – so geht das Pferd vorwärts;*
> *nicht nach – so pariert das Pferd.*

Leider ist auch dieser Satz nur so richtig wie die Erklärung, die der amerikani-
sche Pianist José Iturby einem Schüler gab: „Wenn Sie die linke Hand *so* auf die
Tasten setzen und die rechte *so*, und beide dann *so* und *so* bewegen, dann – hören
Sie's? – kommt Chopin heraus!" Und ich meine mit den Schwierigkeiten, die ich
im Sinn habe, weder ein verstimmtes Klavier, noch – um zum Thema zurückzukehren – ein verrittenes Pferd, das die Paraden nicht „durchläßt", wie die
Reiter sagen, durch sich hindurch vom stillstehenden, mit der Vorwärtsbewegung
plötzlich nicht mehr mitgehenden Gebiß bis in die Hinterhand hinein. Ich meine
vielmehr die Unfähigkeit des Anfängers, seine Hände still hinzustellen, so daß
sie das Gebiß plötzlich zur Mauer werden lassen, an der das Pferd sich stößt.
Meist wird ein Ziehen daraus, und fast immer fehlt das Herantreiben an diese
Mauer: das Anziehen des Kreuzes und das Anlegen der Schenkel. Ohne dieses
Herantreiben an die passive Hand aber kann keine Parade durchgehen; sie bliebe
selbst im besten Pferd „stecken", nämlich im Maul und damit in den Vorder-
beinen, die wie eh und je grob bremsen würden – wenn das Pferd gutmütig ist.
Und ist es das nicht, dann legt es sich auf den Zügel und marschiert ungerührt
weiter.
Zum Glück hat auch der gefühlloseste Reiter, wenn er nur guten Willens ist, eine
untrügliche Kontrolle darüber, ob seine Parade richtig war oder nicht. War sie
es nicht, kippt er meist durch das Fallen des Pferdes auf die Vorhand vornüber.
War sie es aber, dann geht das Halten oder Verringern des Tempos weich vor

sich, von der Hinterhand her, ähnlich wie auf einem Schaukelpferd, dessen Kufen von hinten nach vorn abrollen.

Ganze Paraden bringen das Pferd zum Halten. Halbe Paraden verlangsamen eine Gangart, versetzen das Pferd aber auch in die nächst niedrigere, verbessern weiter seine Haltung oder machen es nur aufmerksam auf Dinge, die da von oben gleich kommen werden. Was eine halbe und was eine ganze Parade ist, das bestimmt einzig und allein das Pferd. Ist es empfindlich, so genügt es schon, die Hände bei angespanntem Kreuz stehen zu lassen, um aus dem Galopp sofort zum Halten zu kommen.

Als ich das erste Mal auf ein wirklich gut gerittenes Pferd durfte, erging es mir nicht anders als jenem ersten Menschen, der die Parade erfand: Ich hatte mich kaum fest hingesetzt und die Finger geschlossen, fertig zum kräftigen Zügelannehmen, wie ich es von den Lehrpferden her gewohnt war – da stand mein Pferd auch schon! Dieses schwere Hinsetzen durch Anziehen des Kreuzes und Aufrichten des Oberkörpers, verbunden mit dem Schließen der Finger und der dadurch bewirkten minimalen Verkürzung der Zügel hatten auf dies gute Pferd gewirkt wie eine ganze Parade. Auf einem weniger empfindlichen Pferd wäre es vielleicht bloß eine halbe gewesen, und der Galopp hätte sich in Trab verwandelt. Ein stumpfes Lehrpferd aber hätte gewiß von dieser Parade nicht einmal Notiz genommen – wie sollte es auch! Ist es doch von Anfängerhänden gewöhnt, hart im Maul gerissen, und von Anfängergesäßen, im Rücken gestoßen zu werden. Da ist ein Schließen der Finger, ein Anspannen des Kreuzes so wirksam wie das Krabbeln einer Fliege auf dem Rücken eines Elefanten.

Und daraus können Sie folgern: Die Stufen der Zügeleinwirkung in der Parade reichen vom

(a) passiven Hinstellen der Hände über das

(b) Schließen der Finger und das

(c) leichte Einschrauben der Handgelenke bis zum

(d) Annehmen der Zügel mit rückwärtsgehenden Armen.

Immer aber muß damit einhergehen: das Kreuzanspannen und das Andrücken der Schenkel, also das Herantreiben ans Gebiß.

Und immer muß danach folgen: das Nachgeben in den Händen, wenn die Parade „durchging".

Und auch wenn sie nicht durchging. Dann ganz besonders. Es ist wie beim Bremsen im Auto: Man steigt nicht, außer in bitterer Not, mit Macht aufs Pedal und hält den Fuß dort, bis es qualmt, bis die Bremse blockiert und der Wagen schleudert. Man bremst dosiert: rauf... runter... rauf. Man kennt seine Bremsstrecke und richtet sich darauf ein. Beim Pferd ist es genau so: Ich weiß, was es kann. Ist es nicht so gut geritten, daß ich ihm das Halten aus dem Galopp mit

einer einzigen Parade abfordern kann, dann pariere ich dosiert: annehmen...
nachgeben ... annehmen. Ich hänge mich dem Pferd nicht ins Maul, bis es steigt,
ausbricht oder durchgeht.

Ich könnte Ihnen noch viel mehr sagen. Aber ich habe Ihnen schon zu viel gesagt.
Sie kennen das Prinzip. Der Rest ist Üben. Aber machen Sie sich nichts vor: Es
dauert Jahre. Ich habe erst heute morgen wieder nur am Zügel gezogen, und
Tenno hat darüber den schönen Kopf geschüttelt (den Sie sich auf den Seiten 74
und 75 anschauen können)...

Zweites Zwischenspiel
Ein Albumblatt für Tenno

Dieses Kapitel ist eine Widmung, welche der Autor seinem geduldigsten Lehrer schuldig zu sein glaubt, und der Leser wird herzlich gebeten, die private Abschweifung gütig hinzunehmen, zumal sie für ihn auch nicht ganz ohne Nutzen ist, wenn er sie nur zu lesen versteht.

Ich habe mehrere Lehrer gehabt. Von einigen lernte ich nicht wenig, von einem lernte ich sogar viel. Am meisten aber lernte ich von Tenno.

Tenno ist ein Ostpreuße, starkknochig und muskulös, mit klar modellierten Beinen und dem feinen trockenen Kopf seiner Rasse. Tenno ist der jüngste nicht mehr; zwanzig Sommer wird er wohl gesehen haben – wenn das reicht. Papiere führt Tenno nicht, aber wer fragt schon nach Papieren, wenn ein Pferd dem Reiter die Weisheiten eines geplagten Lebens mitzuteilen versteht!

Tenno ist, gemessen an Pferdeintelligenz, ein kluges Pferd, und ich sage das nicht nur so hin, ich habe Beweise dafür. Er hat auch Nerv. Wenn die Pfleger mit meterlangen Besen im Stall die Spinnen und ihre Netze von der hohen Decke holen und die anderen Pferde, erschreckt durch den tanzenden Besen über sich, wie irr an ihren Ketten zerren, gegen die Wände keilen und sich hinten niederducken, dann steht Tenno ruhig in seinem Stand, nur die Ohren spielen. Der Fuchswallach ist auch höflich. Man braucht ihn von der Stallgasse her nur anzurufen, dann tritt er, ohne jeden ordinären Schlag auf die Kruppe, zur Seite. Und gut bei Leibe ist er, seine Jacke hat nur hier und da etwas von den Jahren abbekommen, und seine feine wie auch wohl schon schüttere Mähne hat die wellige Schönheit der Jugend bewahrt. Die Hufe, die im Stallwinter den Schmied nicht kennen, sind zierlich und makellos. Nur die Zähne haben sich, wie vom vielen Pfeiferauchen, ein bißchen braun gefärbt, und sie sind wohl auch stummelig. Aber das steht einem Professor wohl an. Und ein Professor, das ist er, der Tenno.

Bevor er seinen jetzigen Herrn fand, war dem Alten auch der Schulbetrieb nicht erspart geblieben. Aber niemand mochte den weiß gestiefelten starken Fuchs so recht. Die Schüler lagen den Lehrern in den Ohren mit ihren Klagen, wie hart der Tenno werfe, wie schlecht er sitzen lasse, ja, wie tückisch er sei. Und es ist wahr; nicht selten kam Tenno – man schmunzelt im Stall heute noch darüber – von einem Ausritt ohne Reiter heim! Ein Gesäß, das ihn stieß, eine Hand, die ihn riß, die mochte er nicht, und geduldig wartete er, bis solch ein Reiter schläfrig die Knie öffnete. Dann warf er den Kopf auf, beugte die Hanken tief und feuerte den Unachtsamen mit einem einzigen Hupfer zur Seite aus dem Sattel! Und gelang ihm das nicht, so legte er einen Galopp vor, nach dem ein zaghaftes Gemüt kein zweites Mal Verlangen zeigte.

Als der Plan zu diesem Buch entstand, wurde Tenno auserkoren, mir die Vokabeln abzufragen, und ich erfuhr von seinen Eigenheiten, noch bevor ich je auf ihm gesessen hatte. Zum Glück war ich gerade erst aus Andalusien zurückgekehrt, wo

mir fünf spanische Pferde während eines Dreiwochenrittes über 500 abenteuer-
liche Kilometer beigebracht hatten, daß es einigermaßen störend ist, sich vorzustellen, was alles passieren könnte bei einem gestreckten Galopp über Schotter
oder gar Steppenboden, in dem Kaninchen ihr troglodytes Dorfleben führen. Auch
hatte ich vorher schon erfahren, daß die den Anfänger so beängstigende Entfernung vom Pferderücken zur Erde zu schrumpfen scheint und an Drohung ein-
büßt, wenn man sie nur oft genug durchmessen hat. Kurzum – wer einen Galopp,
auch den ein bißchen wilden, dankbar hinnimmt und dabei über dem Spaß, sein
Pferd sogar noch ein bißchen schneller voranzutreiben als es eigentlich gehen
wollte, die Angst vergißt; wer in einem Rutscher vom Pferd nicht das Ende der
Welt, sondern eine gute Gelegenheit sieht, das korrekte Aufsitzen zu üben, der
hat den ersten Zipfel der Decke gelüftet, die dämpfend über dem behüteten Bahnreiten liegt.

Was wollte ich eigentlich sagen? Ja so: Tenno. Tenno also sollte mir die unge-
schliffenen Reitmanieren eines gerade aus der *Vaquera,* aus dem Hirtensattel der
Andalusier, gestiegenen Urlaubers nehmen.
Herrgott, konnte der Bursche werfen! Sein Rücken war stramm wie eine Pauke,
und ich war dankbar für meine Gewohnheit, das Frühstück erst nach dem Reiten
einzunehmen. Und wie lange dauerte es, bis ich ihn an den Zügel brachte*), bis
er das Maul fallen ließ und ich mit der Hand weich werden konnte! Das lag
natürlich am unruhigen Sitz, aus dem ein Treiben nach vorn nicht möglich war.
Es lag aber auch daran, daß Tenno überwiegend auf Kandare geritten wurde, so
daß ihm die Trense, die man mir in die Hand gab, nicht sehr imponierte und in
ihm Erinnerungen weckte an seine Schulpferdezeit, in der er sich stets mit Erfolg
gegen höhere Reiterambitionen gewehrt hatte.
Als dann, viel später, sein Rücken und der verlängerte meinige sich aneinander
gewöhnt hatten und ich – welch stolzer Tag! – die Kandare anfassen durfte, da
war alles nur noch Spiel der Finger. Ich spürte zum erstenmal, was es heißt, ein
durchlässiges Pferd zu reiten, das die sanfteste Parade, das leiseste Schließen der
Finger wie um einen Schwamm, willig annimmt und zufrieden auf dem Gebiß
kaut.
Nur gegen Ende einer Stunde, da wurde Tenno stets schwierig, denn er ist ein
Pferd mit deutlichem Zeitgefühl. Mehr als fünfundvierzig Minuten waren ihm
schon seit langem nicht mehr zugemutet worden, und mehr als fünfundvierzig
Minuten mochte er – aus Gewohnheit, nicht etwa aus Schwäche – nicht mehr
gehen. Es war, als schaute er auf die Bahnuhr, so exakt schaltete er seinen guten

---

*) Ich eile, von der Erinnerung getrieben, voraus, sehe ich gerade. Das vierundzwanzigste Kapitel
bringt Aufklärung über das Heranreiten an den Zügel.

Willen ab. Dann drängelte er vom Hufschlag weg gegen den Schenkel, der ihn an der Wand halten wollte. Tenno aber wollte in die Mitte der Bahn!

Ich mußte das genau wissen. Willensäußerungen von Tieren haben mich schon immer weit mehr interessiert als das primitive Durchsetzen meines eigenen Willens. Ich verhielt mich passiv und ließ Tenno gehen. Er trabte sofort in die Mitte, fiel dort in Schritt, drehte sich ohne mein Zutun mit dem Kopf zur Tribüne, stellte ganz korrekt die Hinterbeine zusammen unter den Leib und nahm Bilderbuchhaltung an, wie sie die Dressurrichter am Beginn und Ende einer Prüfungsaufgabe verlangen. Und dann fühlte er sich sacht mit dem Maul an die Zügel heran, um sie mir mit langsam tieferwerdendem Hals sanft aus der Hand zu ziehen: *Feierabend! Sitz ab und krieg' den Zucker raus!*

Dieser Wunsch, die Stunde nach fünfundvierzig Minuten zu beenden, überfiel ihn manchmal auf eine geradezu zum Lachen reizende Weise. Ich entsinne mich einer Stunde, in der ich gegen Schluß Bügel an Bügel mit meinem Lehrer im Schritt um die Bahn ritt. Wir sprachen über Versammlung der Pferde und derlei mehr, und ich war mit meinen Gedanken nicht recht beim Tenno. Wir ritten genau auf die große Uhr an der kurzen Seite zu, und ganz plötzlich blieb Tenno mit einem Ruck stehen, der deutlich zu sagen schien: *Um Himmels willen, so spät schon, und ich trotte immer noch hier herum!* Und schon machte er eine eilige Hinterhandwendung, fiel ganz gegen seine Art von selber aus dem Schritt in Trab, trug mich, der ich das alles halb verdattert und halb belustigt über mich ergehen ließ, in die Mitte der Bahn, nahm Haltung an und kaute mir die Zügel aus der Hand!

Das ist Tenno. Ich habe seinetwegen, nicht ohne Skrupel, den Stall gewechselt, denn solch ein Pferd ist für einen lernenden Reiter ein Geschenk, das nur Dummköpfe, die ein Pferd allein nach Alter und Aussehen wählen, nicht zu schätzen wissen. Möglicherweise, ganz gewiß sogar, gibt es bessere Pferde als Tenno. Aber ich hänge an ihm wie an einem alten Lehrer, dessen Schwächen man zwar kennt, dem dennoch dankbar zu sein man aber allen Grund hat. Ihn hier und da wieder reiten zu dürfen, das ist wie ein Gespräch über alte Zeiten:

Weißt du Simpel noch, wie du deinen inneren Schenkel noch nicht in der Gewalt hattest, und ich deshalb immer vom Hufschlag abwich?

Freilich weiß ich das noch, Tenno! Ich habe dir dafür die Peitsche gegeben, und ich schäme mich sehr . . .

Na, laß nur – der Lehrer hat's ja gesehen und dich ganz schön angebrüllt: „Strafen Sie das Pferd gefälligst nicht für Ihre eigenen Fehler!" . . . Ja, und weißt du noch, was ich mir für Mühe gegeben habe, dir begreiflich zu machen, wie man es spürt, daß wir Pferde alle schief sind?

Und ob, Tenno! Davon hatte ich bloß immer im Buch gelesen, bis ich merkte,

*daß du im Rechtsgalopp weicher zu sitzen warst als im Linksgalopp... Rechts
ist deine Schokoladenseite!*

*Jaja, ich war ganz schön blöd', dir meine weiche Seite zu verraten, denn von da
ab hast du mich immer auf der rechten Hand auf dem Zirkel geritten, wenn ich
mich, um gemütlich latschen zu können, gegen den Zügel wehrte und das Maul
vorstreckte, statt es in Haltung fallen zu lassen. Aber so seid ihr: kaum verrät
man euch eine Schwäche, nützt ihr sie auch schon aus...*

*Also, nun hör' mal, Alter, von wem habe ich denn selbst das noch gelernt, wenn
nicht von dir? Wer hat denn mehrmals versucht, mich aus dem Sattel zu feuern,
wenn ich mal nicht aufpaßte? Wer, bitte sehr, hat da wessen Schwäche ausge-
nützt?*

*Reden wir nicht mehr davon. Die fünfundvierzig Minuten sind um – du willst ja
wohl keine ganze Stunde von mir verlangen, wie? Sei nicht so knickerig, schließlich
bin ich keine Vereinspferd, für das du zahlen müßtest. Und was hast du mir heute
mitgebracht – Apfelschnitze? Na, besser als immer Mohrrüben! Also, laß uns
schon gehen...*

20 Auf dem Wendekreis

Sozusagen das Reiten im Stehen, nämlich das Wenden der Pferde um die Vorhand und alsbald auch um die Hinterhand, wird auf den nachfolgenden Seiten abgehandelt – Übungen, welche gar nicht so schwer wären, hätte auch der Mensch, wie das Pferd, vier Beine zu bedenken bei allen seinen Bewegungen.

Wenn ein Pferd in seinem Stand steht und zur Seite treten soll, weil man ihm Futter in die Krippe tun oder es zäumen möchte, dann kann man erleben, wie schwer es manchmal hält, so einen Brocken zu bewegen, wenn er nicht will. Helfen ein kräftiger Klaps und ein lauter Ruf nicht, so nehmen die Pferdepfleger nicht selten die Schulter zu Hilfe, die sie dem Bockbeinigen an der Hinterhand ansetzen, ihn so, als stemmten sie eine klemmende Tür auf, zur Seite drängelnd.

Unter dem Sattel dagegen genügt ein minimaler Druck des Schenkels, das stehende Pferd nicht nur einen Schritt seitwärts, sondern, wenn man will, beliebig oft um die eigene Achse zu drehen. Sinnfälliger läßt sich nicht beweisen, was Laien und junge Reiter immer wieder mit Staunen, ja mit Zweifel erfüllt: daß nicht die Kraft der Muskeln das Pferd bewegt, sondern die feine, kaum sichtbare Hilfe. Nur stimmen muß sie, damit das Pferd begreift, was es soll. Und stimmen heißt: in Übereinstimmung mit der Erfahrung des Pferdes, im Einklang mit den Hilfen, die man es beim Zureiten im dritten, vierten und fünften Jahr gelehrt hat.

Es gibt zwei Übungen, will man die Wirkung der Schenkel- und Zügelhilfen in aller Ruhe und frei von Sitzschwierigkeiten studieren: die Vorhandwendung und die Hinterhandwendung. Die erstere ist die weitaus leichtere, da sie in der Hauptsache nur einseitige Hilfen verlangt. Das Pferd tritt dabei mit der Hinterhand in einem Kreisbogen um die Vorderbeine als dem Mittelpunkt dieses Kreises. Doch wendet man in der Regel nicht um 360 Grad, sondern nur um 180, denn der Zweck der Übung ist ja, das Pferd zu wenden, seinen Kopf also in die bisherige Richtung des Schweifes zu bringen.

Damit man eine Vorhandwendung ordentlich machen kann, sollte man auf den inneren Hufschlag gehen, der eine Pferdelänge von der Wand entfernt verläuft, denn steht das Pferd auf dem Hufschlag direkt an der Bande, so muß es beim Wenden entweder zurückkriechen oder den Kopf verdrehen, um nicht anzustoßen.

Der Reiter hat nicht sehr viel zu tun. Er gibt seinem Pferd durch leichtes Annehmen des (inneren) Zügels eine leichte Kopfstellung in die kommandierte Richtung. Aber ziehen Sie ihm ja nicht den Kopf herum! Sie sollen nur das halbe innere Auge sehen können, und der äußere Zügel darf nicht mehr nachgeben, als der innere eingedreht wurde.

Ich bin ziemlich sicher, daß Sie vor lauter „innen" und „außen" längst den Faden verloren haben.

Tun Sie mir einen Gefallen: Fangen Sie eine Wendung im Halten, gleichgültig, ob um die Vor- oder um die Hinterhand, gar nicht erst an, wenn in Ihrem Kopf nicht lichte Klarheit herrscht, über (a) alles, was das Pferd gleich mit den Beinen machen wird und (b) über jenes, das Sie mit Schenkeln und Händen dabei zu tun haben. Wenn das Kommando „Auf der Vorhand rechts um – Marsch!" kommt, dann muß sofort eine Klappe in Ihrem Hirn fallen: *Vorhandwendung – aha! da bleibt die Vorhand stehen und die Hinterhand wandert im Bogen drum herum!* (Daß natürlich auch die verharrenden Füße nicht bewegungslos bleiben, sondern, wenn auch nur auf der Stelle, mittreten, ist selbstverständlich – sie müßten anders ja im Gelenk abkrachen.)

Ich habe zahllose Male falsche Hilfe gegeben und mein Pferd fast zur Verzweiflung gebracht, und dies nur, weil ich glaubte, es nicht nötig zu haben, mir vor jeder Übung ganz genau Rechenschaft zu geben über meine Bewegungen und die des Pferdes. Der Anfänger muß das aber schon deswegen, weil er es als Zweibeiner nicht gewohnt ist, in vier Beinen zu denken.

Gut. Sie sind sich also klar, was gleich passieren soll. Sie haben Ihr Pferd mittels der Zügel nach, sagen wir: rechts gestellt.

Preisfrage: Welcher Schenkel muß jetzt die Hinterhand des Pferdes um die Vorhand herumdrücken?

Wenn Sie diese Frage, ohne zu zögern und dennoch nicht auf gut Glück, sondern überlegt beantworten können, dann sind Sie weit besser als ich es war.

Sie haben Ihr Pferd nach rechts gestellt. Sie wollen um die Vorhand ein Rechtsum machen. Also muß die Hinterhand nach links treten. Also muß Ihr rechter Schenkel sie nach links drücken.

Und noch eine Preisfrage: Ist dieser rechte Schenkel nun der innere oder der äußere?

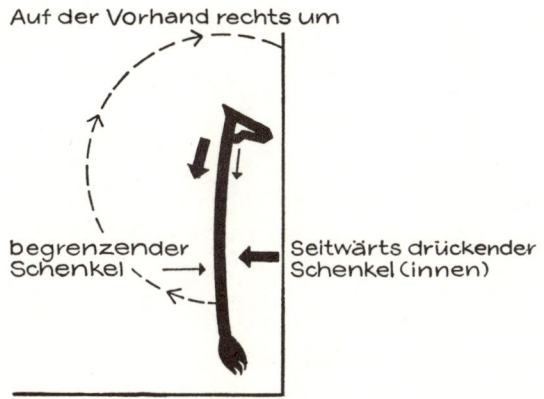

Auf der Vorhand rechts um

begrenzender Schenkel

Seitwärts drückender Schenkel (innen)

Ich weiß, ich frage nicht nur penetrant; ich frage auch, als hätte ich es mit Schwach-
köpfen zu tun. Was mich betrifft, so hielt ich mich, als ich anfing zu reiten, durchaus für einen Schwarchkopf, und meine Lehrer geizten nicht mit Ermunterungen,
dies auch ruhig noch eine Weile zu glauben.
Natürlich ist jetzt der rechte Schenkel der innere. Ihr Pferd hat ja eine Kopfstellung nach rechts. Also ist rechts innen.
Lesen Sie das Satz für Satz. Und setzen Sie sich dabei in Gedanken aufs Pferd.
Anders lernen Sie es nicht – es sei denn: auswendig, aber das ist für die Katz.
Das haben Sie doch nicht parat, wenn es ernst wird.

Der rechte Schenkel, sagte ich, drückt bei rechts gestelltem Pferd die Hinterhand
nach links um die Vorhand. Er liegt dabei etwas *hinter* dem Gurt. Das ist wichtig.
Sehr sogar. Denn *am* Gurt treibt der Schenkel vorwärts; seitwärts drücken kann
er nur hinter dem Gurt.
Wir sind aber noch nicht fertig. Wir haben ja auch noch einen äußeren Schenkel
– den linken in diesem Fall. Er liegt, etwa eine Handbreit, ebenfalls hinter dem
Gurt; er „verwahrt", er ist eine Art von beweglicher Wand, die das Pferd daran
hindert, sich in unkontrollierter Eile zu drehen. Die Wendung soll ganz ruhig,
Tritt für Tritt, erfolgen. Dazu drückt man den äußeren verwahrenden Schenkel
nach jedem Tritt leicht an. Man fängt mit ihm die Seitwärtsbewegung auf und
stoppt sie sogar, wenn man das will, bis der innere Schenkel die Wendung erneut
einleitet.
Sie stellen sich das vor Ihrem inneren Auge am besten so vor: *Ich habe das Pferd
zwischen den Schenkeln und werfe es mir, wie einen Ball gegen eine Wand, gegen
den äußeren Schenkel. So fliegt mir der Ball (das Pferd) nicht davon, sondern
kommt zu mir, an den inneren Schenkel, zurück und läßt sich so erneut werfen.*
Natürlich ist das Bild, wie alle Vergleiche, ein bißchen schief. Vor allem das Wort
„werfen", denn weich sein ist alles. Aber mir hat es geholfen, im Anfang bei der
Vorhandwendung nicht meine Füße und die meines Pferdes durcheinanderzu-
bringen.
Ein häufiger Fehler bei der Vorhandwendung ist das Vortreten des Pferdes.
Spüren Sie eine Neigung dazu, so müssen Sie am äußeren Zügel eine halbe Parade
geben, also das Kreuz anspannen und den äußeren Zügel leicht durch Schließen
der Finger oder Einschrauben des Handgelenks annehmen.

Auf die Gefahr hin, daß ich von Ihnen beschimpft werde – hier ist die ganze
Geschichte, im Telegrammstil, noch einmal:
> Pferd nach der Seite der kommandierten oder gewünschten Wendung
stellen.

> Inneren Schenkel leicht hinter den Gurt und Druck!

> Äußerer Schenkel, eine Handbreit hinter dem Gurt, fängt jeden Tritt auf und läßt das Weitertreten in die Wendung hinein erst zu, wenn der innere Schenkel erneut drückt.

> Halbe Parade am äußeren Zügel, wenn das Pferd vorkriechen will.

Lassen Sie bitte das Ziehen am inneren Zügel. Damit können Sie kein Pferd wenden, obwohl es fast alle Anfänger versuchen. Ich kann Ihnen sagen warum: Sie hörten nur oberflächlich zu, als man ihnen die Wendung erklärte, und als es dann soweit war, geriet ihnen hinten und vorn, innen und außen, rechts und links hoffnungslos durcheinander. Es fiel ihnen nur das Ziehen am Zügel ein, denn alle Menschen glauben, man lenke ein Pferd durch Ziehen am Zügel.

Aber das habe ich, glaube ich, schon einmal gesagt. Ich sollte es noch viel öfters sagen. Für Reiter müßte es, statt der zehn, elf Gebote geben, und dies elfte hätte zu lauten: *Du sollst nicht am Zügel ziehen!* Niemand braucht sich durch diesen Satz verletzt zu fühlen: Unsägliche Tierquälereien resultieren aus dem Ziehen am Zügel – der Weisheit letzter Schluß so vieler Reiter –, und keine Mahnung kann eindringlich genug sein, wenn sie nur geeignet ist, diese Untugend schon im Keim zu ersticken.

Und jetzt wird es wirklich kompliziert. Jetzt kommt die Hinterhandwendung an die Reihe, das Herumtreten der Vorhand um die auf der Stelle *tretenden,* nicht am Boden klebenden Hinterfüße.

Je nach Wunsch oder Kommando („Rechts um – Marsch!" – „Links um – Marsch!") stellt man sein Pferd, doch jetzt nicht nur mit Kopf und Hals, man setzt sich auch noch, bei vorgeschobener Hüfte und tiefem Knie, nach innen. Der innere Schenkel geht vortreibend knapp hinter den Gurt. Der äußere Schenkel wird deutlich zurückgenommen.

Tenno konnte ich die Zügel sogar auf den Hals werfen, hatte ich ihn zuvor nur

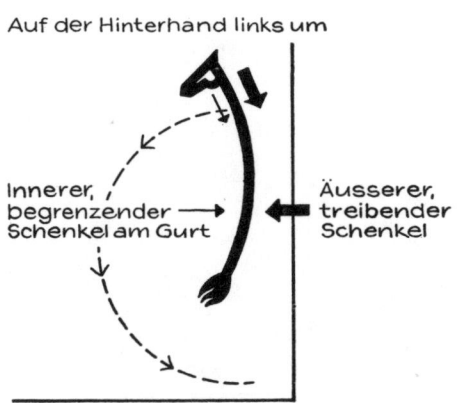

Auf der Hinterhand links um

Innerer, begrenzender Schenkel am Gurt

Äusserer, treibender Schenkel

mit Sitz und Händen nach innen gestellt, und ließ ich ihn dann den äußeren Schenkel ganz leicht fühlen! Er trat dabei weder vor, noch gar zurück, was der schlimmere Fehler ist. Natürlich soll man so etwas nicht ohne Zügel machen; es geht auch nur bei Professoren.

Der schlimmste Fehler ist ein Ziehen an den Zügeln; sie sollen beide, insbesondere der äußere, das Pferd nur herum*führen*, nicht herumzerren; sie sollen stets bereit sein, nach vorn nachzugeben, denn „Vorwärts!" ist die Parole aller Reiterei. Und achten Sie auf das Kommando – fehlte in ihm das Wörtchen „kehrt", so wird nur, wie in der Zeichnung angedeutet, um 90 Grad gewendet; andernfalls um 180 Grad. Bei der Vorhandwendung ist das nicht anders.

Zumeist gehört die Hinterhandwendung – leider – schon nicht mehr zum Anfänger-reiten, da sie der Auftakt zum Reiten in Stellung ist, zum korrekten Biegen des Pferdes um den inneren Schenkel bei allen Wendungen im Gange. Als Privat-einlage möchte ich sie Ihnen dagegen sehr empfehlen, denn sie ist die untrügliche Probe darauf, ob Sie korrekt einseitig sitzen können, und ob Sie genau wissen, wo Ihr Schenkel liegt – am oder hinter dem Gurt und wie weit hinter ihm. Können Sie beides noch nicht, dann wird aus Ihrem Versuch, das Pferd auf der Hinterhand zu wenden, bestimmt eine Vorhandwendung, weil das Pferd, veranlaßt durch den Druck des äußeren Schenkels, die Hinterhand in Richtung dieses Druckes herum-nahm. Es fehlte ihm ja die korrekte Stellung nach innen durch den korrekten Sitz.

Und wenn Sie mir jetzt noch sagen können, ob bei dieser Hinterhandwendung, die eine Vorhandwendung wurde, der Schenkel, der das Pferd herumdrückte, nun der innere oder der äußere war – dann sind Sie wirklich gut.

2 I Rückschritt
für Fortgeschrittene

Warum das richtige Rückwärtsrichten eines Pferdes so viel schwerer ist als sein Vorwärtsreiten, und wie es angehen kann, daß man die Hände, ohne mit ihnen an den Zügeln zu ziehen, stehen lassen kann, obwohl sie doch vom Pferd mitsamt dem übrigen Reiter vorwärtsgetragen werden.

Ich glaube, es war in der dritten oder vierten Stunde, als man mir und meinem Pferd per Kommando das sogenannte Rückwärtsrichten abverlangte. Wir befanden uns in einer Abteilung, und als der ganze Verein sich, wie von einer Güterlok geschoben, nach rückwärts in Bewegung setzte, zog ich nach besten Kräften an den Zügeln, wie ich das von den Bierkutschern in der Stadt immer gesehen hatte – und mein Pferd ging rückwärts. Da ich nicht beschimpft wurde, mußte ich die Sache wohl richtig gemacht haben, und als ich bald darauf auch noch las, das Rückwärtsrichten sei nicht nur schwer, sondern auch eine sichere Probe auf das Können des Reiters, da kaufte ich mir hochbefriedigt ein Buch mit den Turnierbestimmungen für Dressurreiten.

Sollten Sie ähnliche Vorstellungen haben – ich verkaufe Ihnen dies Buch gerne; es ist tadellos erhalten. Was mich betrifft, so gelingt mir besagte Probe auf das Können eines Reiters auch heute noch immer wieder einmal glänzend daneben.

Als ich zum erstenmal auf Tenno saß und beim Rückwärtsrichten Bierkutscher spielte, nahm er unwillig den Kopf hoch, sperrte das Maul auf, soweit Nasen- und Kinnriemen das zuließen, und kroch – ein Bild des Widerwillens der geplagten Kreatur gegen den dummen Menschen – mit der Hinterhand in die Bahn hinein.

Aber diesmal wurde ich beschimpft!

„Sie sollen nicht am Zügel ziehen, verdammt noch mal! Wer hat Sie denn das gelehrt?"

Ehrlich gesagt: niemand. Aber es hatte mir ebensowenig jemand gesagt, daß man *nicht* am Zügel zieht, wenn man sein Pferd rückwärts treten lassen will. Meines hatte es dennoch immer hübsch brav getan. Es ging eben in der Abteilung; es kannte sich aus. Daß es mit der Hinterhand vom Hufschlag abwich und sich mit herumgezogenem Hals entrüstet umsah, na ja – das taten andere Pferde auch, und deren Reiter trugen sogar schon Sporen!

Tenno, der als alter Herr nicht gerne rückwärts tritt, denn Rückwärtstreten geht in die Gelenke, Tenno also ließ mich genau fühlen, wie gut gerittene Pferde die Hilfen zum Rückwärtsrichten gern haben möchten: Kreuz und Schenkel ans Pferd, nicht anders als zum Anreiten, aber die Zügelhände lassen dieses Vortreiben nicht nach vorne heraus, sondern bleiben still stehen, bis sich das Pferd, wenn es antreten will und dazu Kopf und Hals vornimmt, am Gebiß wie an einer Wand stößt. Hören nun die vortreibenden Hilfen nicht auf und wirkt diese Wand auch noch rückwärts, weil der Reiter die Zügel ganz leicht annahm, so versteht das Pferd, daß es zurücktreten soll. Und tut es den ersten Schritt dazu, dann hört man selbstverständlich auf, mit Kreuz und Schenkeln vorwärts zu treiben. Man wird passiv im Sitz, wenn man dem Pferd nicht gar durch leichtes, entlastendes Vorneigen des Oberkörpers das Treten erleichtert. Die Schenkel haften verwahrend leicht hinter dem Gurt und warten bloß darauf, daß das Pferd mit der Hinterhand von der geraden Linie abweicht – dann aber Gegendruck! Wie sich das anfühlt, das kennen Sie bereits von den Wendungen im Halten her.

Nimmt das Pferd den Kopf hoch, geht es also über den Zügel und sperrt dabei das Maul auf, dann haben Sie zuviel am Zügel gezogen und zuwenig mit Kreuz und Schenkeln geschafft. Zackelt es hinten hin und her, dann haben Ihre Schenkel geschlafen, statt das Pferd zwischen sich gerade zu halten und jeden Versuch zum Seitwärtstreten schon im Keim zu ersticken. Und ging ihr Pferd überhaupt nicht zurück, sondern auf die vortreibenden Hilfen des Kreuzes und der Schenkel hin vorwärts, dann haben Sie die Zügel „weggeschmissen", dem Pferd also den Kopf freigegeben, statt die Hände stehen zu lassen oder die Handgelenke leicht einzuschrauben.

Es gibt Pferde, die schon bei passiven Händen rückwärtstreten, wenn man nicht aufhört, sie mit Kreuz und Schenkeln gegen die so aufgerichtete Wand zu treiben; es gibt aber auch Pferde, bei denen man mit den Händen energisch rückwärts wirken muß – was aber noch lange kein Ziehen ist! Beim Ziehen benutzt man die Arme, und die Wirkung ist grob, weil man mit den ganzen Armen nicht spüren kann, ob das Pferd die Hilfe annehmen oder sich dagegen wehren will. Schraubt man aber nur die Handgelenke ein oder schließt gar nur die Finger fest um die Riemen, so entsteht zwar auch, wie beim Ziehen, eine nach rückwärts wirkende Kraft, aber sie ist jetzt elastisch, stets bereit, beim leisesten Anzeichen von Gehorsam nachzugeben und dem Pferd dadurch verständlich zu machen, daß das, was der Reiter verlangte, eingetreten ist.

Es fällt jedem Anfänger sehr schwer, überhaupt nur einen Unterschied zu erkennen zwischen einem unerwünschten Ziehen an den Zügeln und ihrem erwünschten Annehmen durch die Elastizität der Finger (Schwamm ausdrücken!) und Handgelenke. Für den Anfänger ist rückwärts eben rückwärts, und genau besehen hat er sogar recht. Die Erklärung liegt im Maul des (guten) Pferdes, und das kann man nur durch Fühlen erlernen. Es ist so empfindlich, dieses gute Maul, daß es sofort spürt, ob – bei etwa gleichstarkem Gebißdruck – bloß die Finger des Reiters im Spiel sind oder die Arme bis hinauf zu den Schultern – eine Grobheit, die stets den harmonischen Ablauf einer Übung ruiniert und meist auch das Pferd zur Widersetzlichkeit treibt. Mit Recht.

Noch ein Problem hat mir unangenehm viel zu denken gegeben, und kein Buch, kein Lehrer verschaffte mir Aufklärung; sie sind dem Anfängerdenken zu weit entrückt; man erklärt ja auch nicht, warum man naß wird, wenn es regnet. Ich meine dies: Wie kann ich meine Hände „hinstellen", „stehen lassen", wenn ich auf einem Pferd sitze, das mich doch vorwärtssträgt, mich *und* meine Hände. Stehenlassen heißt doch: die Vorwärtsbewegung nicht mitmachen! Halte ich aber die Hände bloß still, so gehen sie dennoch vorwärts, weil sie ja zu mir gehören, der ich auf einem vorwärts gehenden Pferd sitze!

Da bleibt doch nur: am Zügel ziehen! Am Zügel ziehen aber ist verboten.

Schuld an dieser zweifelsfreien Logik trägt der Umstand, daß die Menschen von heute in Autos aufwachsen, statt auf Pferden; und wer sich mit dem Problem der stillstehenden Hände beschäftigt, geht im Unterbewußtsein nicht vom Reiten auf einem lebendigen Pferd, sondern vom Fahren im Auto aus, das nicht zuletzt deshalb so viel Geld gekostet hat, weil es einen garantiert verwindungsfreien Rahmen hat. Pferde hingegen sind nicht zuletzt deshalb so teuer, weil sie keinen verwindungsfreien Rahmen haben, sondern, ganz im Gegenteil, in jedem Gelenk, jedem Muskel höchst biegsam sind.

Wenn meine Hände das Steuerrad eines Autos umfaßt halten, dann kann ich sie nicht „stehen lassen", denn das Steuerrad macht jeden Millimeter vorwärts im gleichen Tempo und – was das wichtigste ist – im haargenau gleichen Abstand von den antreibenden Hinterrädern mit. Habe ich aber Zügel in der Hand, und halten sie weiche Verbindung mit einem Pferdemaul, das durchaus Eigenbewegungen, Nickbewegungen macht, dann kann ich meine Hände „stehen lassen", obwohl sie im gleichen Tempo vorwärtsgetragen werden wie mein übriger Körper auch. Es gilt nur, diese Eigenbewegungen des Mauls zu fühlen und ihnen mit federnden Handgelenken zu folgen. Wer das gelernt hat, der fühlt auch den Moment heraus, in dem es gilt, die Gelenke nicht mehr mitfedern zu lassen, damit sich das vorgehende Maul plötzlich am Gebiß stößt.

Ich will Sie nicht entmutigen, aber: das ist der Anfang vom Reiten. Alles andere ist nicht viel mehr als: sich tragen lassen.

Ich bitte um Entschuldigung: Sie haben mittlerweile Ihr Pferd vermutlich um die ganze Bahn herum rückwärtstreten lassen, weil ich Ihnen, durch Weitschweifigkeit abgelenkt, nicht sagte, wie man damit aufhört.

Für gewöhnlich läßt man drei Schritte rückwärtstreten. Und diese Feststellung zwingt mich schon wieder, abzuschweifen.

Sie erinnern sich, gelesen zu haben, daß das Pferd, wenn es Schritt geht, jeden Fuß einzeln aufsetzt, also einen Viertakt hören läßt. Dieses Nacheinander erfolgt diagonal: vorn rechts, hinten links, vorn links, hinten rechts. Gut. Wie aber geht das beim Rückwärtstreten vor sich, das doch genausogut eine schreitende Bewegung ist?

Drei Schritte, habe ich gesagt, läßt man zurücktreten. Also vorn rechts (der erste), hinten links (der zweite), vorn links (der dritte)? Das ist doch Unfug! Unfug schon deswegen, weil ein Pferde vier Beine hat!

Es wäre tatsächlich Unfug, träte das Pferd so rückwärts. Aber so tritt es nicht. Es tritt beim Rückwärtsgehen *fast* wie im Trab, also diagonal *fast* gleichzeitig: vorne links *und* hinten rechts fußen fast zugleich, gefolgt von vorne rechts *und* hinten links. Und jedes Zurücksetzen eines Beinpaares gilt als ein Schritt. Obwohl die Puristen unter den hippologischen Schriftgelehrten sagen, auch das Rückwärtstreten sei, streng genommen, ein Viertakt, eben nur lange nicht so ausgeprägt wie beim Schritt vorwärts.

Ende der Abschweifung.

Nach drei Rückwärtsschritten stoppen Sie das Pferd, indem Sie es aktiv Kreuz und Schenkel spüren lassen, also vortreiben. Die Hände dann entscheiden darüber, ob das Pferd lediglich stehenbleiben, oder ob es nach vorn antreten soll. Ist bloß Halten Ihr Ziel, dann treiben Sie das Pferd gegen die aushaltende Hand – ein Reiterausdruck, den ich Ihnen langsam zumuten kann, denn er sollte Ihnen mittlerweile klargeworden sein: eine ganze Parade, bei der die passiven, nicht nachgebenden Hände die treibenden Hilfen der Schenkel und des Kreuzes nicht nach vorn herauslassen – das Pferd bleibt stehen. Wollen Sie aber anreiten, dann . . . dann lesen Sie gefälligst auf Seite 90 nach, wie man das macht, sollten Sie es schon wieder vergessen haben!

Entschuldigung. Ist aber auch wahr!

Absender:

- ☐ Blutgruppe ABO/D　　　　872
- ☐ Blutgruppe ABO/D/AK　　873
- ☐ Blutgruppe ABO/CcDE/AK 874
- ☐ Einzelfaktoren C, c, D, E,　877
- ☐ Einzelfaktoren e, CW, K, k, 878
- ☐ Antikörpersuchtest　　　880
- ☐ Antikörpertiter　　　　　882
- ☐ Direkter Coombstest　　　881
- ☐ Australia Au/SH　　　　　860
- ☐ Unfallausweis
- ☐ Mutterausweis
- ☐ Sonstige Unters.

Rechnungsbetrag

Klinische Diagnose: ....

Unterschrift des Stationsarztes: ....

Städt. Krankenhaus Pforzheim
– Blutzentrale –

Chefarzt Dr. Th. Becht
Telefon 64021/325

Befund an: (Absender)

ABO

Datum: ....

Lfd. Nr.

Aus Sicherheitsgründen werden nur exakt mit Name, Vorname, Geburtsdatum und Station beschriftete Röhrchen angenommen.

In dem anbei überbrachten und beschrifteten Röhrchen befindet sich Blut von obengenanntem Patient. Eine Verwechslung mit Blut einer anderen Person ist aufgrund der Sorgfalt bei der Abnahme ausgeschlossen.

Datum: ....

Lfd. Nr.

22 Immer eins vor dem anderen

Weil dieses Kapitel mit einer Prüfung des Lesers beginnt, sei es dem Autor verstattet, eine Einführung in den Lehrstoff zu unterlassen. Ohne Gefahr läßt sich dagegen sagen, daß hier auch die geheimnisvolle Wirkung des äußeren Zügels erklärt wird.

Wollen wir eine theoretische Probe daraufhin machen, ob Sie die Lektionen, die Sie von mir freundlicherweise entgegennahmen, beherrschen? Und auch fleißig geritten sind?

Was ist das:

Sie reiten auf der rechten Hand.

An der kurzen Seite der Bahn.

Sie wenden Ihr Pferd, am Ende der kurzen Seite angekommen, nach rechts auf den Hufschlag an der langen Seite.

Gleich nach dem Durchreiten der Ecke führen Sie Ihr Pferd mit der Vorhand etwa einen halben (menschlichen) Schritt einwärts, als wollten Sie vom Hufschlag ins Bahninnere abwenden.

Sie biegen Ihr Pferd gering: nehmen also den inneren Zügel an, bis Sie das innere halbe Auge des Pferdes sehen.

Sie geben mit dem äußeren Zügel entsprechend nach, ohne ihn indessen „wegzuschmeißen"; er hindert das Pferd am „Ausfallen" der Schulter, also am Abweichen der Vorhand nach außen.

Sie nehmen den rechten Schenkel leicht hinter den Gurt und geben Druck.

Sie halten den linken Schenkel ebenda verwahrend am Pferdeleib und sorgen mit ihm dafür, daß der Druck des gegenüberliegenden Schenkels das Pferd nicht zum Davonlaufen vor diesem Schenkel veranlaßt.

Was tut Ihr Pferd jetzt?

Seien Sie ehrlich mit sich selber und decken Sie den folgenden Text zu. Lesen Sie alles noch einmal ganz genau, und setzen Sie sich dabei in Gedanken auf ein Pferd. Also?

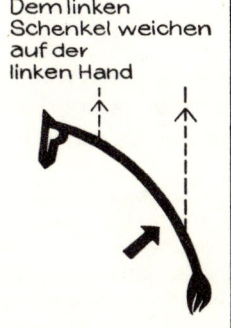

Dem linken
Schenkel weichen
auf der
linken Hand

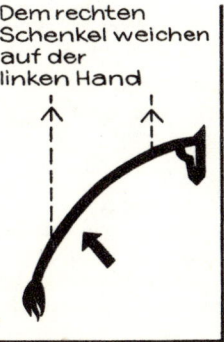

Dem rechten
Schenkel weichen
auf der
linken Hand

Ihr Pferd „weicht dem (rechten) Schenkel". Es geht auf zwei Hufschlägen: die Vorhand bahneinwärts, die Hinterhand einen halben Schritt links daneben, an der Bande*). Die Füße des inneren Beinpaares, also in unserem Fall die der rechten Seite (Ihr Pferd ist rechts gestellt!), greifen nach vorn über die des äußeren Paares hinaus.

Selbstverständlich kann man sein Pferd auch dem linken Schenkel weichen lassen, dann wird es zuvor eben nach links gebogen, Kopf zur Wand, Hinterhand bahneinwärts. Die Biegungsrichtung des Pferdes ist beim „Schenkelweichen", wie diese nicht einfache, aber noch einfachste Übung des Reitens auf zwei Hufschlägen heißt, stets, identisch mit dem Schenkel, dem gewichen werden soll. Man muß das Schenkelweichen auch nicht aus der Ecke heraus, ja, nicht einmal an der Bande machen. Es geht mitten auf einer großen Wiese – wenn man's kann, doch dann müssen die Hilfen noch exakter kommen, weil die Bande, diese Leitplanke der

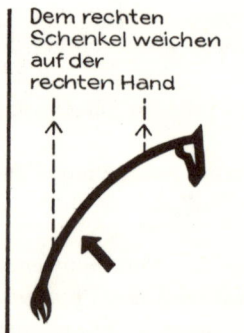 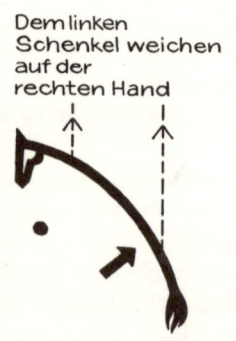

Schulpferde, fehlt. Wer ohne diese Stütze Schenkelweichen reiten will, der muß vor allen Dingen den äußeren Zügel exakt aushalten, also stete aktive Anlehnung ans Pferdemaul bewahren, denn der Außenzügel führt das Pferd, richtig bedient, geradeaus. Der äußere Schenkel muß ebenfalls doppelt auf der Hut sein und jedem Versuch des Pferdes, vor dem drückenken inneren Schenkel nach außen zu fliehen, schon im voraus den Garaus machen.

Auf keinen Fall (ich weiß – Sie können es bald singen, und ich höre im Geiste Tausende von Lesern mir im Chor zurufen): „Auf keinen Fall am Zügel ziehen!" Am inneren in diesem Fall – ein Fehler, den die Anfänger beim Schenkelweichen

*) Ich höre Sie schon rufen: „Aber das ist doch Schulterherein, nicht Schenkelweichen." Es ist Schenkelweichen, auch wenn es wie hier beschrieben, also schulterhereinartig, fast nie geübt wird. Beim Schulterherein erhält das Pferd eine viel deutlichere Biegung als beim Schenkelweichen, und die beiden Hufschläge, auf denen es geht, liegen auch weiter auseinander. Die Zeichnungen auf Seite 135 und 136 übertreiben der Deutlichkeit halber sowohl die Biegung des Pferdes als auch den Abstand zwischen den Hufschlägen.

stets machen. Das zöge dem Pferd nur den Kopf herum, der Vorwärtsdrang aber käme ihm abhanden, weil der treibende Schenkel fehlt.

Erlauben Sie mir, bitte, Ihnen noch ein paar Worte über den äußeren Zügel zu sagen. Seine Wirkung ist in der Regel ein Mysterium für Neulinge. Es ist ja auch einigermaßen verwirrend: Damit ein nach links gestelltes Pferd nicht mit der Vorhand von dem ihm vorgeschriebenen Weg nach rechts wegdrängelt, nimmt man ausgerechnet den rechten Zügel an, wo man doch meinen sollte, der linke könnte das viel besser verhindern! Aber, ich sagte es schon: Man kann, indem man Bierkutschern zuschaut, nicht das Reiten erlernen.

Es ist so: In der Stellung nach links ist der linke Zügel, der innere, verkürzt, denn er gibt dem Pferd ja die Kopfstellung nach links. Will das Pferd sich diesem linksseitigen Zügelanzug entziehen – und das will es oft –, so kann es das nicht, indem es den Kopf nach rechts dreht, denn dadurch würde der Zügeldruck links ja nur noch schlimmer. Es kann auch nicht gut nach innen drängen, also nach links, denn nach links ist es ja gestellt, nach links hat der Reiter es um seinen Schenkel herum hohl gemacht, und der natürliche Fort-Bewegungsdrang geht immer nach der Außenseite einer Biegung. Denken Sie an einen Flitzbogen – der Pfeil schießt ja auch nicht nach innen, sondern nach außen. Und denken Sie ans Aufsitzen, bei dem man den rechten Zügel straffer annehmen soll als den linken, denn wenn das Pferd bei dieser Stellung nach rechts ins Drängeln gerät, dann drängelt es nach außen, also nach links zum aufsitzenden Reiter hin.

Gut. Das Pferd versucht also, sich dem linksseitigen Zügelanzug zu entziehen, indem es mit der Schulter nach rechts-vorwärts vom Hufschlag wegdrängt: es fällt mit der Vorhand aus, sagen die Reiter.

Darf ich in meiner Verlegenheit, Ihnen die Wirkung des äußeren Zügels klarzumachen, zu einem Vergleich greifen, der den Fachleuten die Haare zu Berge stehen lassen wird? Sei's drum! Bitten Sie Ihre Frau (nicht eine Freundin, wenn Sie ledig sind, Freundinnen sind zu sanft!), bitten Sie also jemanden, Ihnen kräftig an der linken Kopfseite in die Haare zu greifen und so zu ziehen, daß es wehtut. Wenn Sie es fertig bringen, frei von gedanklichen Überlegungen ganz instinktiv auszuweichen, so wird Ihre Nase zwar nach links gehen, Hinterkopf und vor allem aber rechte Schulter deutlich nach rechts-vorwärts! Und könnten Sie sich dem Schmerz links durch Weglaufen entziehen – Sie liefen mit der rechten Schulter nach vorwärts-außen, bloß die Nase immer mehr einwärts drehend: genau wie das Pferd auch.

Greift Ihnen Ihr Folterknecht nun aber auch noch mit der rechten Hand in Ihre Mähne an der rechten Kopfseite und zieht dort ebenfalls, dann werden Sie versuchen, zwischen diesen zwei Schmerzstellen eine Kopfhaltung zu finden, die den Zug an jeder Seite so gering wie möglich werden läßt. Mit einem Wort: Sie werden

genau die Richtung wählen, die Ihnen die linke Hand Ihres Quälgeistes ursprüng-
lich vorschrieb. Und eingerahmt zwischen den Zügeln, jeden Druck des Gebisses
zu vermeiden suchend, geht auch das Pferd seinen Weg!
Man *biegt* ein Pferd mit dem Innenzügel. Man *führt* es mit dem äußeren.

Von Schulterherein, Travers und Renvers haben Sie ebenfalls schon gehört, sagen
Sie? Hand aufs Herz: Können Sie Ihr Pferd auch schon unabhängig von der Bande
jedem beliebigen Schenkel weichen lassen? Durch Belassen der Hinterhand auf
dem eben gerittenen Hufschlag? Durch Wegführen der Vorhand in die Biegung
hinein, in der Sie das Pferd dem Schenkel weichen lassen möchten? Und können
Sie es nach Beendigung der Übung korrekt wieder geraderichten? Durch Ein-
richten der Vorhand auf die Nachhand? Oder hören Sie einfach auf, mit den
Schenkeln einzuwirken, mit dem äußeren Zügel gegenzuhalten? Überlassen Sie es
dem Pferd, sich wieder seinen Weg geradeaus zu suchen? Und können Sie just in
dem Augenblick – dem einzig richtigen! – seitwärts treiben, wenn sich der innere
Hinterfuß vom Boden hebt, wenn er durch den Schenkeldruck dazu animiert
werden kann, deutlich nach vorn über den inneren Hinterfuß auszugreifen?
Und können Sie das alles auch im Trab?
Und können Sie es auch – dies vor allem! – auf einem Pferd, das von Seitengängen nicht begeistert ist, dem Sie es durch energische Hilfen abverlangen müssen? Und können Sie jederzeit im Sattel sagen, ob Ihr Pferd mit den inneren
Beinen deutlich vor und über die äußeren tritt? Spüren Sie dies Übertreten
wirklich?
Wenn Sie auch nur eine dieser Fragen ehrlich mit Nein beantworten müssen, dann
hat es noch keine Eile mit den echten Seitengängen Travers, Renvers, Schulterherein; sie sind ganz gewiß auch keine Übungen für Anfänger.

23 Des rechten Weges stets bewußt

*Dieses Kapitel ist des gründlichsten Studiums durch den Leser wert, ist doch ohne
die Hufschlagfiguren weder ein geordnetes, noch ein Früchte tragendes Reiten
denkbar; der Verlag scheute denn auch nicht die Kosten, jeder Figurbeschreibung,
die für den Anfänger wichtig ist, einen Schnittmusterbogen beizugeben.*

In der Reitbahn reitet man nicht irgendwie in der Gegend herum, auch dann
nicht, wenn man ein Frühaufsteher ist und sie für sich allein hat, denn die Ver-
kehrsregeln, wenn ich so sagen darf, wurden nicht in erster Linie erfunden, um
Zusammenstöße zu vermeiden, sondern um Pferd und Reiter vor dem Stumpfsinn
des monotonen Rundendrehens zu bewahren. Und, natürlich, damit beide etwas
lernen. Gäbe es die Hufschlagfiguren, die ich Ihnen gleich erklären werde, nicht, so
fehlte dem Einzelreiter, der nicht nach fremden Kommandos, sondern nach eigenem
Gutdünken seine Kreise zieht, der Zwang, an bestimmten Stellen der Bahn etwas
Bestimmtes zu tun. Es käme ihm nie zwingend zum Bewußtsein: Hier hast du
soeben etwas falsch gemacht, denn hier verlangte die Figur, die du vorhin be-
gannst, einen ganz bestimmten Abschluß oder eine zwangsläufige Fortsetzung.
Er ritte halt fürbaß und wäre sich des rechten Weges nie bewußt.
So wie auf dieser Seite unten stellt sich eine 40 × 20-Reitbahn dem inneren Auge
des Reiters dar. Wenn Sie die Zeichnung dort gründlich studieren, sagt sie Ihnen
alles, was Sie wissen müssen. Zu ergänzen ist nur noch, daß die an den Bahn-

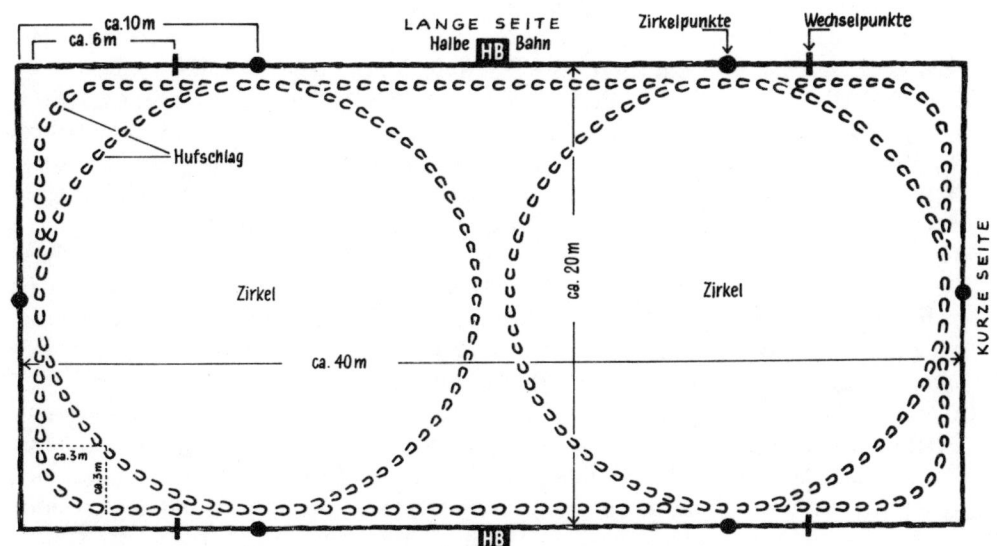

40 × 20 m Reitbahn mit zwei Zirkeln

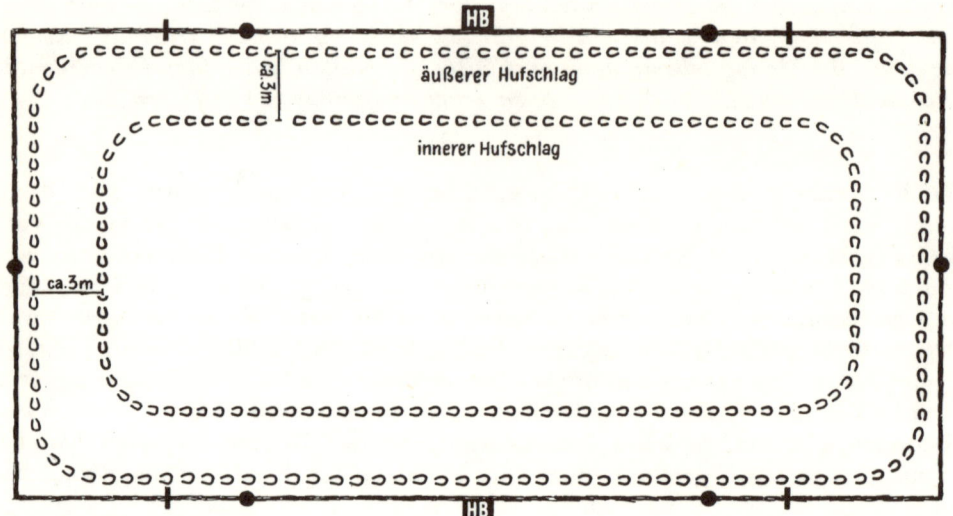

Grundlinien des Bahnreitens

wänden aufgemalten „Zirkelpunkte" auch „Paradepunkte" genannt werden, und daß es Reithäuser gibt, in deren Maß (60 × 20 m) sich drei Zirkel unterbringen lassen. Dann hängen von der Decke an langen Kabeln zwei große Holzkugeln herab, die dem Reiter im offenen Sandmeer der Bahn, wie die Signaltonnen dem Seemann, zeigen, wo der mittlere Zirkel jeweils an die beiden äußeren stößt.

Das sind die „Grundlinien" des Bahnreitens: der äußere und der innere Hufschlag. Zwischen ihnen liegt etwa eine Pferdelänge Distanz, so daß bei starkem Bahnbetrieb ein Reiter beispielsweise auf dem inneren Hufschlag in aller Ruhe Wendungen im Halten üben kann, ohne das Reiten der anderen auf dem äußeren Hufschlag zu behindern. Es gilt der Grundsatz, daß der Langsame dem Schnelleren stets den äußeren Hufschlag freizumachen hat, damit dieser für sein größeres Tempo auch den größeren Weg zur Verfügung hat. Dies Gebot zu mißachten ist grob unhöflich, auch wenn solche Mißachtung der Rechte anderer keine gebührenpflichtige Verwarnung nach sich zieht. – Wer diese Hufschläge ohne Varianten reitet, der reitet *Ganze Bahn* – eine Bezeichnung, die Sie kennen müssen.

Auf Seite 141 die Ausführung des Kommandos *Durch die halbe Bahn wechseln!* Der auf der linken Hand befindliche Reiter wendet sein Pferd nach Durchreiten der Ecke am Wechselpunkt ins Innere der Bahn und durchquert sie schnurgerade, so daß er kurz vor dem HB-Punkt ankommt, wo er nunmehr auf der rechten Hand weiterreitet. Geschieht dieser Wechsel durch die halbe Bahn im Leichttraben, so muß der Reiter sich – wissen Sie es noch? – beim Übergang von der

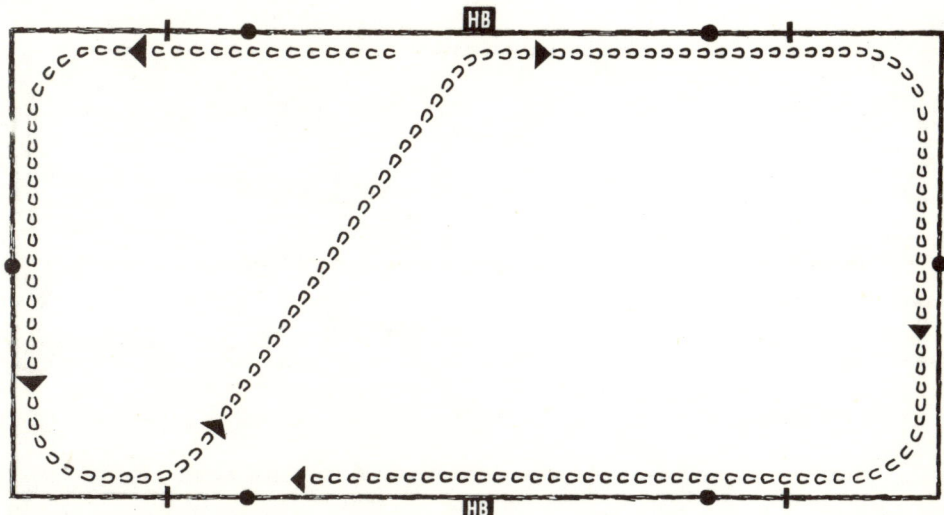

Durch die halbe Bahn wechseln

linken auf die rechte Hand einmal werfen lassen, damit er auf den neuen „inneren" Fuß des Pferdes zu sitzen kommt, der ja ebenfalls gewechselt hat. – Natürlich kann man von jedem der vier Wechselpunkte aus mit dem Handwechsel beginnen. So befolgt man das Kommando *Durch die ganze Bahn wechseln!* Man

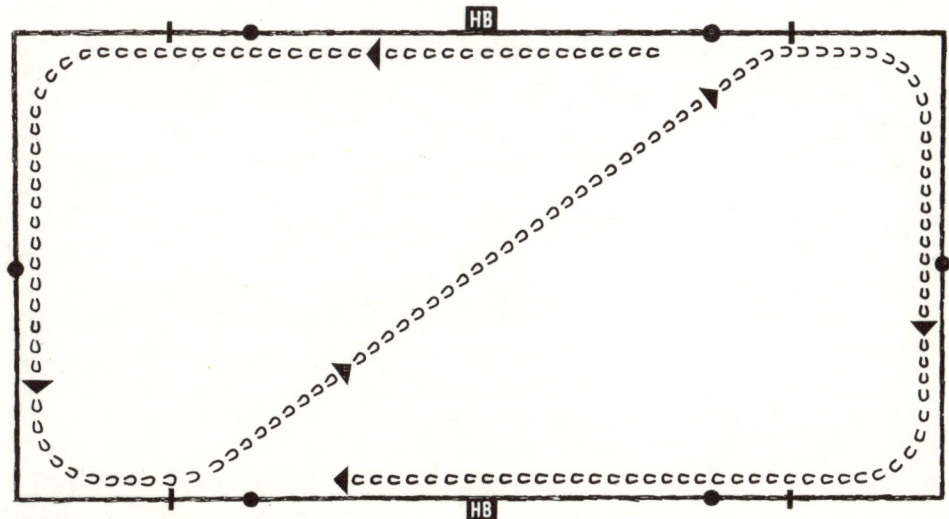

Durch die ganze Bahn wechseln

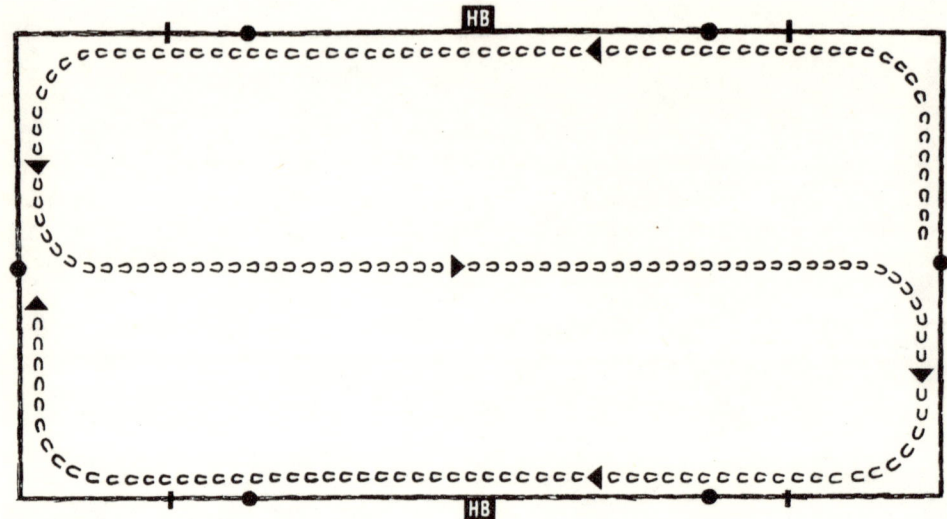

Durch die Länge der Bahn wechseln

reitet dabei quer durch sie hindurch, von Wechselpunkt zu Wechselpunkt. Das Abwenden, Umstellen, Geraderichten des Pferdes und – beim Leichttraben – der Fußwechsel durch den Reiter werden nicht anders ausgeführt als beim Wechseln durch die halbe Bahn. Das Wechseln kann wiederum an jedem der vier Wechselpunkte beginnen.

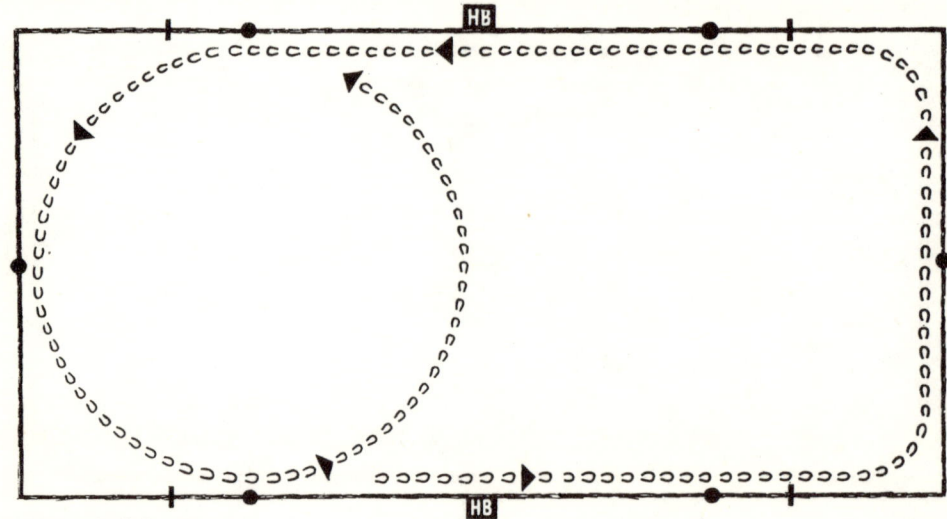

Auf dem Zirkel geritten

Auf S. 142 oben heißt man *Durch die Länge der Bahn wechseln!* Abwenden und Ankommen an den Zirkelpunkten der kurzen Seiten. Es gilt, jeweils genau auf einen solchen Punkt zuzusteuern. Man muß ihn anvisieren und im Auge behalten, damit es keine Schlangenlinie gibt.

Auf dem Zirkel... geritten! heißt das Kommando, das die Zeichnung auf S. 142 unten zeigt, und man reitet nach der Ausführung so lange auf dem Zirkel weiter, bis *Ganze Bahn!* kommandiert wird. Zum Zirkelreiten gehört unbedingt das dem Verlauf des Zirkels entsprechend gestellte Pferd, also das vermehrte Sitzen des Reiters auf dem inneren, dem Zirkelmittelpunkt zugekehrten Gesäßknochen. Der innere Schenkel hindert das Pferd daran, in den Zirkel hineinzulaufen. Der äußere Zügel führt es auf dem Kreisbogen und läßt es nicht nach außen weg. Aber das haben Sie ja alles längst gelesen. Und hoffentlich auch behalten. Zu sagen ist noch, daß die Ankündigung des Kommandos rechtzeitig vor dem Ankommen des Reiters an einen Paradepunkt gegeben werden muß, weil dort schon auf den Zirkel abgewendet wird, dessen Verlauf durch die Bahnecken flacher ist als die Führung des normalen Hufschlags.

Man kann auch auf dem Zirkel die Hand wechseln. Das Kommando dazu heißt *Durch den Zirkel wechseln!* Die Wechsellinie entspricht einem großen S, und beide Halbbögen müssen – was sehr schwer ist – ganz gleichförmig verlaufen. Es ist klar, daß dazu das Pferd kurz vor der Mitte des Zirkels gerade, und gleich danach in die neue Richtung umgestellt werden muß, der Reiter also sein Gewicht (weich!) von der alten nach der neuen Seite verlegen muß. Ganz verkehrt wäre es, nur am Zügel ziehend diese Richtungsänderung reiten zu wollen; sie könnte so nie

Durch den Zirkel wechseln

gelingen, weil das Pferd dem Annehmen des inneren Zügels sofort nach der ent-
gegengesetzten Seite davonlaufen würde, also über die äußere Schulter ausfiele.
(Bitte erkennen Sie an der Tatsache, daß ich Ihnen dieses Reiterdeutsch jetzt un-
verdünnt zumute, wieviel ich Ihnen bereits zutraue!) Man beginnt das Wechseln
durch einen Zirkel immer zur geschlossenen Seite der Bahn hin, also in Richtung
auf die kurze Seite, und fängt deshalb damit stets an einer langen Seite an. Unnötig
zu sagen: Mit „offener Seite" wird stets diejenige bezeichnet, die dem offenen
Bahninneren zugekehrt ist. Sie müssen das genau auseinanderhalten, denn Fortgeschrittenen mutet man zu, ihr Pferd an der offenen Seite eines Zirkels anzugaloppieren, ohne die Stellungshilfe einer Ecke! Wer das beliebig im Rechts- oder
Linksgalopp kann, hat bewiesen, daß er die Galopphilfen beherrscht.
Diese Figur folgt dem Kommando *Aus dem Zirkel wechseln!* Der hier gezeichnete
Wechsel geht von der rechten auf die linke Hand. Nach der Vollendung des ersten
neuen Zirkels bleibt man auf ihm und wechselt nicht etwa, in Form einer perma-
nenten Acht, dauernd aus einem Zirkel in den anderen. Es bedarf dazu jeweils
eines neuen Kommandos.
Für fortgeschrittene Anfänger: Die Handwechsel im Galopp, gleichgültig, ob aus
dem Zirkel, durch den Zirkel, durch die halbe, durch die Länge oder durch
die ganze Bahn, bedingen natürlich auch einen Galoppwechsel, wenn nicht
Außen(Konnter-)galopp, also das Weiterreiten nach dem Wechsel *ohne* Changieren,
ausdrücklich gewünscht wird. Man pariert sein Pferd kurz vor dem Wechselpunkt
zum Schritt durch, führt es geradegerichtet im Schritt auf den neuen Hufschlag

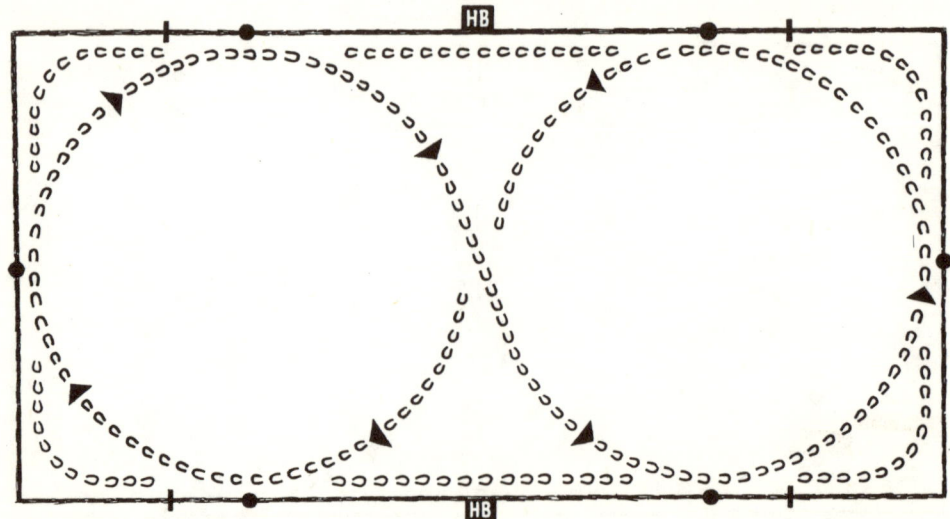

Aus dem Zirkel wechseln

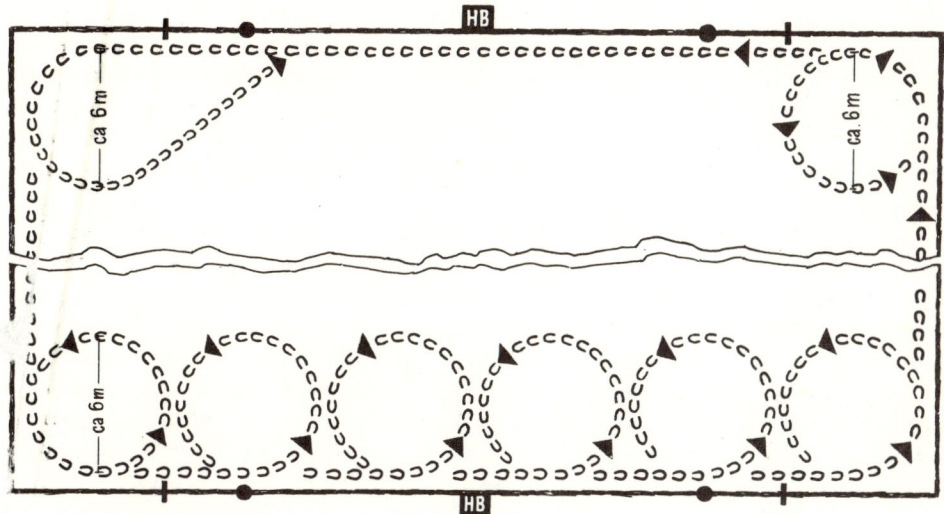

Volte und aus der Ecke kehrt

und galoppiert sofort wieder im Innengalopp an. Behält man aber den bisherigen Galoppsitz bei und verstärkt ihn, wenn nötig, im Augenblick des Handwechsels, dann springt ein gutes Pferd nicht um, sondern geht im Kontergalopp weiter. Es gibt auch noch den fliegenden Galoppwechsel, bei dem das Pferd, ohne aus dem Galopp zu fallen, vom Rechts- in den Linksgalopp oder umgekehrt umspringt. Das sieht ungemein elegant aus, verlangt aber einen sehr guten, schmiegsamen Sitz, der absolut frei von Gleichgewichtsstörungen ist – kein Anfängerthema also.

Sozusagen die Kleinausgabe eines Zirkels ist die Volte, ein Kreis von sechs Meter (manchenorts noch: Schritt) Durchmesser. Eine Volte korrekt zu reiten, ist weit schwerer als das Zirkelreiten, denn korrekt ist sie nur, wenn das Pferd – gleichgültig, ob im Schritt, Trab oder Galopp – weder langsamer, noch gar unrein im Takt der Fußfolge wird. Auch muß die Hinterhand genau der Vorhand folgen, man darf also nicht mit einem Pferd auf zwei Hufschlägen reiten. Absolut korrekter Sitz nach innen, deutliche Biegung des Pferdes um den inneren, Verwahrung mit dem äußeren Schenkel, aushaltender, also führender Außenzügel und nicht zuletzt: energisches Treiben mit Kreuz und Schenkeln – das alles sind schwierige, weil gleichzeitig erforderliche Hilfen, und es ist Vorsicht geboten bei der Behauptung: *Ich kann's!* Es könnte sein, daß Ihr Lehrer dann stillschweigend zu einer Harke greift, den Reitbahnboden von allen alten Spuren befreit und Sie dann noch einmal eine Volte reiten läßt. Wahrscheinlich wundern Sie sich dann sehr, Ihr Frühstücksei hier im Sand wiederzufinden. Und in doppelter Kontur dazu! Die untere Hälfte der Zeichnung führt vor, wie es aussieht, wenn eine ganze

Abteilung das Kommando *Volte ... Marsch!* erhält. Auf *Marsch!* wendet jeder Reiter zur Volte ab und kommt genau an dem Punkt der langen Seite wieder an, an dem er sie verließ. Einzelreiter entwickeln Volten entweder – was das leichteste ist – aus einer Ecke heraus oder beginnen und beenden sie an den Paradepunkten oder den HB-Markierungen. – Oben links zeigt die Zeichnung die Ausführung des Kommandos *Aus der Ecke kehrt!* Man reitet aus der Ecke heraus eine halbe Volte und kehrt dann auf den Hufschlag zurück.

Schließlich gibt es im Voltenreiten noch die Acht: zwei aneinandergesetzte Volten, die dem Wechseln aus einem Zirkel auf den anderen entsprechen, nur eben bei der Acht mit jeweils sechs Meter Durchmesser. Strenggenommen gehört das Reiten von Volten oder gar einer Acht nicht mehr zum Anfängerreiten. Man kann es zumindest noch nicht korrekt verlangen, weil die Volte das Höchstmaß an Biegung darstellt, das man einem Pferd abfordern kann, wenn es nicht schlicht in eine Wendung verfallen oder den Schwung verlieren soll – jedes ein schwerer Fehler!

Das ist eine *Schlangenlinie an der langen Seite!* Und zwar eine doppelte. Der Weg ist klar. Zu bedenken ist nur das rechtzeitige Abwenden am Wechselpunkt, die Entfernung vom Hufschlag auf maximal drei Meter, dann das Umsitzen und das genaue Ankommen kurz vor dem HB-Punkt. Und so weiter. Der Sinn dieser Übung ist das Umstellen des Pferdes, sein Gehorsam auf wendende Hilfen. Wer deshalb beim Abteilungsreiten einfach dem Vordermann hinterherzuckelt, ohne

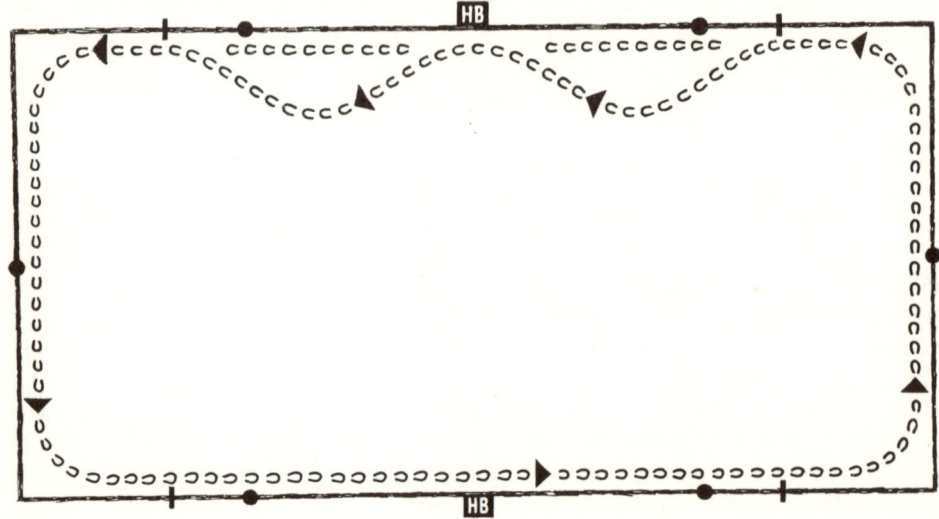

Schlangenlinie an der langen Seite

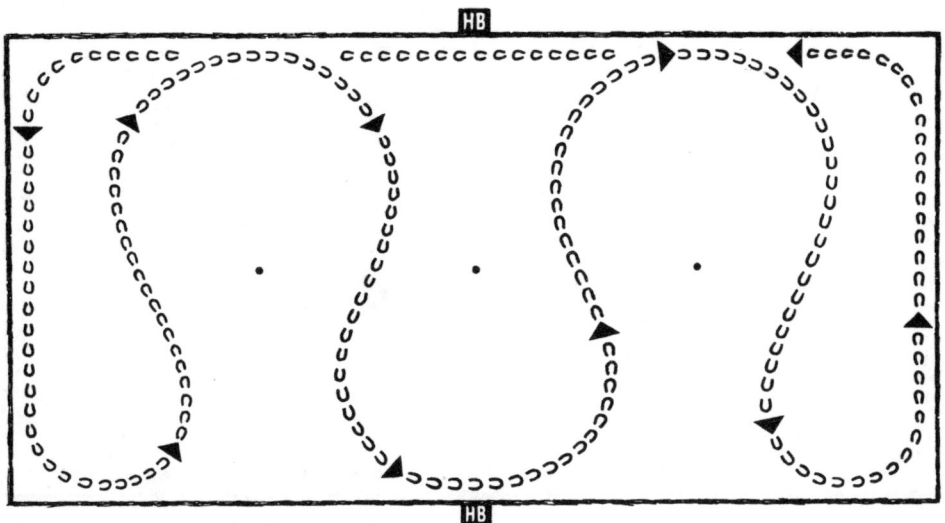

Schlangenlinie durch die ganze Bahn

sein Pferd aktiv gerade zu richten und erneut zu stellen, der wird später im Gelände, etwa beim Durchreiten eines Waldes, nur immer am Zügel ziehen.
Die Zeichnungen dieser Seite geben wieder, wie es aussieht, wenn kommandiert wird *Schlangenlinie durch die ganze Bahn!* In obiger Zeichnung werden fünf

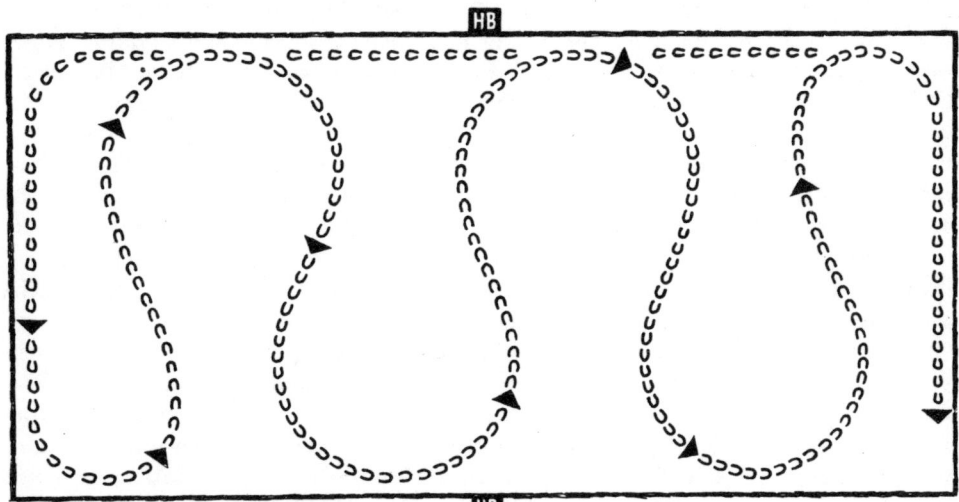

Schlangenlinie durch die ganze Bahn

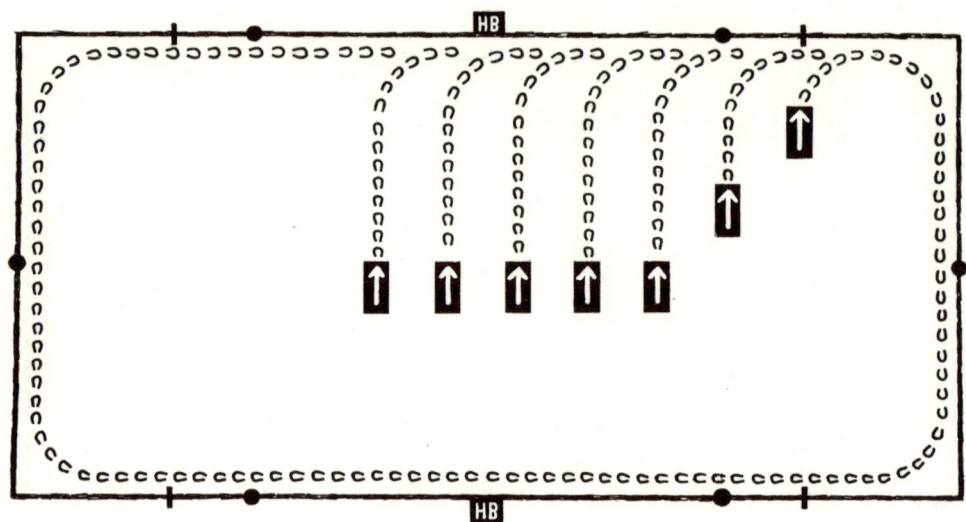

Aufstellung der Abteilung zu Beginn der Stunde

(kommandierte) Bögen geritten: man kommt auf derselben Hand wieder an, auf der man begann. In der Zeichnung darunter ist die Zahl der Bögen gerade (sechs): man hat zusätzlich auch noch die Hand gewechselt. Die Kunst, Schlangenlinien richtig zu reiten, liegt einmal in der gleichförmigen Führung der Linien und zum andern in der Einteilung der Bahn. Man muß sehr viel Raumgefühl dafür haben und vor Beginn schon wissen, wieviel Bögen man reiten will. Beim Abteilungsreiten wird das kommandiert, und können muß eigentlich nur der Spitzenreiter etwas.

So stellt sich gewöhnlich eine Abteilung auf: Front zur langen Seite, Pferdeköpfe hinter der Mittellinie, eine Pferdelänge Abstand von Reiter zu Reiter (wenn der Platz dafür reicht). Und dann kommt das Kommando: *Abteilung zu einem rechts (links) brecht ab ... Marsch!* Daraufhin reitet der rechte (linke) Flügelmann an, und wenn die Kruppe seines Pferdes sich eine Pferdelänge vor dem Kopf des Nachbarpferdes befindet, reitet dessen Reiter ohne weiteres Kommando ebenfalls an – und so fort. Drei Schritte vor der Wand wendet jeder sein Pferd in einer Viertelvolte nach rechts (links) und führt es so auf den Hufschlag. Das sieht sehr schön aus. Aber man bekommt es eigentlich nie zu sehen, es sei denn, zu festlichen Vorführungen. Im normalen Reitbetrieb kleckern die Herrschaften nach und nach ein, und ein jeder reitet sein Pferd für sich zehn Minuten lang „ab", löst es von der Stallsteife. Und dann kommt nur das Kommando: *Abteilung bilden!* Wie das vor sich geht, lasen Sie schon im ersten Kapitel.

Anfang links dreht, rechts marschiert auf – Marsch! ist das, was in der letzten Skizze passiert: Aufmarsch am Schluß der Stunde. Man kann die Abteilung natürlich genauso gut mit Front zur langen Seite aufmarschieren lassen. Das richtet sich immer nach der Lage der Tribüne im Reithaus. Man sieht diese Art, eine Stunde zu beenden, ebenfalls nur bei festlichen Vorführungen. Doch hier und da gibt es Lehrer, die es nie anders halten, und deshalb müssen Sie es wissen.

Ein guter Rat zum Schluß: Denken Sie über diese Figuren nicht nur nach, sondern reiten Sie sie zu Haus mit Papier und Bleistift! Schreiben Sie sich alle Kommandos aus diesem Kapitel auf einen Zettel und drücken Sie den Zettel jemandem zum Kommandieren in die Hand – das kommt der Praxis am nächsten! Und dann zeichnen Sie in vorbereitete Bahnskizzen die jeweils kommandierte Figur ein – nicht ungefähr, ganz exakt! Deshalb gehören die Wandmarkierungen dazu. Jeder Bleistiftfehler ist ein Reitfehler! So lernt man den Verlauf der Figuren am leichtesten, denn Ihr Bleistift hat weder Zügel noch eine eigene Meinung!

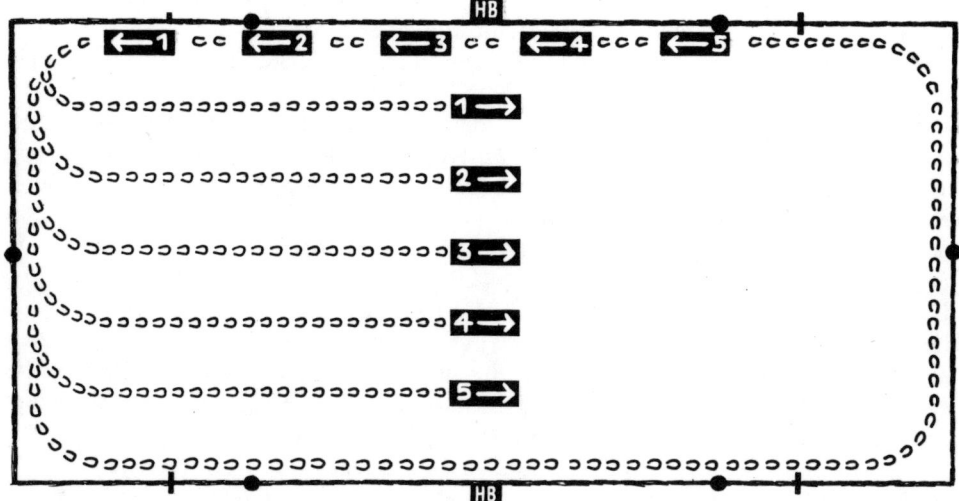

Aufmarsch am Schluß der Stunde

24 Am Zügel

Wie man ein Pferd, das auseinandergefallen ist, wieder zusammenschiebt, so daß nicht nur ein schönes Bild aus ihm wird, sondern der Reiter auch in Harmonie mit ihm leben kann; und wie man ausprobiert, ob das Pferd richtig auf vier, statt auf fünf Beinen geht.

Reitlehrer machen sich nicht selten einen Spaß daraus, unerfahrenen Jüngern gegenüber den Roßtäuscher zu spielen. Und das geht so:

Da kommt ein Schüler mit einem Pferd nicht zurecht. Es ist unwillig, steht lieber, als daß es geht, drängelt vom Hufschlag weg in die Bahn hinein, um den Weg abzukürzen, und wirft sich auch wohl mal ganz plötzlich mit der Vorhand herum, so daß der Reiter, der darauf nicht gefaßt war, aus dem Sattel kommt. Kurzum: das Pferd ist ein richtiges Ekel. Ein sturer Bock. Ein lahmer Gaul. Ein Biest. „Bitte, Herr Meier, geben Sie mir doch ein anderes Pferd! Auf dem hier kann man doch nicht reiten!"

„Gut", sagt der Herr Lehrer. „Sitzen Sie ab!" Er nimmt das Biest und führt es weg in den Stall.

Ein feiner Mann! denkt der Schüler, besonders, wenn er eine Schülerin ist. Für Schülerinnen strahlen Reitlehrer nicht selten eine Faszination aus, wie sie die Arlberger Skilehrer für ganze Jahrgänge kamillenhäutiger Engländerinnen stets gern zu Diensten halten.

Nach fünf Minuten ist der Herr Lehrer mit einem neuen Pferd da. Es ist zwar auch ein Fuchs, es hat zwar auch einen weißen Stern auf der Stirn, aber der Sattel sieht neuer aus. Der Herr Lehrer sitzt auf. „Ist das beste Pferd im Stall", lächelt er. „Weil Sie's sind." Pause. Dann: „Und nun passen Sie mal auf! Ich reite Ihnen das Pferd ab. Es kommt ja gerade erst aus dem Stall. Sie haben's dann leichter!"

Und er reitet, der Gauner. Der Fuchs geht, als wär er aus dem Bilderbuch geschnitten: schwungvolle, fleißige Tritte, Kopf nur leicht vor der Senkrechten, weiche Spannung im herrlich getragenen Hals, kein Drängeln vom Hufschlag weg, kein Bocken. Er springt sogar, ganz en passant, über ein Hindernis hinweg, das noch von der vorhergehenden Stunde in der Bahn herumsteht!

„So, und jetzt dürfen Sie!"

„Darf ich wirklich? Dies herrliche Tier? Oh, Herr Meier . . ."

Herr Meier sitzt ab. Die Schülerin sitzt auf. Sie reitet an. Eine Runde geht alles gut. Dann wird der Fuchs wieder unwillig, latscht lustlos durch die Bahnlohe, das Maul weit voraus, und die Hinterhand entfernt sich immer mehr von der Vorhand. Wenn es je einen auseinanderfallenden Gaul gab – da geht er!

„Na, sehen Sie!" strahlt der Herr Lehrer jovial. „Geht doch viel besser jetzt!"

„Nicht wahr!" strahlt die Schülerin gequält, denn ihr steigt ein fürchterlicher Verdacht auf: Ob es wohl an ihr und nicht an den Pferden liegt?

Ein anderer Verdacht aber, der noch fürchterlicher wäre, käme er ihr, der kommt ihr nicht: daß sie zwar nach dem Pferdewechsel auf einem anderen Sattel, nicht aber auch auf einem anderen Pferd gesessen haben könnte! Und es war tatsächlich dasselbe Ekel, derselbe sture Bock!

Man soll Pferde nicht mit Frauen vergleichen, weiß man doch nie, wen man beleidigt, aber diesmal riskiere ich es: Bei den einen wie bei den anderen ist Schönheit nützlich; man kann alles aus ihr machen.
Beim Pferd heißt das: Man kann aus einem schön aussehenden Pferd Gehorsam auf alle Hilfen herausholen.
Wie sieht ein in schöner Haltung gehendes Pferd aus? Das weiß jeder Laie, wenn er ein unschönes zur gleichen Zeit gehen sieht. Das „schöne" Pferd schreitet, es trägt sich vorn aufrecht, es tritt hinten fleißig unter den Leib, das Gewicht wird von der Hinterhand gestützt; ein „schönes" Pferd schlurft nicht, und es hat den Kopf nicht dösend vorausgestreckt, sondern trägt ihn, wie mit leicht angezogenem Kinn, fast senkrecht. Das ganze Pferd spiegelt Aufmerksamkeit auf seinen Reiter wider.
Man sieht ihm an: Es ist zu allem bereit, wenn der Reiter nur will.
Es geht am Zügel.
Oder, in allen diesen Merkmalen ausgeprägter: Es ist versammelt. Es ist aufgerichtet. Man macht da Unterschiede, und man macht sehr viele Worte drumherum. Auch gibt es viel fachlichen Streit darüber, doch können wir da getrost weghören. Uns interessiert vorerst nur: Wie stelle ich mein Pferd an die Zügel? Wie stelle ich es an die Hilfen?

Richtig: am Zügel!   Falsch: auf dem Zügel!

Manche machen es mit der Hebelgewalt der Kandare, indem sie ihrem Pferd den Kopf mit sägenden Zügeln an die Brust, in die Senkrechte oder gar dahinter, ziehen. Da rundet sich der Hals so schön, da rollt feurig das Auge, da kaut das

Pferd knirschend auf dem Gebiß, und tänzelt es auch noch, so sagt jeder Dummkopf: Herrgott, ist das ein schönes Pferd! Und solch ein Temperament!
Lassen Sie sich nicht täuschen.
Möglicherweise ist solch ein Pferd schön. So schön wie eine Frau, wenn sie aus
dem Marterladen des Friseurs tritt. Es ist eine unnatürliche Schönheit, und natürliche Frauen fühlen sich mit ihr nicht wohl – sie gehen in den nächsten Hausflur
und pfuschen dem Meister mit dem Taschenkamm ins Handwerk. Sie wehren sich
dagegen, so gut es eben geht.
Auch auf „schön" gekniebelte Pferde wehren sich gegen diese Art von Schönheit.
Sie stehen nicht an den Hilfen: sie lieben die Schenkel nicht und nicht das Gebiß.
Man sitzt auf ihnen, wie auf einem Fünftonner mit defekten Bremsen und klem-
mendem Gashebel. Die Möglichkeit des Durchgehens liegt immer um die nächste
Ecke.

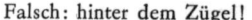

Falsch: hinter dem Zügel!   Falsch: über dem Zügel!

Wenn der Mensch bei seinesgleichen Schönheit betrachten will, dann schaut er
nach dem Gesicht. In der Hinterhand sucht er sie, ich will nicht sagen: nie, aber
seltener. Das ist die Ursache aller Mißverständnisse über das „schöne" Pferd,
denn beim Pferd beginnt die Schönheitspflege, wenn ich mich so populär ausdrücken darf, ganz gewiß nicht am Kopf, sondern ganz am Gegenteil. Man kann
einem Pferd eine natürlich-schöne Haltung und damit Gehorsam nur abgewinnen,
wenn man es von hinten nach vorn an den Zügel heranreitet.
Ich weiß, das ist Reiterchinesisch. Aber Sie müssen sich schon damit befassen,
wenn es Ihnen mit dem Reiten ernst ist. Und hier fängt es an, ernst zu werden.
Ein „auseinandergefallenes" Pferd ist nicht an den Hilfen, das heißt: weder
physisch noch psychisch bereit, dem Reiter sofort zu gehorchen. Es latscht fürbaß,
wie der Milchgaul, der mault, weil er mitten in der Nacht aus dem warmen Stall
muß. Die Hinterbeine wissen nur so ungefähr, was die Vorderbeine tun; die vier
sind – im wahrsten Sinne des Wortes – nur sehr entfernte Verwandte.
Solch ein Pferd muß man treiben, bis einem alle Knochen weh tun, denn es will
immer langsamer als der Reiter. Die Schenkel sind ihm so sympathisch wie dem

Wanderer die Tragriemen seines Rucksacks. Der Zügel ist ihm lästig – es legt sich drauf und läßt den Reiter ziehen, soviel er mag. Man kann es nicht biegen; eine Volte sieht aus wie das Drehmanöver eines Bodenseedampfers.

So ist es ihm am bequemsten, und so geht es am liebsten – wenn ein schwacher Reiter auf ihm sitzt.

Aber dann kommt der Herr Reitlehrer. Schon wenn er aufsitzt, rollt das Auge aufgeregt, spielen die Ohren aufmerksam, denn es weiß: *jetzt wirst du geritten!* Und schon spürt es im Rücken das angespannte Kreuz des Reiters, sein schweres Einsitzen. Da muß man doch eine Stütze drunterbringen! Da müssen doch die Hinterbeine her! Unter den Leib mit ihnen! Und diese Schenkel, wie sie vibrierend an den Seiten liegen! Es ist, als legte jemand einen Schalter um und ließe Fahrstrom hinein in den Pferdeleib!

Der Vorwärtsdrang wird mächtig. Bei Sprintern im Startloch ist es ähnlich. Alle Kraft liegt in den (Hinter)Beinen, sie sind tief gebeugt, die Hände stützen den Körper nur leicht.

Aber dieser Drang nach vorn wird beim Pferd buchstäblich gezügelt, das Gebiß steht wie eine Wand, und sosehr das Pferd auch dagegendrückt – die Wand gibt nicht nach! Da kann man als Pferd nichts machen – höchstens dies: nachgeben, das Maul fallen lassen, das Gebiß willig annehmen, sich an die Hand des Reiters heranfühlen – *was wird sie jetzt wohl machen, jetzt, wo ich doch nachgegeben habe?*

Wer diesen Moment verpaßt, hat für eine Weile verspielt. Wer ihn aber immer wieder verpaßt, wer gar von ihm überhaupt nichts weiß, der soll absitzen und nie mehr auf ein Pferd steigen. Er lernt das Reiten nicht.

Wenn das Pferd aufhört, sich gegen den Zügel zu wehren, wenn es ihn annimmt, wenn es Verbindung mit der Hand des Reiters sucht, wenn es Vertrauen anbietet, dann muß die Reiterhand sofort, möglichst gleichzeitig mit dem Pferd, weich werden und ihm sagen: *Siehst du, Freundchen, das war's, was ich von dir wollte! Und so bleibst du jetzt – willig am Zügel, so daß ich in den Händen nicht mehr halte als das Gewicht der Lederriemen! So, wie du jetzt zufrieden auf dem Gebiß kaust, so möchte ich es immer haben! Kein totes, starres Maul mehr, in dem die Zunge vor lauter wehrendem Druck gegen das Eisen des Gebisses blau anläuft, und kein unwilliges Knirschen, das man bis in den zweiten Rang hinauf hört! Ich will das Kauen auf dem Gebiß bloß in den Zügeln fühlen, es nicht hören! Und tritt mir ja schön unter mit der Hinterhand, schleife sie mir nicht mehr durch den Dreck! Schub will ich haben aus den Hanken, kein Hinterherschleppen der Hinterfüße hinter dem ziehenden Gewicht der tragenden Vorhand. Die Vorhand sei leicht!*

Geht das Pferd so, dann haften die Schenkel, haftet das Gesäß, stehen die Hände ruhig. Dann läßt es sitzen. Dann läßt es sich biegen. Dann ist Aufmerksamkeit da statt Unlust, Vertrauen statt Mißtrauen.

Und spürt man auch nur das leiseste Anzeichen für einen Rückfall – heran mit Kreuz und Schenkeln ans Pferd, schwer in den Sattel gesetzt und die Hände fühlend hingestellt, stets bereit, sofort wieder weich zu werden, wenn die Nachgiebigkeit sich vom Maul her ankündigt!

Das geht im Halten, dieses An-die-Zügel-Stellen, und man sollte mit zunehmendem Können eigentlich nie anreiten, wenn das (gelöste) Pferd nicht am Zügel steht.

Es geht auch im Schritt, aber da ist es am schwersten, weil hier die Bewegung nach vorn unter allen Gangarten die schwächste ist: auch ein Auto handhabt sich leichter bei rascher drehenden Rädern.

Es geht im Trab, und es geht vor allem im Galopp, und da ist es am leichtesten, denn die natürliche Galoppbewegung kommt einer natürlichen Aufrichtung schon sehr nahe; im Galopp muß sich das Pferd ausbalancieren und tragen, wenn man nur dafür sorgt, daß es ein zügiger Galopp ist, kein viertakterndes Geschlurfe.

Ist man aber sicher, daß das Pferd nicht auf dem Zügel liegt und ihn als fünftes Bein benützt, daß es sich vielmehr selbst trägt, ohne innere Unruhe und Spannungen, dann ist es Zeit für eine Probe darauf, und sie heißt in der Reitersprache: *Überstreichen.* Es ist eine Beweisführung für das richtige Reiten mit Kreuz und Schenkeln, und deshalb wird sie auch in Dressurprüfungen verlangt.

Der Reiter geht mit beiden Händen, ohne seinen Sitz, seine Körperhaltung, seine treibenden Hilfen auch nur im geringsten zu verändern, in Richtung auf das Pferdemaul vorwärts, dabei leicht den Mähnenkamm überstreichend. Behält das Pferd trotz der nun durchhängenden Zügel die bisherige Kopf- und Halshaltung bei und verändert es auch den Gang nicht, dann hat der Reiter gewonnen: Er hat sein Pferd an Kreuz und Schenkeln.

Wissen Sie jetzt, was es heißt: ein Pferd von hinten an die Zügel heranreiten?

Nun ist zwischen Wissen und Können ein großes Loch, in das man immer wieder traurig hineinfällt. Ich kann Ihnen nur einen Rat geben: Wenn Sie es noch nicht können, versuchen Sie es nicht auf einem Pferd, das partout nicht will, dem man es schon ewig nicht mehr abverlangt hat. Gegen ein Pferd, das sich nachdrücklich wehrt, ist ein Anfänger machtlos. Solange er dies schwer zu beschreibende Gefühl, das ein am Zügel stehendes und gehendes Pferd dem Reiter vermittelt, aber noch nicht kennt, so lange wird er es auch nicht herbeiführen können. Bitten Sie Ihren Lehrer, wenigstens einmal im Halten auf einem gut gerittenen Pferd dies An-die-Hilfen-Stellen ausprobieren zu dürfen, damit Sie gewahr werden, wie sich der Druck Ihres Kreuzes und Ihrer Schenkel in den Händen anfühlt, wenn er durchs Pferd durchgegangen und vorn im Maul angekommen ist, damit Sie spüren, wie die Spannung reißt, wenn das Pferd im Genick nachgibt, das Maul fallen läßt und Sie auffordert, mit der Hand ganz weich zu werden.

Goethe – ich habe von ihm bislang noch keinen Gebrauch gemacht, aber einmal wird man es in einem deutschen Buch ja dürfen – Goethe also dachte sicher nicht ans Reiten, als er im Faust schrieb: *Wenn ihr's nicht fühlt, ihr werdet's nie erjagen!* Aber es paßt aufs Reiten: Dies Gefühl läßt sich nicht erjagen im sturen Herumgaloppieren um die Bahn, Stunde für Stunde, ohne Sinn und Verstand. Wer es aber fertigbringt für den Anfang, zwei oder drei Runden in jeder Gangart zu reiten, ohne daß ihm sein Pferd auseinanderfällt . . .

– der hat sich wahrlich die Sporen verdient.

25 Im Gelände

Vom Reiten bergauf und vom Reiten berga___ ___queren einer Furt, vom Einfangen lediger Pferde und vom Bezwing___ ___idrigkeiten, die einem Reiter im Gelände das Leben schön machen ___ ___delt dieses Kapitel, das mit einem echten spanischen Tritt endet.

Wenn ich einen Reiter inbrünstig schwärmen höre von der Herrlichkeit des Reitens im Gelände und ihn reden lasse von der „Zirkusreiterei" in der Bahn, so muß ich immer an den Fuchs und die sauren Trauben denken, denn das Reiten im Gelände, wie es die Mehrzahl der Reiter betreibt, ist mehr ein anspruchsloses Sichtragenlassen als ein aktives Reiten. Es geschieht zumeist in Gruppen hinter dem Lehrer her, der – einer für alle! – die Hilfen gibt: reitet er rechts, reiten alle rechts; reitet er Trab, traben alle; galoppiert er, ist die wilde Jagd im Gange! Den Reitkünsten der Schüler kommt der Herdentrieb der Pferde sehr zustatten. Mutete man einem von ihnen zu, sein Pferd einmal vom großen Haufen weg in die entgegengesetzte Richtung zu reiten – er käme sicher in die allergrößte Verlegenheit.

Auch ist eine Stunde Geländereiten, wie ich es hier im Sinn habe, körperlich weit weniger anstrengend als die gleiche Zeit im Dressursattel. Beim Reiten im Gelände dominiert der leichte Sitz, weshalb man den Anfänger schon ohne Sorge auf Ausritte mitnehmen kann, sobald er einigermaßen im Gleichgewicht sitzt. Er wird weder im Trab noch im Galopp geworfen, steht er doch zumeist in den Bügeln und hält sein Gesäß sorglich allen Stößen von unten fern! Und ich habe die betonten Naturschwärmer im Verdacht, daß ihre Liebe zum Geländereiten zuweilen weniger im Herzen, als vielmehr hier im Gesäß angesiedelt ist.

Es ist auch leicht zu beweisen, daß man im Gelände nicht richtig reiten kann, wenn man es beim Dressurlehrer nicht gelernt hat. Man denke nur an eine Parade! Dazu gehört das Gesäß fest in den Sattel; dazu gehört ein in der Bahn ausgebildetes Kreuz und eine Hand, die es beim Aussitzen der Stöße gelernt hat, ruhig zu bleiben. Ohne diese „Zirkusreiterei" artet jede Parade in das häßlichste Ziehen am Zügel aus. Wer sich damit aber zufriedengibt, der könnte eines Tages Gelegenheit haben zu konstatieren, daß die Bahn gegenüber dem Gelände einen großen Vorzug ganz bestimmt hat: den weicheren Boden! Denn nur ein gutmütiges Schulpferd läßt sich auf die Dauer ungestraft im Maul reißen. Wer so reitet, ist darauf angewiesen, immer das Pferd zu erhalten, dessen harmlose Reaktionen auf die eigenen Fehler er kennt. Und vor jedem Ausritt beschleicht ihn die bange Frage: Welches Pferd bekomme ich wohl heute?

Man verstehe mich recht: Das Geländereiten ist ein höchst wichtiger, allen anderen Disziplinen gleichwertiger Zweig, ja, es ist wohl Reiten schlechthin, sicherlich aber ist es der Inbegriff reiterlicher Romantik, über die zu lächeln töricht ist. Was ich meine, ist dies: Hand in Hand mit der Liebe zum Reiten sollte die Liebe zum Pferd gehen. Und ein Pferd lieben, heißt es schonen. Wer ihm mangels Unter-

Stierkampf zu Pferde. Nicht aus Lust am Thema, sondern aus Interesse an der spanischen Reitweise mit starken Gewichtshilfen wird dieses Bild gedruckt. Es zeigt die Gebrüder Peralta, Spaniens berühmte Rejoneadores, von denen der eine seine Kunst auch in Deutschland zeigte, allerdings nicht am Stier – er bekämpfte ein von einem Gehilfen gezogenes Radgestell, auf dem ein ausgestopfter Stierkopf montiert war.

Pferdeauktion in Verden:
Vorführung an der Hand.
Man beachte und würdige
den kadenzierten, taktreinen
Trab auch des Vorführers!

◀

◀

Vorführung unter dem Reiter
– einer Amazone im Dressur-
anzug. Bitte übersehen Sie
auch die Bahnmarkierungen
nicht, die in diesem Buch
eine große Rolle spielen:
Zirkel- oder Paradepunkt
(weißer Kreis) und Wechselpunkt (Balken). Ihre Bedeutung fürs Bahnreiten ist auf
den Seiten 139 bis 149 erklärt.

Der Herr Auktionator steigt
zur Gratulationscour auf die
Leiter. Für Pferde von
10 000 Mark aufwärts gab's
Rosen. Darunter gab's nur
das Pferd. ▶

▶
Man findet schwerlich in
Deutschland einen Stall, der
so illustres „Pferdematerial",
wie die Fachleute scheuß-
licherweise sagen, in seinen
Ständen vereint, wie der
Stall der Verdener Niedersachsenhalle in den Tagen
der Frühjahrs- und Herbst-
auktionen, zu denen man von
Jahr zu Jahr schwerer Kar-
ten erhält.

Das große Ereignis im Herbst: Hubertusjagd.

richt im Maul hängt, wer es mit den Absätzen treibt, wer ihm entweder zu weit
vorgebeugt auf der Vorhand liegt oder, hinter der Bewegung, auf der Hinterhand,
wer gedankenlos immer auf dem gleichen Hinterfuß trabt, statt ihn bei längeren
Trabreprisen zu wechseln, wer beim Bergaufreiten nicht die stemmende Hinterhand entlastet und bergab fälschlich meint, sich nach hintenüber legen zu müssen,
wer beim Durchreiten eines Waldes zwischen den Stämmen nicht mit Gewichtshilfen lenkt, sondern am Zügel zieht, der schont sein Pferd nicht, der spielt möglicherweise Indianer, Cowboy, Naturbursche oder was weiß ich, aber er hat keine
Ahnung, daß er aus Unkenntnis sein Pferd quält – dies Pferd, dem er hinterher
Küßchen gibt . . .

Beim Reiten im Gelände werden die Bügel um zwei oder drei Löcher kürzer geschnallt als in der Bahn, denn hier draußen, wie gesagt, sitzt man, außer im Schritt,
im ganz ruhigen Galopp und während aller Paraden, leicht. Aber leicht sitzen
heißt nicht: hoch über dem Sattel stehen. Es heißt nicht einmal: stehen. Das Gewicht des Reiters stützt sich sowohl in den Bügeln ab, als auch in den festgeschlos-
senen Knien. Das Gesäß ist niemals ganz ohne Verbindung mit dem Sattel, beim
Leichttraben schon gar nicht, denn man muß ja beim Niedersitzen mit dem Kreuz
treiben; aber auch nicht im starken Galopp; das Hosenleder sagt mir stets, was
der Pferderücken unter mir macht. Nur diese leichte Verbindung zum Sattel und
damit zum Rücken des Pferdes gestattet es mir, zu den Paraden weich einzusitzen,
und zwar im richtigen Moment, *mit* der Bewegung des Pferdes, statt gegen sie,
wie es die Regel ist, wenn das Gesäß vom Himmel hoch in den Sattel herunter
kommt, ohne jede Ahnung, was sich da unten gerade an Bewegungen abspielt.
Man sieht es deshalb nur allzu oft, wie Reiter im Gelände, wenn sie niedersitzen,
ihrem Pferd mit Wucht ins Kreuz fallen und dann noch ein paarmal hinterher
geworfen werden, bis sie endlich im Sattel zur Ruhe kommen.
Die Zügel werden kurz genommen, denn durch den leicht vorgeneigten Oberkörper
kommen die Hände in Richtung auf das Pferdemaul vor; sie liegen bei stärkerer
Körperneigung an den Halsseiten des Pferdes.
Die Schenkel haften, wie immer, am Gurt. Die Absätze stehen, wie immer, tief.
Daran ändert sich, außer beim Herunterfallen, nie etwas. Und wenn man fällt,
sollte man möglichst die Zügel in der Hand behalten, damit das Pferd nicht der
davongaloppierenden Meute nachsaust und den Reiter zu Fuß heimgehen läßt, wo
die lieben Kameraden schon an der Theke stehen und auf ihn warten. Damit er
zahlt.
Ängstliche Gemüter sehen in jedem stärkeren Galopp, den ein Pferd draußen
anschlägt, ein Durchgehen und hängen sich dem Tier bremsend ins Maul. Abgesehen davon, daß dieses Zügelzerren das Tempo nur verschlimmert, hat das Pferd
gar nicht die Absicht, durchzugehen. Es freut sich seiner Freiheit und galoppiert

sich den Stalldunst aus den Lungen. Lassen Sie es galoppieren, wenn das Gelände auch nur einigermaßen danach ist! Wer die Freude an der Natur nur sich selber gönnt, der soll radfahren. Ein Geländeritt ohne wenigstens einen gestreckten Galopp, das ist wie Rauchen mit Filter: Man kann sich den Genuß nicht verkneifen, aber man fürchtet sich ein bißchen davor. Soll man die Pferde doch gehen lassen! Wenn sie sich abreagiert haben, nehmen sie alle Hilfen weit besser an, dann ist es Zeit für das schulmäßige Reiten im Gelände.

Freilich ist dies meine höchst private Meinung, die sich nicht mit den Auffassungen vieler Lehrer deckt, für die bei jeder Art von Reiten zunächst der Wille des Reiters kommt und dann erst das Vergnügen des Pferdes. Man muß sich selbstverständlich danach richten, denn Eigenwilligkeiten im Gelände können leicht zu bösen Folgen führen; nichts steckt Pferde schneller an, als ein auf und davon gehender Kollege. Auch ist das Wort Flurschaden ein ständiges Damoklesschwert über den Bilanzen der Reitschulen.

Wer das Geländereiten wirklich genießen will und es nach eigenem Geschmack und auf eigenes Risiko betreiben möchte, der kommt um die Anschaffung eines eigenen Pferdes nicht herum. Dann freilich steht ihm der Himmel offen ...

Da der Anfänger fast ausschließlich auf Schulpferden und niemals allein ins Gelände geht, ist die Überwindung schwieriger Hindernisse sowie das Zurücklegen großer Distanzen und die damit verbundene Notwendigkeit, mit den Kräften des Pferdes durch kluge Verteilung der Gangarten hauszuhalten, kein Thema für uns. Die Schwierigkeiten auf den Ritten, wie ich sie hier im Auge habe, sind gering, dafür sorgt schon die Sorge der Schule um die Pferde und der meist sehr unterschiedliche Grad des reiterlichen Könnens in solchen Gruppen.

Unbedingt wissen muß aber auch der Anfänger, daß man abschüssige Strecken stets genau senkrecht anreitet und nicht schräg. Man stützt sich dabei mit den Händen am Mähnenkamm auf und neigt sich leicht vornüber. Diese Neigung nimmt natürlich ab mit der zunehmenden Steilheit des Hanges, durch die das Pferd schließlich gezwungen wird, sich auf die Keulen zu setzen und hinunterzurutschen. Die Gefahr beim Bergabreiten liegt allein im Ausbrechen der Hinterhand zur Seite, denn dann ist ein Überschlag den Hang hinunter möglich, weil das Pferd das Gleichgewicht verliert. Man darf also auf keinen Fall die Schenkel wegstrecken, sondern muß sie am Pferdeleib zum Korrigieren bereithalten.

An steilen Bergaufstrecken gibt man dem Pferd die Zügel hin, damit es den Kopf frei hat und ungehindert klettern kann. Um nicht hinter die Bewegung zu geraten – was gar nicht so leicht ist –, greift man am besten dem Pferd mit einer Hand vorn um den Hals und hält sich daran vornübergeneigt im Gleichgewicht mit dem Pferd.

Pferde sind ängstliche Geschöpfe. Sie treten sehr vorsichtig und deshalb auch sicher, wenn der Boden schwierig wird, und da läßt man sie möglichst in Ruhe. Jeder Ehrgeiz ist hier fehl am Platze, wenn es nicht um sportlichen Sieg oder

Niederlage, sondern bloß ums Vergnügen geht. Ich bin im südspanischen Bergland Ziegenpfade geritten, die so schmal waren, daß ich das bergwärts gelegene Bein mit dem Bügel vor den Sattel nehmen mußte. Ich hatte auch keine Mühe, das blaue Mittelmeer, gute dreißig Meter steil unter mir, zu betrachten, denn diese Ziegenpfade gehen wie Baugerüste an einer Hauswand entlang. Doch ohne Geländersicherung.

Sie werden fragen: Warum stiegen Sie nicht ab und führten das Pferd am Zügel, denn wenn schon ein Absturz nicht auszuschließen ist, müssen doch nicht gleich beide stürzen?

Ich hatte natürlich nichts anderes gedacht, denn ich wollte mich ja erholen, nicht aber den Hals brechen. Doch ohne Reiter ging das Pferd nicht vorwärts; eher hätte man ihm das Kopfzeug abreißen können. Meinen Hintermann zu bitten, dem Pferd eins auf die Kruppe zu geben, das war zu gefährlich. Pferde, die die Peitsche bekommen, brechen leicht zur Seite aus. Und da war nichts als milde andalusische Luft. Also saß ich wieder auf, und mein Pferd schritt sicher vorwärts! Möglicherweise hatte ich es durch mein Mißtrauen in seine Trittsicherheit oder durch meine Abneigung, mich an einem Sturz zu beteiligen, beleidigt.

Es gibt Weniges, das ein gutes Pferd unter einem nicht ungebührlich ängstlichen Reiter nicht täte.

Sollten Sie jemals eine Furt zu durchqueren haben, so tun Sie das, bitte, leicht gegen den Strom. Und passen Sie auf, daß Ihr Pferd nicht mitten im Wasser von der Lust gepackt wird, ein wenig zu baden. Ich wunderte mich in Andalusien sehr, als die Hinterhand meines Pferdes plötzlich unter mir wegsackte und meine Stiefel Gelegenheit bekamen zu beweisen, daß sie nicht wasserdicht waren. Das Gefühl, zusammen mit einem Pferd baden zu gehen, ist nicht sehr schön. Vor allem dann nicht, wenn man eine Leica und ein Dutzend belichteter Filme in den Satteltaschen hat. Seien Sie also, sollte Ihr Weg Sie je durch Wasser führen, auf der Hut und stets bereit, Ihr Pferd ganz energisch, notfalls mit Sporen und Gerte, voranzutreiben.

Da wir gerade vom Führen am Zügel redeten: Man kommt im Gelände oft dazu, vom Pferd absitzen und es führen zu müssen. Wenn es sich dann störrisch zeigt und Ihnen, der da am langen Zügel zieht, nicht folgen will, so sollten Sie nicht gleich zur Peitsche greifen, sondern bedenken, daß ein Pferd, welches man hinter sich her zerrt, in Abwehr dagegen den Kopf hoch nimmt. Das aber hindert es daran zu sehen, wohin es tritt. Also tritt es lieber gar nicht. Kann man's ihm verdenken? Nehmen Sie es deshalb kurz am Zügel, wie Sie es in der Bahn gelernt haben, nicht aber, als zögen Sie auf dem Treidelpfad einen Rheinkahn hinter sich her.

Zum guten Schluß möchte ich Ihnen noch einen Tip geben, der Sie vielleicht einmal vor dem unerwünschten Gebrauch Ihrer Beine bewahren kann. Es ist ja keine

Schande, aus dem Sattel zu kommen. Ich habe sogar Lehrer schon aufstehen und sich die Hosen abklopfen sehen.

Sie lasen bereits, daß es im Gelände in solchen Fällen zweckmäßig sei, die Zügel in der Hand zu behalten. Aber man hat manchmal nicht die Zeit, daran zu denken. Das ist nun nicht weiter schlimm, wenn Ihr Pferd zu den braven Exemplaren gehört, die von ihrem Herrn durch häufiges Absitzen im Gelände und beim Grasenlassen*) daran gewöhnt wurden, in einem plötzlich leeren Sattel nicht eine gute Gelegenheit zu sehen, auf und davon zu gehen, sondern bloß eine angenehme Verschnaufpause, während der man hübsch beim Reiter zu bleiben hat. Und schadenfroh ist ein Pferd nicht; es macht nicht einmal einen Unterschied zwischen einem freiwilligen und einem unfreiwilligen Absitzen.

Nur eines mögen Pferde nicht: daß man gestikulierend dahergelaufen kommt, um sie einzufangen, haben sie doch gar nicht das Gefühl, weggelaufen zu sein. Wenn sie bis dahin die Absicht davonzuspringen noch nicht hatten, kommt sie ihnen jetzt bestimmt.

Mich hat diese Erfahrung im Umgang mit Tieren in Spanien davor bewahrt, meinem Pferd möglicherweise nach Afrika hinterherschwimmen zu müssen, und das kam so: Wir umritten eine Felsnase, die bei Gibraltar ins Meer vorstieß. Als dieser romantische Weg erkundet worden war, bot er mit großen ebenen Felsplatten, die aus dem Wasser herausragten, genügend Trittfläche für die Pferde um die spitze Nase herum. Als wir jedoch dort ankamen, schaute nur hier und da noch eine dieser Platten aus dem anbrandenden Wasser heraus; der Wind stand von Afrika herüber und drückte das Meer um ein geringes in die Höhe – der Weg war weg! Zurück mochten wir nicht, der Tag war heiß und unser Ziel schon zu nahe. Also machten wir uns daran, die Platten neu zu arrangieren und die Löcher zwischen ihnen mit einigen herumliegenden Brocken aufzufüllen. So entstand ein notdürftiger Pfad durch die zum Glück nicht starke Brandung, den man einem Kummer gewohnten andalusischen Pferd wohl zumuten konnte.

Als die Reihe, die Nase zu umschiffen, an mir war, führte ich mein Pferd abgesessen am Zügel auf diesen stark wässerigen Pfad, und siehe da – er war ihm zu naß! *Aparecido* – so hieß diesmal mein Renner, und es bedeutete ausgerechnet soviel wie „der Heimkehrer" – blieb stehen. Kein Ziehen am Zügel half. Er wollte nicht heim. Also ging ich zu ihm und faßte ihn am Backenstück des Kopfzeuges. Meinem Ziehen daran bot sich nur geringer Widerstand – kein Wunder: ich hatte plötzlich das ganze Halfter samt Zügeln und Gebiß in der Hand, während mein Aparecido frei und ledig im Mittelmeer stand! Nicht gerade mitten drin, aber immerhin doch umgeben von Wellen, die ihm zuflüsterten: Auf geht's! So leicht kommst du sobald nicht mehr davon!

---

*) Wer sein Pferd richtig grasen läßt, der vergesse nicht, ihm den Bauchgurt zu lockern und vor dem Weiterreiten neu zu regulieren.

Mir schlug das Herz im Halse, aber ich tat, als wäre nichts passiert. Ich ordnete mit demonstrativer Ruhe das Kopfzeug zum raschen Überstülpen, hängte es mir über den Arm und trat meinem aufgeregt mit den Ohren spielenden Heimkehrer so nahe wie möglich – ohne ihn anzusehen, ohne ihn zu rufen, ohne mich mehr als unbedingt nötig zu bewegen. Ich brauchte für die drei Meter, die uns trennten, an die zwei Minuten. Aber dann hatte ich meinen Arm um den Pferdehals und auch schon die Zügel drüber! Es passierte nichts weiter, als daß mir das Pferd, während es nach den Wellen kickte, kräftig auf den Fuß trat.
Aber diesen spanischen Tritt hatte ich wohl verdient.

Drittes Zwischenspiel
Wallfahrt nach Mekka

Dem Leser, der mit Pferdeverstand nicht auf die Welt kam, der sich aber dennoch ein Pferd kaufen möchte, dem wird hier geraten, sein Geld vorerst stecken zu lassen und als Besucher an einer Reitpferdauktion teilzunehmen, damit er einen Blick bekomme für schöne Linien. Und ein Ohr für schöne Preise.

Wer ein Pferd gekauft hat, der kaufte immer nur die Fehler, denn für die Vorzüge hat er ja schließlich viel Geld bezahlt.

Man kann sich natürlich vorher von Fachleuten beraten lassen, aber diese Ratschläge laufen nicht selten auf die Brauchbarkeit jenes Tips heraus, den ich unlängst von einem guten Freund bekam, als ich mich mit dem Gedanken trug, zunächts erst einmal ein halbes Pferd zu nehmen: „Nimm die hintere Hälfte – die frißt nicht!"

Wenn Sie mich fragen, so rate ich Ihnen zu der Taktik, die ich schon bei der Wahl der Reitschule empfahl: Studieren geht übers Probieren. Schaffen Sie sich vor dem Kauf Vergleichsmöglichkeiten, lernen Sie erst Pferde kennen, hören Sie beim Pferdehandel zu, versuchen Sie, den Fachjargon zu verstehen, sonst kaufen Sie Ihr erstes Pferd wie die Frauen ein Auto: nach der Farbe und der Karosserie.

Ich fuhr ins Mekka der Pferdenarren – nach Verden an der Aller. Zweimal im Jahr, im Frühjahr und im Herbst*, finden dort illustre Reitpferdauktionen statt, auf denen sich sowohl die vier- als auch die zweibeinigen Träger großer Namen aus der Welt des Pferdes treffen. Ich bummelte abends durch die Hotels und Restaurants und beschaute mir hier den Springer Winkler und dort die Springer Rosemarie, und ich bummelte morgens durch den Stall der Niedersachsenhalle und beschnupperte hier einen Sohn vom Wöhler und dort eine Tochter vom Abendstern. Auf Auktionen werden immer nur Söhne und Töchter versteigert. Die berühmten Väter wechseln, wenn überhaupt, den Besitzer nicht anders als die großen Orchester den Dirigenten. Man liest hernach immer in der Zeitung davon, munkelt von bedeutenden Summen, die durchaus sechsstellig sein können, und stellt Vermutungen über künftige Neuschöpfungen an.

Wer in Verden nicht nur zum Publikum, sondern zur Fachwelt gezählt werden will, der kommt nicht erst zur Premiere, zur eigentlichen Auktion, die in zwei bis drei Stunden vorüber ist, sondern schon ein paar Tage vorher, sozusagen zu den Proben. Man muß es zugeben: die Handelsgebräuche dieser in den Verbänden

---

*) Die genauen Termine können Sie immer beim Verband Hannoversche Warmblutzüchter e. V., Hannover, Johannssenstraße 10 erfragen. Und noch eine Fußnote zur Fußnote: Wenn Verden das Mekka der Pferdenarren ist, dann ist Darmstadt ihr Medina. In Darmstadt werden die Pferde eines anderen bedeutenden deutschen Warmblutschlages versteigert: die Trakehner. Die Termine nennt Ihnen der Trakehner-Verband in Hamburg-Farmsen, August-Krogmann-Straße 194. Diese Verbände vermitteln aber auch außerhalb der Auktionen zwischen Züchtern und Käufern.

zusammengeschlossenen Züchter vermeiden beflissen auch nur den Anschein, sie könnten jenen Praktiken anhängen, die den Pferdehandel in sprichwörtlichen Verruf gebracht haben. Es steht dem Interessenten frei, sich jedes Pferd im Licht der Sonne, die bekanntlich alles an den Tag bringt, vorführen zu lassen, ihm auf die Füße, ins Maul und unter den Schwanz zu schauen, es in der Bahn, im Gelände und über Sprünge zu reiten, die Ahnentafel zu studieren, sich nach dem Wohlergehen von Vater und Mutter zu erkundigen – kurzum, dem Züchter in jeder beliebigen Weise zu verstehen zu geben, daß man es einfach nicht fassen könne, für wie wenig Geld auf diesen Auktionen doch mitunter das edelste Blut hergegeben werde.

Alwin Schockemöhle ersteigerte sich in Verden 1968 seinen Olympioniken Ferdl für 2100 Mark, glaube ich, und Ferdl hat ihm in den Jahren nicht nur Ehre, sondern auch über 100 000 Mark an Gewinnen eingebracht. Und so gehen denn auf jeder Auktion nicht wenige Pferde mit einem Stammbaum, der so lang und so glänzend ist wie ihr Schweif, für Summen zwischen 3000 und 6000 Mark weg. Freilich sind das dann alles unbeschriebene Blätter, kaum angeritten und noch sehr jugendlich. Es täte ihnen – und ihren neuen Herren – nicht gut, kämen sie zum Zureiten in die Hand eines mehr oder weniger interessierten Stallmannes, der sie fürs Geld halt reitet, statt sie mit Aufmerksamkeit und Hingabe drei Jahre täglich zu arbeiten, denn das muß man wohl, wenn man aus einem guten Pferd ein gutes Reitpferd machen will.

Aber nicht nur der Ferdl, auch die Doublette aus dem Stall Springer, der Asbach des Herrn Neckermann, der Winzer der Renate Freitag, der Pesgö der Helga Köhler und viele andere Sportstars waren in Verden unter dem Hammer.

Diesen Hammer schwingt ein seriöser Herr, der bekleidet ist mit – ich hoffe, ich bringe jetzt nichts durcheinander – hechtgrau gestreiften Hosen, dunklem Cut, Plastron und perlfarbenem Zylinder. Seine wohlmodulierte Stimme elektrisiert, wenn sie Gebotszahlen zu hetzen beginnt, die dichtbesetzten Ränge der Niedersachsenhalle. Er redet wie mit Engelszungen und Peitschenhieben, sobald ein Pferd, auf das geboten werden soll, in herrlicher Haltung und geputzt wie eine schwäbische Treppe am Samstagabend hereingeritten wird. Da ist von „viel Gang" und „viel Guck" die Rede, von „eleganten Stiefeln" und seidigen Jacken", von Adel, Anstand, Familie, Vornehmheit, Gesinnung und Haltung. Wer die Augen schließt, könnte meinen, hier gäb's Prinzessinnen für den gehobenen Bedarf.

Das Mindestgebot liegt bei 2000 Mark. Wer bietet mehr? Bietet niemand mehr, geht so ein Aschenbrödel von Pferd in den Stall zurück. Edles Blut hat seinen Preis, und verschleudert wird nichts; schließlich ist man nicht auf einem Viehmarkt. Als ich in Verden war, ging nur ein einziges Pferd von nahezu siebzig zurück.

Wer mehr bieten will, hebt die Hand oder das Programm. Es ist gefährlich, sich bei der Versteigerung zu auffällig am Kopf zu kratzen – man könnte sich damit

ganz überraschend ein Pferd zusammengekratzt haben. Für die Kleinigkeit von
23 000 Mark zum Beispiel.
Als die Bieterei auf dieses Pferd – es war Wellington, der Wöhlersohn – losging,
hielt die Halle den Atem an. Die Auguren vergaßen zu lächeln. „Man" kennt
natürlich die besten Pferde, und „man" wußte: dies ist das beste. Der Auktionator
hatte nichts zu preisen, er hatte nur Gebote zu registrieren, und auch das machte
keine Mühe: der Bieter waren nur zwei, und sie waren aus der Schweiz und aus
Amerika gekommen.
Das Mindestgebot ist 50 Mark. Aber wer gibt sich schon mit 50 Mark ab, wenn es
um eine fünfstellige Summe geht? Wie lange soll man denn da bieten? Wer hat
so viel Zeit, so langsam sein Geld auszugeben? Mit Zustimmung der Duellanten
wurde ab 15 000 oder so nur noch tausenderweis geboten, und da flogen sie auf
den Ruf des Auktionators wie auf Wolken durch die Luft, die Pelzmäntel, die
Fernseher, die Kühlschränke, die Schlafzimmer, die Raten für das Eigenheim und
für das Auto, der Brillantring für die Freundin und die Waschmaschine für die
Frau: Aberhunderte von Menschen träumten fasziniert, was sie für diesen
Tausender und für diesen, die sich alle durch ein lässiges Heben der Hand von
einer abstrakten Zahl in harte Wirklichkeit verwandelten, wohl kaufen könnten.
Wellington aber trabte gelassen um die Bahn. Fast hätte ich gesagt: Er war der
einzige vernünftige Mensch in der Halle. Als der Hammer – zum ersten, zum
zweiten, zum ... zum ... zum dritten! – bei 23 000 fiel, erstarrte der Wallach in
einer mustergültigen Parade – er, der adlige Hannoveraner, war Bürger der Ver-
einigten Staaten von Nordamerika geworden. *Yes, darling!*
Der Auktionator holte einen Strauß roter Rosen unter seinem Pult hervor und
schritt gemessen durch die Bahn zur Gratulation, zum Handkuß über die Bande
hinweg. Saß der neue Besitzer einmal auf dem oberen Rang, dann stellte man dem
Auktionator eine Leiter an, über die er mit Frack und Claque und Blumen würde-
voll emporkletterte. Heute lohnt sich diese Anstrengung noch mehr: 1971 ging
das Spitzenpferd der Frühjahrsauktion für 90 000 (neunzigtausend) Mark aus der
Halle.
Das ist alles nicht ohne Humor, wie denn überhaupt dem Auktionator so manches
Bonmot gelingt. Blumen gibt's erst ab 10 000 Mark. Darunter gibt's nur das Pferd.
Als während meines Besuches das Gebot bei 9500 Mark stockte, wandte sich der
Auktionator einer mitbietenden Dame zu: „Bedenken Sie doch, Madame – nur
noch 500 Mark und Sie bekommen einen so herrlichen Rosenstrauß!"
Machen Sie sich ein paar schöne Stunden – gehen Sie zur Auktion nach Verden!

26 Die Sporen hätten wir – was jetzt?

Der Autor möchte nicht versäumt haben, dem geduldigen Leser in einer raschen und grobstrichigen Skizze zu zeigen, wie vielfältig die Zweige der Reiterei sind, weshalb denn auch schlecht raten ist, ohne des Lesers Herz und seinen Geldbeutel zu kennen.

Ja, was jetzt?

Es geht mich eigentlich nichts mehr an. Ich habe meine Pflicht getan, mein Versprechen, Ihnen zu sagen, wie man sich die Sporen verdient, gehalten, und ich fühle mich in Versuchung geführt wie eine Autofabrik, die ihr Geld hat: Kundendienst bringt außer Ärger nichts ein – der Teufel hole die Konkurrenz! Bleiben wir noch ein paar Sätze lang in der Welt des Autos. Da weiß doch gleich jeder, wovon die Rede ist.

Das Gefühl, es im Reiten bis hierher gebracht zu haben, ähnelt der Empfindung eines Mannes, der soeben seinen Führerschein bekam und sich fragt: Was nun? Einen eigenen Wagen? Oder hole ich mir die ersten Beulen im Blech lieber auf einem vollkaskoversicherten Leihwagen? Und wenn ein eigenes Auto, dann welches? Will ich bloß fahren? Oder möchte ich Sport treiben? Und wenn Sport – was denn da? Rallyes, Rennen?

Da wüßten Sie auch keine gescheite Antwort, nicht wahr? Ich will wenigstens eine versuchen.

Sie können natürlich, bis Sie graue Haare bekommen, in der Schule, in der Sie bislang ritten, auch weiterreiten. Man wird Ihnen stets gern ein Pferd vermieten. Wenn gerade eines frei ist. Wenn nicht gerade jemand draufsitzt, der ihm das letzte bißchen guten Willen, das ihm noch verblieb, aus dem Leibe klopft, reißt, stößt, peitscht, sporniert. Aber da Sie sich die Mühe gemacht haben, dies Buch zu lesen, wollen Sie auch solch ein Pferd nicht. Sie finden keinen Gefallen daran, aus einem auseinanderfallenden Schulpferd in mühsamer Arbeit ein Bild zu machen, in das der nächste Reiter wieder mit Füßen hineintritt. Natürlich: in jeder Schule, in jedem Verein gibt es ein, zwei gute Leihpferde. Aber es gibt auch zwischen zehn und zwanzig Reiter, die das so gut wissen wie Sie. Ich habe wahre Komödien um solche Pferde erlebt – mit Tränen, Sex-Appeal, Sticheleien und gezwitscherten kleinen Beleidigungen: „Was denn, die Gans hat schon wieder den Erlkönig? Die hat doch was mit dem Chef!" Oder: „Na, Kunststück! Wer so den Sekt springen lassen kann wie der Dicke da, der kriegt auch das Pferd, das er will!"

Das ist alles ziemlich häßlich, und es kommt im roten Rock nicht weniger oft vor als im blauen Anton. Wenn nicht öfters. Leihpferde sind also nichts auf die Dauer. Denn hat man es geschafft, Stammgast auf einem guten Pferd zu sein, dann kommt man eines Tages in den Stall und hört: „Der Erlkönig? Den haben wir gestern verkauft!"

Nicht wenige Reiter machen deshalb den armen Stallmännern unlautere Konkurrenz. Wie das? Es gibt immer Leute, die ein Pferd zwar kaufen, es aber nicht reiten können. Es gibt sogar Leute, die ein Pferd kaufen, ohne auch nur die Absicht zu haben, je reiten zu lernen. Für sie ist ein Pferd ein interessanter Nebensatz in der Konversation mit dem Neidhammel von Geschäftsfreund: „Also wissense, Kulicke, waren ich und die Gnädige, was meine Gattin ist, haha, waren wir also doch neulich im Engadin, mitten im Sommer, stellnse sich vor! Aber im Winter kann man da nicht mehr hin. Da läuft man ja Gefahr, mit dem Thyssen und der Soraya ins Bild und in die Illustrierte zu kommen, und das will man ja schließlich nicht so gern. Also, was wollt' ich denn sagen? jaso: Spazierwege gibt's da, Kulicke! Ich habe zu meiner Gattin gesagt: Weißte, habe ich gesagt, schade, daß wir unseren Trakehner nicht mitnehmen konnten . . .“
Solche Pferde brauchen einen Chauffeur. Die Stallmänner machen das gerne, denn es ist ihr Beruf; sie leben davon. Und dann kommen Sie, der elegante Herrenreiter, oder Sie, die fesche Amazone, und machen ihnen Konkurrenz! Beliebter wird man dadurch nicht, und dem Pferd, das Sie reiten, geht es dadurch auch nicht besser. Aber manchen macht das nichts aus; sie wechseln den Stall und chauffieren weiter. Natürlich, das kann man machen, wenn es das Pferd eines guten Freundes ist; oder wenn man „gefragt“ ist wegen bestimmter reiterlicher Qualitäten; oder wenn man Tag für Tag, bei Sonne und Regen, Hitze und Kälte, früh um sieben zu ernsthafter, passionierter Arbeit in der Bahn ist; oder wenn man ein Pferd für den Sport vorbereitet, wenn man es trainiert, wenn man Absichten mit ihm hat. Es aber bloß zu bewegen, so ein bißchen hier und da, in der Bahn und im Gelände, und im Grunde bloß, weil man Geld sparen möchte – das hat, wie die Schwaben sagen, ein G'schmäckle, und dieses G'schmäckle wäre mein Geschmack nicht.
Also ein halbes Pferd. Mit einem halben Pferd kann man beinahe unbeschwert das Reiten genießen: Bahn, Gelände, Springen; einzeln oder in einer netten Abteilung. Man kann im Herbst Jagden mitreiten, denn es wird nicht nur eine geritten – auch die andere Hälfte kommt zu ihrem Recht. Aber ein halbes Pferd ist immer noch kein Pferd für den Sport, falls Sport Ihre Absicht ist. Für Dressur-, Spring- und Vielseitigkeitsprüfungen braucht man das eigene Pferd. Oder ein Pferd, das man alleine reitet. Oder ein Pferd, das von einem anderen geritten wird, der es noch besser kann.

Was die ordentliche Mahlzeit für den Genuß geistiger Getränke, das ist die Dressur für das Springen und für das Reiten in schwerem Gelände: die Grundlage, ohne die man ins Schwanken, wenn nicht gar ins Fallen gerät. Dressurreiten heißt: sein Pferd beherrschen, dort und so reiten, wie es der Reiter, nicht wie es das Pferd will. Die Dressur ist ohne Zweifel das Schwerste, weil sie, wie jede Kunst, schöpferisch ist und Sensibilität, gepaart mit Phantasie, verlangt. Viele ambitionierte Reiter scheuen sie, denn ihr haftet nichts Spektakuläres an, nichts, das die Zuschauer von den Sitzen reißt. Dressurreiten ist paradox: Es zeigt *der* Reiter am meisten, bei dem man nicht das geringste sieht. Wenn die Hilfen unsichtbar sind, selbst für das geschulte Auge, wenn das Pferd durch leiseste, von der Kleidung verdeckte Muskelreflexe, minimale Gewichtsverlagerungen und haarfeine Zügelanzüge lenkbar ist, dann ist Dressur auf dem Wege zur Kunst. Aber mit dieser Reitmanier kann man nur sich selber und wenige Fachleute erfreuen und beeindrucken, denn dem großen Publikum sind die Aufgaben der Dressur ein Buch mit sieben Siegeln, eine Einlage, die man angenehm zu Coca-Cola und heißen Würtschen einnimmt in den Pausen zwischen den großen Springen. Wenn ein Pferd ein Hindernis abwirft oder gar den Reiter – das sieht man doch, das erkennt man sofort als Fehler! Eine matte Passage, ein nicht ganz reiner Trab, ein nicht ganz losgelassenes Pferd – darüber streiten ja sogar die Leute vom Bau! Dressurreiten ist ein Sport für die Stillen im Land.

Es beginnt mit der Klasse A (Anfänger) und Aufgaben, die beinahe jedem, der es nur ernsthaft will und das Pferd dafür hat, erreichbar sind. Auch die Klasse L (Leicht) verlangt noch keinen Meister im Sattel, obwohl die nach Kommando zu reitenden Hufschlagfiguren schon komplizierter und die Gangwechsel forcierter sind. M-(Mittel-)Dressurprüfungen stoßen dagegen schon in den Bereich des großen Sports vor und nähern sich der Hohen Schule, die von der Klasse S (Schwer) begonnen wird. Wer über die einzelnen Aufgaben, die in den jeweiligen Klassen verlangt werden, Näheres wissen möchte, der besorgt sich über seine Schule oder seinen Verein die gültige LPO, eine Leistungsprüfungsordnung, ohne die kein Sportreiter auskommt.

Auch der Reitanzug ist vorgeschrieben: Lange schwarze oder Stulpenstiefel, weiße Hose, weißes Hemd mit weißer Krawatte oder Plastron, schwarzer Reitrock, schwarze „Glocke" und weiße (oder gar keine) Handschuhe. Die Richter sind hierin streng: Wer bloß ungefähr so angezogen hereingeritten kommt, bloß in einer hellen, statt in einer weißen Hose, bloß mit einem hellen, statt mit einem weißen Hemd, und mit einem Jackett, das nicht den traditionellen Schnitt des Reitrocks hat, muß damit rechnen, wieder hinausgeschickt zu werden. Sporen sind ins Ermessen des Reiters gestellt. Dressurprüfungen werden indessen ohne Gerte geritten; sie ist, in längerer Ausführung (1,50 m), nur für das Training da, und hier wird sie stets innen getragen, in einer Weise, die ihre Einwirkung direkt hinter dem Reiterschenkel möglich macht. Es ist gut, wenn auch der Anfänger schon, sobald er in der Bahn die Hand wechselt, auch das Wechseln der Gerte nicht vergißt.

Ja, und das Springen? Es gehört, maßvoll betrieben, zum Reiten, wie zum Gehen die Fähigkeit, eine Treppe steigen zu können. Wer im Gelände vor jedem umgefallenen Baum, vor jedem kleinen Graben absitzt, macht sich lächerlich. Nur Körperbehinderten ist es erlaubt, das Springen ganz auszuklammern.

Schon der Dressurreiter muß es können, denn den Prüfungen ist ein Gehorsamssprung angehängt – nichts aufregend Hohes oder Weites, aber immerhin ein Hindernis, über dem ein Pferd sich ein bißchen strecken muß.

Die eigentlichen Springprüfungen dann sind wieder in die Klassen A bis S unterteilt, doch hat man hier das S in zwei Kategorien geschieden: Sa und Sb. Sa ist ein langer Parcours (das Wort für Hinderniskurs) mit scharfen Wendungen darin. Die 15 bis 20 Sprünge dürfen eine Höhe von 1,60 m erreichen.

Die Klasse Sb heißt populärer „Mächtigkeitsspringen". Sie hat nicht mehr als acht Hindernisse, darunter aber Hoch- und Hochweitsprünge sowie einen Doppelsprung – zwei dicht aufeinanderfolgende Hindernisse. Die Höhe der Obstacles*) geht bis zu 1,70 m, aber im Stechen bis zur Entscheidung wird laufend erhöht, denn nur Fehler werden gewertet, nicht die zum Durchreiten des Parcours benötigte Zeit. Auf diese Weise kommt es nicht selten zu mächtigen Sprüngen von über zwei Meter Höhe. Dann gibt es noch das „Kanonenspringen", dessen offizieller Name „Rekordhochspringen" heißt**). Hier geht es nur über einen einzigen Sprung, eben die „Kanone" – ein Hochsprunggestell von stets atemberaubender Höhe.

Natürlich sind die Klassen A bis M weit leichter. In A gehen die (6 bis 12) Hindernisse bis zur Höhe von 1,10 m. In L hat der Parcours zwischen 8 und 16 Hindernisse mit einer Höchsthöhe von 1,20 m. In M dann werden nicht weniger als 10 und nicht mehr als 20 Hindernisse aufgebaut. Die höchste Höhe ist 1,30 m.

Wichtig zu wissen ist schließlich noch, daß Teilnehmer in der Klasse S mit Sattel mindestens 150 Pfund (Amazonen 140) wiegen müssen, und daß die Pferde sechs und mehr Jahre alt zu sein haben. Die Klassen A und L schreiben mindestens vierjährige, die Klasse M mindestens fünfjährige Pferde vor. In den Dressurprüfungen dürfen in S schon Fünfjährige starten; ansonsten sind die Altersvorschriften gleich. Wer sportliche Ambitionen hat, sollte diese Dinge beim Kauf eines Pferdes (mit Abstammungsnachweis!) berücksichtigen. Die LPO, von der ich Ihnen schon sprach, gibt auch über Springprüfungen erschöpfend Auskunft.

Der korrekte Reitanzug macht fürs Jagdspringen einen Wechsel der Hüte nötig: die Dressur-Glocke wird durch die schwarzsamtene Jagdkappe ersetzt. Der rote Rock ist nicht zwingend vorgeschrieben, der schwarze tut's auch, und Damen und ländliche Reiter tragen ihn immer. Zum roten Rock gehören immer Stulpenstiefel. In Prüfungen der Klassen A und L kann man auch im farbigen (braunen oder gemusterten) Rock reiten.

---

*) Obstacle: aus dem Englischen stammendes, von Herrenreitern gern benutztes Wort für Hindernis; in der Reitliteratur häufig.
**) Als ich dies schrieb, hielt den deutschen Hochsprungrekord Alwin Schockemöhle auf Winzer: 2,22 m. Später hob er ihn mit Exakt auf 2,25 m an.

Vielseitigkeitsprüfungen sind eine ausgeklügelte Gemeinheit aus Dressur- und Springprüfungen im Bahnviereck beziehungsweise Parcours, sowie aus schweren, mit natürlichen, festen Hindernissen gespickten Geländeritten. Die *Military* ist die schwerste dieser Prüfungen und gleichzeitig eine olympische Disziplin. Militarypferde sind deshalb für viele Reiter der Inbegriff eines Reitpferdes. Und Military-Reiter? Sie sind in unserer Zeit der Spezialisierung so sympathisch wie die guten alten Hausärzte: notfalls können sie alles; ihnen graust es vor nichts — es sei denn vor einer neuen Reithose. Wer sich die Gesichter der olympischen Military-Reiter anschaut, blickt in viele lautere Männergesichter.

Wenigstens einmal im Jahr bietet sich aber auch dem Privatsportler, wenn ich so sagen darf, die Gelegenheit, sich wie Zieten aus dem Busch zu fühlen. Das ist im Herbst, wenn sogar der deutsche Wald den roten Rock anzieht. Dann ist die Zeit der Jagden — ein herrliches Bild, bei dem auch die Füchse begeistert zuschauen können, denn die Zeit der Parforcejagden, da man auf ihren Balg aus war, ist vorbei. In Deutschland wird meines Wissens zu Pferde nicht mehr auf lebendes Wild gejagt. Nicht etwa aus Mitleid mit dem Wild, sondern aus Angst vor teurem Flurschaden.

Jagt man hinter der Meute, hinter Hunden also, dann ist es eine Schleppjagd: die Hunde, und nach ihnen die Pferde und Reiter, folgen einer Fährte, die ein Schlepper mittels eines über den Boden geschleiften, mit Wildschweiß oder Losung getränkten Lappens gelegt hat.

Wo heute der Fuchs gejagt wird, da hat man ihn aufs Pferd gesetzt — so sieht man ihn besser, er ist nicht so flink und kann sich vor allem nicht im Bau verkriechen. Er ist ein Reiter, von dessen Schulter ein Fuchsschwanz baumelt, den es zu erbeuten gilt, wenn gegen Schluß des eigentlichen Jagdrittes die Jagd freigegeben wird. Meist geschieht das auf einer großen Wiese, damit Fuchs und Verfolger sich tummeln können, denn der Fuchs, wenn er Schneid hat, reitet verwegene Wendungen, um seine Lunte möglichst lange zu behalten. Es gehört schon Herz dazu, zu einem stark galoppierenden Fuchs aufzuschließen, sich im Renntempo aus dem Sattel zu beugen und die Trophäe hinübergreifend abzureißen.

Böse Verleumdung ist es, wenn gesagt wird, der Fuchs lasse sich am liebsten von jemandem greifen, der durch eine schwere Brieftasche fest und sicher im Sattel gehalten werde — in weiser Voraussicht auf den der Jagd folgenden Abend, an dem der Fuchs von allen totgetrunken wird. Und raten Sie mal, auf wessen Kosten!

Die Hauptsache an der Jagd ist aber der Ritt zuvor. Eine gute Schule wird den Kurs und die Hindernisse immer dem Können der schwächsten Reiter anpassen, wenn das Jagdfeld sehr unterschiedlich ist. Zumindest aber werden die Hindernisse durch schräge Stangenführung auch dem weniger Geübten eine Gelegenheit geben, ohne Gefahr und Angst über die niedrigste Seite hinwegspringen zu können.

Hier sind ein paar Jagdregeln, gegen die man nicht verstößt:

> Niemals an den „Master", der bis zum Signal „Jagd frei!" das Feld hinter dem Fuchs führt, näher als 50 Meter aufschließen.

> „Strich reiten", also nicht im Jagdfeld hin und her pendeln, vor allem niemals den Weg anderer Reiter kreuzen, und dreimal nicht im Vorfeld eines Hindernisses.

> Wer sein Pferd, das vom Jagdfieber mehr gepackt wird als der Reiter, nicht halten kann, soll sich seitlich aus dem Feld herausmachen und versuchen, Zirkel zu reiten, bis er sein Pferd wieder in der Hand hat – ein oft gegebener, selten befolgter Rat, denn es ist sehr, sehr schwer, ein im Feld galoppierendes Pferd wegzureiten. Fluchtinstinkt und Herdentrieb sind ein zu mitreißender Sog nach vorn. Wer aber ein „abschrammendes" Pferd laufen lassen muß, für den ist der Spaß an der Jagd vorbei.

> Niemals nur leicht versetzt neben einem anderen Pferd ein Hindernis anreiten. Schon mancher Reiter kam in Bedrängnis, weil sein Pferd, mitgerissen vom Absprung des knapp vor ihm gehenden Pferdes, zu früh absprang.

> Ein verweigerndes Pferd nicht vor dem Hindernis rückwärts richten, wie man das in der Springbahn, wo man ja allein über die Hindernisse geht, häufig tut. Vielmehr weg vom Hindernis und neu anreiten, wenn niemand mehr behindert wird.

> Es ist keine Schande, ein Hindernis zu umreiten, und es ist vor allen Dingen die wichtigste Pflicht des Reiters, sein Pferd so frisch wie möglich, nicht so naß wie möglich, zum Halali zu bringen.

Dieses Wort naß erinnert mich an etwas, und verzeihen Sie, wenn ich mich da einmische: Aufregung wirkt wie Bier – man könnte dauernd laufen! Denken Sie vorher dran! Und meinen Sie ja nicht, ich wollte mir mit einem so ausgefallenen Rat einen originellen Kapitelschluß verschaffen. Er gehört zum eisernen Lehrstoff der Reiter, die sonst nicht gern vom Wasser reden!

Das
letzte Wort

So populär wie in der Kraftfahrt der Spruch „Hör' auf deine Frau – fahr' vorsichtig!", so beliebt ist in der Reiterei der Merksatz: „Richte dein Pferd gerade und reite es vorwärts!" Und beide haben eines gemeinsam: Man handelt zu wenig nach ihnen.

Ich sagte es schon: auch ein Auto läßt sich leichter handhaben, wenn es zügig rollt. Nie geht die Lenkung schwerer, als wenn die Räder stehen. Nicht anders beim Pferd. Es gibt nichts Wichtiges in der Reitkunst, das im Schwung nach vorn nicht leichter ginge: die schwingende Rückentätigkeit des Pferdes und damit das schmiegsamere Sitzen; die schöne Haltung und damit der rasche Gehorsam; das fleißige Treten und damit die Reinheit des Ganges – die drei Pfeiler, auf denen das ganze Gebäude der Dressur ruht.

Sie werden es immer wieder vergessen, aber Sie sollten es sich immer wieder ins Gedächtnis zurückrufen: *Vorwärts!* Vorwärts mit dem gehorsamen Pferd, und vorwärts erst recht mit dem ungehorsamen Pferd! Im Vorwärts haben Sie den Schlüssel, der jedes Pferd aufzieht und schließlich zufrieden abschnurren läßt. Wer nicht vorwärts reiten mag, der soll gar nicht reiten. Denkmäler zu Lebzeiten sind peinlich.

Das war's, was ich Ihnen zum Schluß noch sagen wollte. Ja, und dann dies noch: In diesem Buch steht so manches, das den schicklichen Ernst vermissen läßt, mit dem die einschlägige Literatur dem Reiten gemeinhin gegenübertritt. Doch sollte niemand aus dem heiteren Ton dieses Buches schließen, Reiten sei vielleicht doch etwas anderes als eine ernste Sache.

Es *ist* eine ernste Sache.

Es ist's indessen nicht, weil es oft in Samt und Seide geschieht, in Frack und Claque, mit Sporenklirren und Handkuß, mit dem Anspruch, eine Kunst zu sein, und mit dem Ausspruch, es bilde den Charakter. Das mag alles sein und mag auch nicht sein. Das Reiten ist deshalb eine ernste Sache, weil es auf dem Rücken eines Lebewesens geschieht. Nichts sonst an der Reiterei verpflichtet zu tiefem Ernst, und deshalb nahm ich mir die Freiheit, mein Buch mit der Schreibmaschine statt mit dem Federkiel zu schreiben, und wenn ich an einigen Stellen – möglicherweise an sehr unpassenden – das Lachen nicht verbeißen konnte in den heiligen Hallen der Reiterei, so bitte ich meine Leser und meine Kritiker, dies so nachsichtig hinzunehmen wie das Äpfeln eines gutwilligen Pferdes, das zum erstenmal öffentlich das Dressurviereck betritt; nicht die Absicht zu kränken war's, sondern der Wunsch nach Erleichterung – in meinem Fall: Erleichterung für den das Reiten beginnenden Leser.

Sachregister

Bücher
von Reiter und Pferd

Jasper Nissen **Welches Pferd ist das?**

Dieser Kosmos-Naturführer zeigt, beschreibt, erklärt, charakterisiert 145 Rassen und Schläge, ihre Eigenarten, ihre Haltung und Verwendung. 7., erweiterte Auflage mit 257 Zeichnungen von Gisela Holstein und 102 Fotos. In biegsamen Glanzeinband oder in Leinen gebunden.

Max Pape **Die Kunst des Fahrens**

Nach den Richtlinien Benno v. Achenbachs sind hier alle Aufgaben und Regeln des Anspannens und Fahrens präzis und erschöpfend erläutert. 2. Auflage, 280 Seiten, 172 Zeichnungen von Gisela Holstein und 97 Fotos. Großformat. In Leinen gebunden.

Paul Brown **Die Schule der ganz kleinen Pferde**

Ein Buch, so recht geeignet auch bei Kindern Liebe und Verständnis für Pferde zu wecken. Die zahlreichen Zeichnungen des Autors unterstreichen die Tatsache, daß ein Pony eben doch nicht nur ein zu klein geratenes Pferd ist. 8. Auflage, 94 Seiten, 62 Abbildungen.

Erzählt und gezeichnet von Paul Brown **Pony-Farm**

Von dem bunten und spannungsreichen Leben auf einer englischen Pony-Farm berichtet dieser Band. Der Autor schreibt so anschaulich und faszinierend, daß man meint, die verschiedenen kleinen Pferde persönlich zu kennen. 11. Auflage, 95 Seiten, 78 Abbildungen.

Kurt Hoffmann **Reitschule für Anfänger**

Hier bekommt der angehende Reiter eine leicht verständliche, kurzgefaßte Einführung in die Kunst des Reitens. Der Band enthält alles Wissenswerte über Pferd, Satteln, Stalldienst, Kleidung des Reiters bis hin zum Dressurreiten mittlerer Grade, dem Springen und Geländereiten. 3. Auflage, 136 Seiten, 61 Abbildungen.

Sie erhalten die Bücher in Ihrer Buchhandlung

Kosmos-Verlag · Franckh'sche Verlagshandlung · Stuttgart · Postfach 640

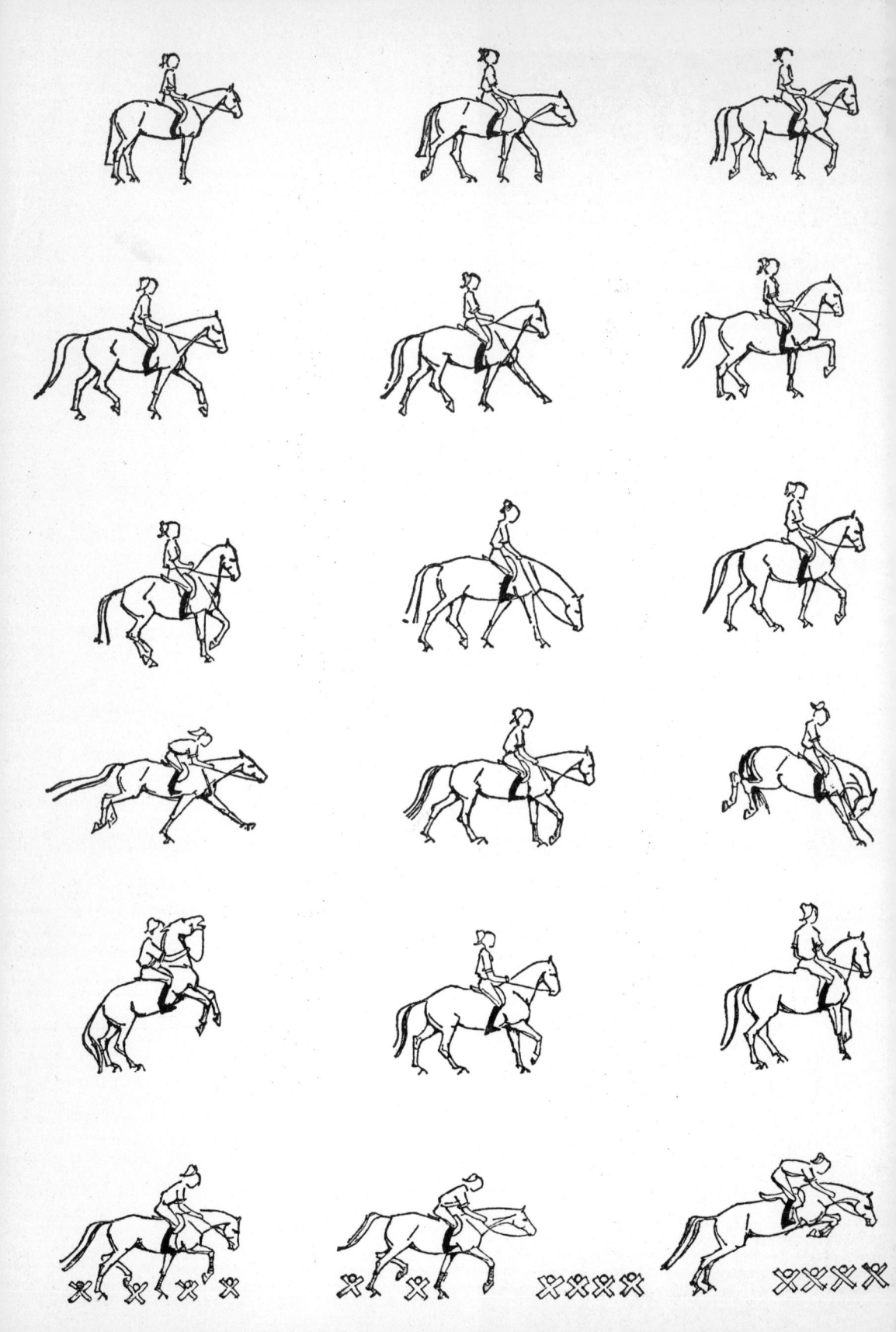